Germanischer Schöpfungsmythos

ap

räften erfüllte Urraum

Muspellheim
die heiße Welt im Süden
hier herrscht der schwarze
Feuer-Riese

Surt

Ur-Riese Ymir
= der Zwitter, zeugt mit seinen
Füßen den Sohn

unter seiner Achsel wachsen ihm im
Schlaf beim Schwitzen

Sohn und Tochter
von ihnen stammen die Riesen, diese
ertrinken jedoch alle im Blut Ymirs bei
dessen Tötung

Thrudgelmir
der Kraft-Schreiende

Bergelmir
der Berg-Brüller

Bölthorn
= Unglücks-Dorn

Bestla
= Ehefrau, Rinde, Bast?

B. und seine Frau
überleben als
einzige die Flut
bei der Tötung
Ymirs in einem
Waschtrog

Mundilfari
= der sich
nach
bestimmten
Zeiten bewegt

Sunna
(= Sonne) Ihr Ehemann ist
Glen = der Glänzende.
Sie fährt den Sonnenwagen,
der den Schirm Svalin hat und
von den Hengsten
Allgeschwind und Frühwach
gezogen wird.
Der Wolf Skjöll verfolgt sie.

Mani
= Mond, Bruder der Sonne
zwei Kinder als Diener
Bil = Ermattung
Hjuki = Erholung
wird vom Wolf Hati verfolgt

Riesen in Utgard

Ägir und Ran
Meerriese und seine Frau
"Raub", von ihnen stammen die
9 Mütter Heimdalls (Wellen)

odur

Grenzfluß Ifing = der Ungestüme trennt Utgard von Aesgard

nsam den Ur-Riesen
en daraus die Welt:

Welt

. Sträucher
g des Himmels, die von
n wird.

Hirn -> Wellen
und Nebel
Augenbrauen ->
Wall gegen das
Meer, um die Erde
trocken zu halten

Farbauti — Laufey

Loki — Angrboda

Fenrir
Wolf

Midgardschlange
umschlingt die Welt

Hel
Unterweltsgöttin

-5t./2t6

28.-

Horst Obleser

Odin
Ein Gott auf der Couch

Stendel

© Copyright 1993 by Verlag Stendel,
Postfach 1713, 71307 Waiblingen
Beim Hochwachturm 8a, 71332 Waiblingen

Umschlag-Illustration: Markus Olivieri

Weltenbaum-Poster und Runen:
Markus Olivieri und Kristine Gelderblom,
Herrischried-Giersbach

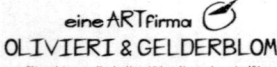
eine ARTfirma
OLIVIERI & GELDERBLOM
grafik zeichnung illustration bilder Konzepte plastiken

Satz, Repro, Druck: Windhueter, Schorndorf

Bindung: Nething, Weilheim/Teck

1. Auflage Oktober 1993

ISBN 3-926789-07-7

Inhaltsverzeichnis

Prolog

Es war an einem regnerischen Abend im November vor ein paar Jahren. Ich hatte endlich einen freien Abend und ihn genützt, an einem Vortrag zu arbeiten, als das Telefon klingelte. Ein Mann mit einer voll und warm klingenden Stimme meldete sich. Er entschuldigte sich für den späten Anruf, doch sei er gerade auf der Durchreise und würde gerne vorbeikommen, um mich zu sprechen.

Ich war so überrascht über seine klare, entschlossene und alle meine Widerstände bewältigende Art, daß ich Versuche, das Gespräch auf einen späteren Zeitpunkt zu verlegen, gar nicht erst anbringen konnte. Mein anfänglicher Unmut über den späten Termin und das kurzfristige Eindringen war schnell einer Neugier gewichen, die der Mann durch seine Stimme, seine Diktion und die Art, wie er auf mich zuging, ausgelöst hatte. Was konnte er von mir wollen?

Ich merkte, wie sich eine eigenartige Neugier und Unruhe in mir ausbreitete. Mein Unbewußtes war durch den kurzen Kontakt offenbar berührt. Es war nicht neu für mich, so überraschend mit Menschen zusammenzutreffen, die in der Folgezeit einen starken Nachhall in mir hinterlassen hatten. Hier spürte ich etwas Ähnliches, doch konnte ich es nicht fassen. Während ich noch solchen und ähnlichen Gedanken nachhing, klingelte es bereits an der Praxistür. Als ich öffnete, stand ein großer Mann vor mir, der mit einem lodenähnlichen Umhang und einem breitkrempigen Hut bekleidet war. Ich spürte die Erregung in meiner Stimme, als ich ihn begrüßte und in mein Arbeitszimmer bat. Er seinerseits ging wortlos voraus und drehte sich nur kurz nach mir um, als ich die Tür schloß. Obwohl ich solche Situationen schon viele tausend Male erlebt hatte, erschauerte ich.

Schon an der Tür hatte er den Hut abgenommen und seinen Umhang geöffnet. Lässig warf er beides auf meine Couch und wir setzten uns. Dabei sah er mich freundlich aber durchdringend an. Erst jetzt bemerkte ich eine Unregelmäßigkeit in seinem Blick, die ich mir jedoch im gedämpften Licht meines Zimmers nicht erklären konnte. Es machte den Eindruck, als hätte er ein Glasauge.

Wir waren allem Anschein nicht sicher, wie wir diese wohl für uns beide außergewöhnliche Situation bewältigen sollten. Gefühle der Sympathie stürmten auf mich ein und machten mich unsicher, aber auch ein wenig ratlos. Ihm schien es mit mir ähnlich zu gehen, denn in der Art, wie er mich ansah, war sein Wohlwollen und ein angenehmes Berührtsein zu spüren.

Gerade als ich etwas Ordnung in den Wirrwarr dieser offenkundig homoerotischen Übertragungssituation bringen und meine Gefühle in Worte fassen wollte, begann er zu sprechen, fast so, als versuchte er mich zu entlasten:

„Es war sehr wichtig für mich, daß ich heute noch zu Ihnen kommen konnte. Ich reise auf den Spuren der alten Pilger- und Wanderwege, denn ich bin selbst immer ein Pilger gewesen und bis heute geblieben."

Er schaute mich prüfend an, sprach jedoch weiter, bevor ich etwas sagen konnte: „Sie müssen wissen", er zögerte etwas, „ich bin hellsichtig und wußte, daß Sie für diese Begegnung heute bereit sein würden."

Für mich war das gar nicht klar gewesen, doch inzwischen hatte er mich völlig für sich gewonnen und ich ahnte, daß bei dieser Begegnung möglicherweise ich der Patient sein würde.

„Sie pilgern hier in Deutschland auf dem Jakobspfad?" fragte ich, um mich fassen zu können und Zeit zu gewinnen.

Als hätte er erkannt, daß ich nicht so rasch die bürgerlichen Begegnungskonventionen überspringen konnte und auf eine eher langsamere Kontaktaufnahme angewiesen war, sagte er: „Ja, ganz besonders hier! In Spanien ist der Pilgerweg nie in Vergessenheit geraten, hier in Deutschland ist vieles verloren gegangen. Ich versuche, auf den alten, historischen Wegen zu wandern und die Menschen zu inspirieren, wie es zur Zeit durch den Erzengel Gabriel im Südschwarzwald geschieht; vielleicht haben Sie in der Presse davon gelesen." Wieder war ich irritiert. Seine Hellsichtigkeit konnte ich ohne innere Widersprüche annehmen, beim Vergleich mit dem Erzengel begann ich jedoch an meinem Gegenüber zu zweifeln. Aber seine ganze Art, auf mich zuzugehen und mir zu antworten, war sehr situationsgemäß und stimmig, nicht das verwirrte oder realitätsferne Denken eines Psychotikers! Was bewegte diesen fremden Mann wirklich?

„Sie haben Zweifel, wie es einem Menschen der heutigen Zeit möglich ist, einfach nur Pilger zu sein und alte Pfade spirituellen Lebens zu erwandern?"

„Ja!" sagte ich. „Es fasziniert mich, wie Sie das erzählen, aber ich verstehe nicht, was Sie womit oder wodurch erreichen wollen?"

„Nun, das mag schon richtig sein. Ich falle mit der Tür ins Haus, da kann ich nicht voraussetzen, daß Sie gleich meine Motive durchschauen und nachvollziehen können." Damit hatte er schon wieder gezeigt, daß er wußte, was in mir vorging, denn soeben hatte ich eine Bemerkung zu den eventuellen Motiven, die ihn zu mir geführt haben könnten, beiseite geschoben. Es schien, als wollte er mir nur unauffällig seine Hellsichtigkeit unter Beweis stellen.

An dieser Stelle wurde das Gespräch schlagartig schwierig für mich. Ich fühlte mich unterlegen und ausgeliefert. Es überforderte mich einen Augenblick, meine psychische Nacktheit zu ertragen, die ihm selbst keine Probleme zu bereiten schien. Da bereits eine sehr dichte Situation zwischen uns entstanden war, mußte mein Gefühl auch etwas mit dem seinen zu tun haben und ich versuchte es erneut:

„Bei ihrer Pilgerschaft sind Sie sehr auf sich selbst gestellt und durch Ihre Hellsichtigkeit häufig auf sich zurückgeworfen."

„Das Alleinsein gehört zu mir. Aber das kenne ich und es belastet mich nicht mehr, auch wenn das nicht immer so war. Früher war ich sehr darauf angewiesen, wahrgenommen und anerkannt zu werden. Jetzt habe ich ein Gefühl für das 'All-Ein-Sein' entwickelt Doch lassen Sie mich sagen, was mich zu Ihnen führt."

Er durchschaute meine etwas unbeholfene Annäherung an

seine Psyche und akzeptierte den Versuch, mich mit meinen augenblicklichen Möglichkeiten einzufühlen und einzubringen. Dadurch war ich wieder ins Gleichgewicht gekommen und aufnahmefähig.

„Sie beschäftigen sich mit Mythen", fuhr er fort, „und haben sich auch schon viel mit Bäumen, insbesondere mit den zu den Bäumen gehörenden Mythen und Energien auseinandergesetzt. Auch der Mystiker in Ihnen ist mir nicht verborgen geblieben. Deshalb glaube ich, daß ich direkt sprechen kann."

Dieser Mann besaß ein unglaubliches Gefühl für sein Gegenüber, denn was er sagte, war richtig. Eine höchstentwickelte Intuition erfaßte kleine atmosphärische Details und erstellte daraus ein vollständiges Bild. So betrachtet war seine Hellsicht auch eine Folge seiner Intuition. Doch er ließ mir keinen weiteren Raum für meine Überlegungen.

„Es hängt sicher mit der augenblicklichen Umweltbedrohung zusammen, daß den Bäumen wieder mehr Aufmerksamkeit geschenkt wird. Der Mensch braucht den Baum zum Leben. In der Gestalt des Baumes findet der Mensch sein eigenes Bild wieder und die empfindsamen und sensiblen Menschen nehmen den Fluß der Energien im Baum wahr. Aber es gab einen Baum, der als „der Baum" galt! Dies war die Weltesche Yggdrasil. Und auf diesen Baum wollte ich Sie hinweisen."

Ich dachte, weiß der hellsichtige Mann nicht, daß ich gerade diesem Baum fast eine ganze Vorlesung gewidmet hatte, und sagte: „Sie geben diesem Baum heute noch eine so große Wichtigkeit?"

„Aber natürlich! Dieser Baum ist mein Baum!"

Fast erschrocken sah er mich an. Er mußte wissen, daß mir die Zusammenhänge klar waren. Dieser Baum war Odins Baum! Hatte ich also doch einen Verrückten vor mir, der in seinen Wahnideen aufging und nur durch günstige Umstände ein intakt erscheinendes Kontaktverhalten zustandegebracht hatte? Ich begann an allem zu zweifeln, was sich bisher zwischen uns ereignet hatte. Doch er fuhr fort:

„Natürlich ist mir bewußt, daß ich Ihnen mit solchen Aussagen einiges abverlange. Für Sie gibt es jetzt nur zwei Möglichkeiten: Ich bin es, oder ich bin es nicht. Wenn ich es nicht bin, muß ich ein psychiatrischer Patient sein. Wenn ich es jedoch bin, stehen wir jetzt an einer Grenzlinie der Realitäten."

So war es! Für kurze Augenblicke begannen sich für mich die Ebenen zu vermischen und ich zweifelte an meinen Realitätsfunktionen, bis ich plötzlich begriff, daß sich meine innere Welt mit einer äußeren getroffen hatte. Er konnte zu mir kommen, weil ich ihn in mir vorbereitet hatte. Nur durch meine an diesem Novemberabend etwas herabgesetzte Rationalität konnte er mit mir Kontakt aufnehmen und sich mir zu erkennen geben.

Ich fühlte, wie mein Scheitel zu brennen begann und wußte, daß dieser Augenblick von höchster Wichtigkeit für mich sein würde.

Noch war der Name meines Gastes nicht gefallen. Obwohl ich das Gefühl hatte, daß ich ihn aussprechen müßte, empfand ich eine große Scheu. Ich schämte mich deswegen, auch wenn ich mir im gleichen Atemzug sagte, daß man nicht jeden Tag einer Gottheit begegnet – und in einer psychoanalytischen Praxis dürfte das noch seltener der Fall sein.

„Sie sind Odin."

Er nickte mit dem Kopf, und ich war erleichtert. Mein Scheitel brannte noch immer wie Feuer. Zusätzlich breitete sich das Gefühl aus, nur noch eine Flamme zu sein, die besonders an der Wirbelsäule entlang nach oben loderte. Ein Mehr an Begegnung mit diesem Wesen konnte ich kaum noch ertragen. Wir schwiegen und er ließ mir die Zeit, die ich brauchte, um mich zu orientieren. Ich fühlte das Licht, das sich hinter ihm befand, auch wenn er sich hier in meine Welt nur sehr reduziert einbringen konnte. Meine Möglichkeit, ihn aufzunehmen, war noch zu beschränkt. Doch das schien ihn überhaupt nicht zu stören. Er schaute mich weiterhin freundlich an. Alle Gefühle der Anspannung, Aufregung und Unruhe hatten sich verloren und waren einer tiefen Ruhe mit einem großen Wohlbehagen gewichen. Eine unglaubliche Klarheit und Wachheit des Bewußtseins erfüllte mich und das Gefühl der Zeitlosigkeit umgab uns. Es schien, daß sich in wenigen Augenblicken

Wahrheiten und Wirklichkeiten in mich einstülpten oder in mir erwachten, deren Ausmaße für mich noch nicht faßbar waren. Es fehlte mir die Möglichkeit, diesen Blick in den inneren und äußeren Kosmos mit Worten auszudrücken. Es gab keine Unterscheidung von Innen und Außen, von Oben und Unten. In diesem Meer an Licht und Klarheit hatten Leben und Tod keine Bedeutung mehr. Als ich Odin wieder wahrzunehmen begann, nickte er mir wissend zu. Er wartete noch ein wenig und sagte dann:

„Mir schien es wichtig, daß Sie die Schwingung einer Gottheit wahrnehmen und unterscheiden lernen, daß die Wirkung einer Energie ganz besonders von dem Wesen abhängt, das sie aufnimmt und erlebt. Nicht die Götter wüten, töten, lieben und zeugen, sondern die Menschen, die mit den Werkzeugen ihres jeweiligen Bewußtseins diese Energien umsetzen. Natürlich sind sie ihnen gelegentlich auch völlig ausgeliefert und werden von ihnen fortgerissen. Götter geben nur den Impuls. Sie sind nichts anderes als ihrerseits Werkzeuge einer kosmischen Kraft. Wo Mensch und Gottheiten aufeinandertreffen, kommt es zu Manifestationen, so wie ich in diesem Augenblick auf bestimmte materielle Aspekte reduziert bin, um von Ihnen wahrgenommen werden zu können." Seinem Blick entnahm ich, daß er spüren wollte, ob ich ihn verstanden hatte.

„Dann gilt es, sich für diese Energien in einer solchen Weise zu öffnen, daß sie sich möglichst wesensgemäß entfalten können?"

„Nein, es ist einfacher, denn wesensgemäß äußern sich die göttlichen Energien immer. Sie werden nur nicht aufgenommen oder verstanden. Dadurch bleibt ihr Ausdruck in Sexualität oder Aggression auf einem bestimmten, manchmal auch bescheidenen Niveau gefangen. Dies verursacht Leid, besonders wenn ein Individuum – doch gilt das auch für Gruppen und Nationen – sich dieser Energien übermäßig lange und einseitig bedient und dadurch seine weitere Entwicklung blockiert. Aufklärung und Erziehung sind hier gefragt. Aus diesem Grunde bin ich hier. Die Schöpfung muß in ihrer Gesamtheit gesehen und ihre Teile und Aspekte ebenso geachtet und ge-

pflegt werden. Dabei sind nicht allein die intellektuellen Funktionen hilfreich, denn es bedarf einer Verbesserung der Intuition und einem Verfeinern des Kritik- und Urteilsvermögens.
Sie haben ein Manuskript zu den germanischen Mythen begonnen. Machen Sie diese zum Gegenstand Ihrer Analyse. Legen Sie mich in Ihrer Phantasie auf die Couch! Sie werden erleben, wie sich Ihnen das Material entgegendrängt, sich aber dann wieder mit aller Kraft verweigern wird. Diesen Widerstand müssen Sie in Ihrer eigenen Psyche suchen. Das germanische Unbewußte verhält sich in seiner Struktur wie das anderer Völker, aber es besitzt etwas andere Inhalte. Erforschen Sie es.
Mein Pilgerweg führt mich weiter. Ich werde noch vielen Menschen begegnen und mich einigen davon zu erkennen geben. Zu gegebener Zeit werde ich wiederkommen, um mich mit Ihnen auszutauschen."
Er machte Anstalten aufzustehen und mir fehlten die Worte, meine Gefühle und Empfindungen auszudrücken. Auch meinen Dank für das Erlebnis konnte ich nur mühsam stammeln. Aber es schien ihn nicht besonders zu interessieren, denn er kannte meinen Zustand anscheinend besser als ich.
Er nahm Hut und Mantel, reichte mir die Hand und ging. Mich erfaßte noch einmal das flammende Gefühl am Scheitel, als ich ihm nachschaute.

Der germanische Mythos

Stellen wir uns vor, wir seien an einem nordischen Königshof zuhause, vor vielen Hunderten von Jahren. Auf dem nicht weit entfernten Nordmeer peitschen die kalten, gischtenden Wellen. Dunkle Sturmwolken jagen über das flache Land von Horizont zu Horizont. Es ist die Zeit der Dämmerung und nach vollbrachtem Tagwerk versammeln sich alle Männer in der Halle des Königs, in deren Mitte eine riesige Eiche wurzelt. Ihr Stamm, der auch „Kinderbaum" genannt wird, weil ihn die Frauen zum Lindern ihrer Schmerzen beim Gebären umklammern, trägt das Dach der Halle und ihre Zweige reichen weit darüber hinaus. Große Feuer sind angezündet und sorgen für Licht und Wärme. Plötzlich, der Wind rüttelt mit Macht am Gebälk und heult um das Haus, tritt ein Fremder ein. Er ist mit einem fleckigen Mantel bekleidet, geht barfüßig und trägt an den Beinen zusammengeknüpfte Leinenhosen. Hochgewachsen steht der Fremde in der Tür. Ein lang herabhängender Schlapphut beschattet sein Gesicht, doch es ist zu erkennen, daß der Mann nur noch ein Auge hat. In der Hand hält er ein Schwert. Der Fremde geht zum Baum, stößt das Schwert mit Macht in den Stamm, daß es bis zum Griff eindringt und spricht: „Wer dieses Schwert aus dem Stamme zieht, der soll es von mir als Geschenk erhalten. Er soll es selbst als wahr beweisen, daß es niemals eine bessere Waffe gegeben hat." [1]
Daraufhin verläßt er die Halle und niemand weiß, wer er ist und wohin er geht.
Nacheinander versuchen die Männer nun das Schwert aus dem Stamm herauszuziehen, selbstverständlich die Vornehmsten zuerst, doch keinem gelingt es. Erst Sigmund, des Kö-

---

[1] Völsungen-Saga aus „Nordische Nibelungen" übertragen von Paul Herrmann, Diederichs 1985, S. 13 ff

nigs Sohn, zieht das Schwert mit leichter Hand heraus. Später entsteht daraus Kampf und grausamer Krieg.

Natürlich haben wir längst erraten, daß dieser einäugige Mann in seinem seltsamen Gewand Gott Odin war, der hier am Hofe des Königs auf ähnliche Weise in den Gang der Geschichte eingriff, wie es später der keltische Zauberer Merlin in der Artussage tat.

Die Germanen im skandinavischen Raum nannten ihren obersten Gott Odin, während ihn die übrigen Germanen als Wotan[2], den „rasenden Wüterich" verehrten, der seine Gefolgsmänner und Krieger in Ekstase versetzen und seine Gegner mit magischem Blick verzaubern konnte.

Doch der in der Völsungensage so bescheiden, wenn auch nicht ohne Pathos, auftretende Odin kann auch anders erscheinen. Er besitzt einen besonders kampferprobten, langen Speer und trägt an der Hand einen ungewöhnlich kunstvoll geschmiedeten Goldring. Auf seiner Schulter sitzt ein Rabe, der mit wissenden Knopfaugen alles betrachtet, während ein zweiter ihn im Flug umkreist. Außerdem sind zwei mächtige grauschwarze Wölfe seine Begleiter. Ein prachtvoller feuriger Hengst mit acht windschnellen Beinen, der sagenumwobene Sleipnir, das beste unter allen Pferden, unbesiegbar im Lauf und von keinem Hindernis aufzuhalten, ist sein Reittier.

So ähnlich erschien Odin an den germanischen Höfen oder auch an einsamer Stelle. Wenn er jedoch in eine Schlacht ritt, legte er eine goldene Rüstung an und setzte seinen goldenen Helm auf. Vor Schlachtbeginn schleuderte Odin seinen magischen Speer Gungnir über die Heere, um sich so Unbesiegbarkeit zu sichern. Neben ihm ritten im Kampf die Walküren. Für alle feindlichen Krieger unsichtbar, wählten sie im Auftrag Odins diejenigen aus, die in dieser Schlacht fallen sollten. Von seinem Himmelssitz Walhall übersah er die Welt, nichts blieb ihm verborgen. Er kannte die Zukunft, auch wenn er sich

---

[2] Wenn in diesem Buch von „Odin" die Rede ist, handelt es sich immer um den nordgermanischen Kulturkreis. Demgegenüber bezieht sich die Bezeichnung „Wotan" ausschließlich auf die südgermanische Kultur.

selbst dem vorherbestimmten Schicksal unterordnen mußte, sprach ausschließlich in Versen und ernährte sich nur von Wein bzw. Met. Wen wundert es da, wenn eine der Lieblingsbeschäftigungen germanischer Völker war, sich ausgiebigen, möglicherweise heiligen, Trinkgelagen hinzugeben, vielleicht auch um die Todesgefahr vergessen zu können, in der sie sich permanent befanden. Jedem Thing, einem demokratisch organisierten Treffen der freien Männer, ob es nun regelmäßig oder zu einem wichtigen Anlaß einberufen war, ging ein großes Trinkgelage voraus, auf dessen Höhepunkt sich alle als Brüder und verschworene Gemeinde fühlten. Die Zubereitung vergorener Getränke wie Met und Bier gehörte denn auch zu den heiligen Bräuchen und war wesentlicher Bestandteil jeder feierlichen Versammlung. Im gemeinsamen Trinken wurde eine magische Verbundenheit unter den Anwesenden, aber auch zwischen den Menschen und ihren Göttern bewirkt. Um sich bei den Gelagen keines Sakrilegs schuldig zu machen, mußten genau festgelegte Bräuche eingehalten werden. So kreisten z. B. die mit Met gefüllten Trinkhörner immer von Ost nach West, entsprechend dem Lauf der Sonne.

Bei der Erforschung der Mythen fällt auf, daß es uns Deutschen an einer eigenen Mythologie völlig mangelt. Wir besitzen die Märchen, die durch die Gebrüder Grimm, Bechstein und anderen noch rechtzeitig vor dem Vergessenwerden aufgezeichnet wurden, und viele örtliche Sagen mit mehr oder weniger geheimnisvollen Inhalten. Mythen dagegen basieren auf dem Hereinwirken göttlicher Kräfte auf den Menschen und beinhalten die damit verbundenen Energien und Ereignisse. Deshalb müssen wir festhalten, daß wir nur Reste einer deutschen Mythologie besitzen, selbst wenn die Gebrüder Grimm einen wichtigen dreibändigen Forschungsbeitrag so benannt haben. Auch die über 500 deutschsprachigen Sagen, die sie aufzeichneten, sind keine Entsprechung und kein Ersatz für die fehlenden Mythen. Über den Dialog unserer Vorfahren mit ihren Göttern wissen wir sehr wenig. Sogar unter meinen psychoanalytischen Kolleginnen und Kollegen sind häufig elementare Stellen der nordgermanischen Mythen, die uns in bescheidenem Umfang überliefert sind, unbekannt. Gewiß, es gehört dazu, von Odin, Wotan und Freya den Namen zu wissen, auch ein Donnergott Thor-Donnar ist bekannt. Doch damit erschöpfen sich häufig die mythologischen Kenntnisse. Das Fehlen einer eigenen Mythologie zeigt schmerzlich den eingeschränkten Zugang zu den religiösen Wurzeln unserer Ahnen und den Kräften unseres Unbewußten.

Als im letzten Jahrhundert eine starke Hinwendung zum Germanentum erfolgte, geschah dies häufig mit einer gewissen Schwulstigkeit und Verherrlichung alles Deutschen. In einem inflationären Ergriffensein von germanischen Inhalten wurden abenteuerliche Hypothesen über die Fähigkeiten und das Leben der Germanen aufgestellt, die sich nur durch den Enthusiasmus für Deutsches im eben erst neu entstandenen Nationalstaat erklären lassen. Der Mißbrauch, den der Nationalsozialismus mit seinem Wahn von der Rassenreinheit und der Verherrlichung alles Germanischen betrieb, was immer das auch gewesen sein mag, führte in der Nachkriegszeit zu einer schweren Lähmung in der Auseinandersetzung mit den germanischen Mythen, die wir bis heute noch nicht überwunden haben. Sich mit den Mythen der Germanen zu beschäftigen, heißt hineintauchen in eine wenig bekannte Welt, die entweder von romantischen Schwärmern vernebelt oder von Philologen und Religionshistorikern mit wissenschaftlicher Akribie besetzt ist. Die, gemessen an anderen Kulturvölkern, spärlichen Überlieferungen über germanische Kultur, die sich nach wie vor wesentlich auf archäologische Funde und einige wenige schriftliche Quellen beschränken muß, bewirken, daß nur schwerlich ein klares und umfassendes Bild über die Hintergründe der germanischen Mythen zu bekommen ist.

Ein weiteres bedeutsames Moment für das zunehmend verkümmerte Verständnis der Nachkriegsgenerationen für Bilder und Mythen liegt im erzieherischen Umfeld begründet. Die einseitig rationalistische Lebensauffassung, von der auch die christlichen Religionen miterfaßt worden sind, bringt für die Kinder ein vermindertes Angebot an Geschichten und Bildern. So werden, bei gleichzeitigem Überangebot an flachem, konstruiertem Bildmaterial der Medien, der kindlichen Psyche keine echten, aus dem Unbewußten herauswachsenden Bilder mehr eingegeben. Hilfreiche Symbole der Psyche können sich so zu einem späteren Zeitpunkt nur erschwert konstellieren. Der Trost der Märchen bleibt aus und kann auch den Träumen nicht mehr hilfreich belebende Symbole geben.

Demgegenüber läßt sich derzeit ein Phänomen beobachten, das in unmittelbarem Zusammenhang mit den Bedürfnissen des Menschen zu sehen ist: Der Hunger nach Bildern zeigt sich in den Inhalten der Computer- und „Game Boy"-Spiele, die immer phantastischer werden und sich doch immer wieder an der Welt der Mythen orientieren und diese oft auch in eine ferne Zukunft übertragen. Doch befriedigen solche Bilder den Erlebnishunger aufgrund ihrer oberflächlichen Konstruktionen nicht nachhaltig und wirken deshalb nicht heilend auf die Psyche.

Eine völlig andere Beobachtung läßt sich anstellen, wenn wir uns mit den zeitlich später auftretenden Heldendichtungen (um die Jahrtausendwende) beschäftigen (z. B. Dietrich von Bern, Siegfriedsage), auch wenn diese ebenfalls im Dritten Reich ideologisch mißbraucht wurden. Sie werden den Kindern immer noch gerne vorgelesen. Wir leben in einer Kultur, die stark vom christlichen Denken geprägt ist, das von hintergründig kriegerischen Idealen durchdrungen ist. Das progressive, erobernde Abenteuer ist gefragt, das es ermöglichen soll, uns mit Helden oder Heldinnen zu identifizieren. Dies kann jedoch nicht darüber hinwegtäuschen, daß wir im Gegensatz zu anderen Kulturen, etwa der griechischen, ägyptischen, hebräischen, indischen oder persischen, nur einen äußerst spärlich übermittelten Götter- und Schöpfungsmythos besitzen. Hinzu kommt noch der bittere Wermutstropfen, daß das überlieferte Material fast ausschließlich nordischen Ursprungs und großenteils nur fragmentarisch erhalten ist. Im südgermanischen Raum sind so gut wie keine Überlieferungen vorhanden. Bleibt der Trost, daß es vermutlich einen allgemeingermanischen Mythos nicht gegeben hat. Die germanischen Mythen sind sehr weit in die Vergangenheit abgesunken, größtenteils vergessen. Bilder der römisch-griechischen Kultur, der ägyptischen und durch die Christianisierung die hebräisch-jüdischen Mythen der Bibel haben in uns einen weiten Boden bekommen. Darunter liegt die Schicht der alten germanischen und keltischen Mythen, die es zu entdecken gilt.

Wenn die Bilder und Symbole der Mythen auch eine starke Aufforderung besitzen, sie zu interpretieren oder sie auf bestimmte theoretische Modelle zurückzuführen, so darf dabei nicht verloren gehen, daß sich die Mythen nicht zu diesem Zweck entwickelt haben. Sie entstanden vielmehr aus einem komplexen Prozeß: aus dem Gespräch mit den Göttern, wie es sich in Form der liturgischen Rituale ausdrückte, oder es waren Traumgesichte, prophetische Eingebungen, die in der Folgezeit den Kontakt mit der Gottheit in der Gruppe ermöglichten. Im Mythos ist „Urweisheit" enthalten, deshalb stimuliert und drängt er dazu, ihn aus der Tiefe seines Bildes herauszuheben und in die verschiedensten Lebensbereiche und Theoriemodelle umzusetzen. Solange ein Mythos lebt, werden die Menschen, die in ihm leben, nicht das Bedürfnis haben, ihn zu interpretieren. Später, wenn er zur archäologischen Realität geworden ist, kann er wertvollste Hinweise auf den psychischen Unterbau der Menschen geben, die in seinem Kulturkreis gelebt haben und leben.

Einer der kompetentesten Mythenforscher, Joseph Campbell, verweist auf die drei Funktionen, die den Mythos für ein Volk bedeutsam machen: Mythen rufen im Individuum ein Gefühl der Ehrfurcht hervor, das sich nicht nur auf die Gottheit beschränkt, sondern auch dessen Schöpfung erfaßt, in der die Existenz des Menschen beinhaltet ist. Die Mythen bringen die erschaffene Lehre von der Weltordnung zum Ausdruck und führen außerdem das Individuum in die Wirklichkeit seiner eigenen Psyche ein. Auf diese Weise bekommt der Mensch Bilder, mehr noch, Symbole für sein Leben, die ihn mit den kosmischen Energien und seiner eigenen Realität in Verbindung bringen und darüber hinaus symbolhafte Formeln zur Verfügung stellen, die eine Art psychischen „Fahrplan" beinhalten. Diesen Fahrplan muß der Mensch nicht kennen, aber er lernt durch die Mythen, diesem zu vertrauen. Er gibt den Ereignissen Sinn und Ordnung, bettet freudvolle und schmerzhafte Erlebnisse in einen kosmischen Zusammenhang. Dieser psychische Bau- oder Fahrplan, für den Menschen der Frühzeit ausschließlich in der Hand der Götter angesiedelt, besitzt ein Zentrum, das im Unbewußten des Menschen angelegt, für die erforderlichen Stationen in der psychischen Entwicklung sorgt und aus dem heraus sich die Symbole dem Menschen darbieten. C.G. Jung hat es das SELBST genannt. Aus diesem psychischen Zentrum – so können wir hypothetisch annehmen, denn es kann vorerst nicht mehr als eine Hypothese sein – kommt es durch ein großartiges und geheimnisvolles Zusammenwirken mit all dem, was den Menschen umgibt, zu den hilfreichen Symbolen, die über Ritual und Mythos auf den Menschen einwirken.

Odin ist eine Gestalt, in der sich auf seinem Weg zum Allvater der Welt göttliche und menschliche Persönlichkeitsanteile erkennen lassen. Als Gottheit repräsentiert er das göttliche Interesse am Wohlergehen der Menschen, die ohne die Inspiration der Gottheit in der Unbewußtheit verhaftet bleiben. In seinen menschlichen Persönlichkeitsanteilen verkörpert er den Weg der Psyche aus dem Unbewußten heraus zu Bewußtheit und Individuation.

Die Grundannahme, gewissermaßen das psychologische Axiom dieser Arbeit, ist die Erkenntnis C.G. Jungs, daß „die Götter unzweifelhaft Personifikationen seelischer Gewalten sind."[3] Damit besteht keinesfalls der Anspruch, daß dies dem Wesen des Göttlichen vollständig gerecht werden könnte. Vielmehr sollen die mit der Gottheit verbundenen seelischen Phänomene unter diesem Gesichtspunkt untersucht werden. Sie machen sich zunächst in der Außenwelt und nicht im innerpsychischen Erleben bemerkbar.

Die als Götter personifizierten Gewalten sind in den Mythen sorgfältig und umfangreich charakterisiert und können in Gebet, Ritus oder sonstigen theologischen Gehalten übermittelt,

---

[3] C.G. Jung, Wotan, Zürich 1936, S. 12

lebendig gehalten und weiterentwickelt werden. So formuliert sich auf unbewußte Weise der Archetypus der jeweiligen Gottheit, intuitiv wird sie erfaßt und im Mythos dargestellt. Die jeweilige durch die Gottheit repräsentierte, seelische Kraft wird begegnungsfähig, der Mensch kann sich mit ihr auseinandersetzen und sich ihr annähern. Erst wenn die unbewußten, bedrängenden seelischen Gewalten auch im Innern des Menschen versöhnt und schließlich integriert sind, müssen sie nicht mehr im Außen, in den Menschen seiner Umgebung verfolgt oder befehdet werden. Sobald dieser Integrationsvorgang ein befriedigendes Niveau erreicht hat, herrscht Friede.

Besonders C.G. Jung hatte sich bereits 1935 in „Wotan" zur Lage der deutschen Nation geäußert[4] und sah in Gott Wotan einen verdrängten psychischen Inhalt wieder zutage treten, der in seiner rasenden Qualität, wie es eben einer Sturmgottheit entspricht, über Deutschland hinwegstürmte und eine neue zeitgemäße Antwort auf ihn verlangte. Diese Antwort wurde vom deutschen Volk nicht gegeben. Vielmehr ließ es sich in einer psychotisch anmutenden Weise erfassen. Das führte zu einer äußerst unheilvollen Entwicklung, an der wir noch lange zu arbeiten haben werden.

Die vielschichtige Gestalt Odins beinhaltet eine Fülle faszinierender Details und Symbole und macht ihn für eine tiefenpsychologische Betrachtung interessant. Aus den Quellen des deutschen Aberglaubens lassen sich, ergänzend zu den nordischen Mythen, in bescheidenem Umfang weitere Details gewinnen. Dabei muß allerdings berücksichtigt werden, daß der Aberglaube sich besonders im Leben der bäuerlichen Bevölkerung gehalten hat und über die religiöse Praxis und Anschauungen der gebildeten Schichten wenig aussagekräftig ist. Immerhin lassen sich auf diesem Weg noch einige Facetten Odins freilegen, die sonst verloren wären. Folgen wir Odin, dieser zentralen Gestalt der germanischen Mythologie, auf seinem Entwicklungsweg und betrachten den germanischen Schöpfungsmythos und das Werden der Gottheit vom scha-

---

[4] C.G. Jung, Wotan, Zürich 1936

manischen Naturgott zum Allvater mit monotheistischen Ansätzen, der sein Volk als Sturmgott ebenso erfaßte, wie er es als Zauber- und Orakelgott und als Wesen tat, das sich zur Erlangung höherer Kulturgüter selbst opferte.

Es sind nur wenige Quellen, die uns wesentliche Anhaltspunkte geben und sich zum intensiveren Studium der germanischen Mythen heranziehen lassen:

Die „Völuspa" („Der Seherin Gesicht" oder „Die Weissagung der Seherin"), wie diese Verse heißen, ist ein Teil der Älteren Edda und erzählt vom Werden und Vergehen der göttlichen Welt. Es gibt noch weitere Versdichtungen, doch enthalten diese meist nur zusätzliche Details und können die Völuspa nur ergänzen.

Die „Gylfaginning", auch Prosa-Edda genannt, ist eine Prosadichtung, die Snorri Sturluson um 1222 n. Chr. in Island verfaßte. Dies geschah zu einer Zeit, als Island durch einen Beschluß auf dem Allthing, dem großen Treffen der isländischen freien Männer, im Jahre 1000 n. Chr. bereits über 200 Jahre christianisiert war.

Beim Studium dieser Schriften besteht ständig die Gefahr, in den vielen Unklarheiten und Widersprüchen, mit denen die Texte durchsetzt sind, stecken zu bleiben. Damit erschwert sich der Zugang zur Mentalität der Germanen und der Inhalt der Mythen bleibt auf unvermeidlich oberflächliches Interpretieren beschränkt. Die Geheimnisse ihrer Religion, ihres Wissens um Leben und Tod, ihr Zugang zur Anderswelt und zu den höheren Welten und die damit verbundene Mysterienpraxis bleibt weitgehend verborgen und im dunkeln. Die überlieferten Runeninschriften sind für die Forschung ebenfalls nur teilweise hilfreich, da sie aus einer relativ späten historischen Schicht stammen, die etwa ab unserer Zeitrechnung anzusiedeln ist. Diese Schriften haben außerdem fast ausschließlich der magischen Praxis gedient. Da uns gerade diese Praktiken weitgehend unbekannt sind, bleibt ihr Aussagewert beschränkt.

Im hier vorgelegten Versuch wird die Interpretation ausgehend von Material gewagt, das Snorri in der Edda niedergeschrieben hat. Besonderer Schwerpunkt wird dabei auf die Übertragung der altnordischen Begriffe und Namen gelegt, da sich in ihnen das Wesen der Dinge auf symbolische Weise oft besser und klarer darstellt, als wir dies mit unserem heutigen abstrahierenden Denken gewohnt sind, in dem Namen meist nur noch operationalen Begriffen entsprechen. Wie wichtig die Namen in den alten Zeiten waren, können wir vielleicht darin erkennen, daß es noch zur Ritterzeit üblich war, den eigenen Namen nicht zu nennen, solange das Gegenüber noch unbekannt war; drohte doch die Gefahr, daß der Fremde mit Hilfe magischer Praktiken Einfluß ausüben könne. Im Namen waren früher selbstverständlich die Qualitäten seines Trägers beinhaltet, die sich entweder auf seine physischen oder psychischen Qualitäten bezogen oder Auskunft über seine Herkunft oder seinen Stand gaben. Demgegenüber ist heute der Name nur noch Index, eine Stelle im Alphabet und oft sogar nur noch Personalnummer.

Auch wenn die Sprache Snorris für uns heute häufig holprig und manche Details wenig poetisch ausgestaltet sind, hat er in seinen Bildern versucht, die Welt Odins zu bewahren und zu überliefern. Die nachfolgend ausgewählten Mythen werden hier möglichst genau entlang dem überlieferten Text von Gylfaginning und Edda nacherzählt und auf die wesentlichen Elemente reduziert.

Am Anbeginn bestand die Welt aus zwei sehr gegensätzlichen Hälften: Kälte und Dunkel im Norden, Hitze und helles loderndes Licht auf der südlichen Erdhälfte. Dazwischen lag ein großer leerer Raum, die gähnende Schlucht Ginnungagap. Die grimmig kalte, eisige Gegend im Norden wurde Niefelheim genannt. Dort sprudelte die kalte Quelle Hwergelmir (der brausende Kessel). Zwölf Flüsse, die auch Gift und Salz mit sich führten, entsprangen daraus und ergossen sich in den gähnenden Abgrund Ginnungagap. So bestand die nördliche Welt ganz aus Eis, Reif, kaltem Nebel und Schneestürmen.

Ganz anders ging es in der heißen Welt des Südens zu, die Muspellheim genannt wurde. Dort loderten Feuer und die Funken flogen. Und wie von Norden her die kalten Fluten der Flüsse sich in die gähnende Leere ergossen, so kamen vom Süden die heißen Winde und brachten Funken und Glutteilchen mit sich. Reif und heißer Luftstrom trafen aufeinander. Es schmolz und tropfte und daraus entstand die Gestalt eines Menschen, der Ymir genannt wurde. Er wurde zum Stammvater aller Riesen. Als er schlief und zu schwitzen begann, wuchsen ihm unter dem linken Arm ein Mann und eine Frau. Schließlich zeugte der eine Fuß noch mit dem anderen einen sechshäuptigen Sohn. Als nächstes entstand durch den tropfenden Reif die Kuh Audhumbla. Aus den Zitzen dieser hornlosen Kuh ergossen sich vier Milchströme, die Ymir speisten, der weiter und weiter zu gigantischer Größe wuchs.

Die Ur-Kuh ernährte sich, indem sie von den salzigen Eisblökken leckte. Eines Tages kamen dabei die Haare eines Menschen zum Vorschein, am zweiten Tag der Kopf und am dritten Tag war der ganze Mensch frei geworden. Er wurde Buri genannt und galt als besonders schön, groß und stark. Auch Buri zeugte aus sich selbst seinen Sohn Burr, der später eine

Riesin zur Frau nahm. Ihre Söhne waren die drei Brüder Odin, Hönir und Lodur.

Die kraftstrotzenden jungen Götter kamen bald in Konflikt mit den Riesen, die über die Eiswelt herrschten und besonders mit dem immer weiter wachsenden Ur-Riesen Ymir. So erschlugen sie ihn eines Tages und in dem Blut, das aus seinen Wunden floß, ertrank das gesamte Reifriesengeschlecht. Nur Bergelmir, der schlaue Enkel Ymirs, konnte mit seiner Frau in einen Waschtrog klettern und sich retten. Von ihm stammten in der Folge die weiteren Reifriesengeschlechter ab. Den riesigen Leib Ymirs warfen Odin und seine Brüder in die gähnende Leere Ginnungagaps und erschufen aus ihm die Welten. Aus dem Blut wurde das Meer und alle anderen Gewässer gemacht, aus seinem Fleisch das Festland. Aus Zähnen und Knochen entstanden Felsen, Steine und Geröllfelder. Die Haare wurden zu Bäumen und Sträuchern. Und um die Erde trokken gegen das Meer zu halten, bildeten die drei Götter aus den Augenbrauen einen Wall. Aus dem Gehirn Ymirs wurden Wellen des Meeres und Nebel erschaffen.

Im verwesenden Fleisch des Riesen hatten sich Maden gebildet, denen die drei Brüder Verstand und Menschengestalt gaben und die sie Zwerge nannten. Sie sollten in der dunklen Erde und den Steinen wohnen. Ihr Reich hieß deshalb Dunkelalfenheim.

Aus der Hirnschale Ymirs gestalteten die drei Brüder den Himmel, der an seinen vier Enden jeweils von einem Zwerg abgestützt wurde. So trugen die vier Zwerge Austri, Westri, Nordri und Sudri wie vier Säulen den Himmel. Aus den umherfliegenden Blutteilchen und den Funken aus Muspellheim setzten die drei Brüder die Gestirne an den Himmel und schrieben ihnen Platz und Bahn vor.

*

Odins erste Frau ist die Nacht. Mit ihr zeugt er die Erde und mit dieser wiederum seinen ersten Sohn Thor, den Gott des Donners. Ein weiteres Kind der Nacht ist der Sohn Dag. Odin versetzt sie beide an den Himmel und übergibt jedem ein Pferd, damit sie täglich um die Erde reiten sollen. Voraus reitet die Nacht und ihr Pferd betaut jeden Morgen mit seinem Sabber die Erde. Dags Pferd erleuchtet mit seiner glänzenden Mähne den ganzen Luftraum und die Erde.

Von einem Riesen stammen Sonne und Mond ab. Der Mond wird von zwei Kindern begleitet, die sich Bil und Hjuki nennen. Bil verkörpert den Abstand, das Zögern und Zaudern, während Hjuki die heilenden, regenerierenden Kräfte des Mondes darstellt. Ihr Vater ist Widfin, der Mann im Mond, der nur bei Vollmond gesehen werden kann. Der schnelle Lauf von Sonne und Mond ist darin begründet, daß beide von Wölfen bedrängt und verfolgt werden. Diese heißen Skjöll (das bedeutet Spott, Falschheit, Lug und Lärm) und Hati (der Verächter, der Feind).

Als die Söhne Burrs eines Tages am Meeresstrand spazieren gehen, finden sie zwei Baumstämme, die sie dazu inspirieren, aus ihnen Menschen zu erschaffen. Odin gibt ihnen Atem und Leben, Hönir schenkt ihnen Verstand und Bewegungsvermögen und Lodur die äußere Erscheinung, Sprache, Gehör und Sehvermögen. Schließlich geben sie den Menschen Kleidung und Namen. Der Mann wird Ask genannt, die Frau Embla. Leben sollen die Menschen in Midgard, dem mittleren Garten. Gegen die Welt der Riesen, die in Utgard, dem äußeren Garten leben, waren die Menschen durch einen Wall aus Ymirs Brauen geschützt.

Die Götter, die sich fortan Asen nennen, haben in Asgard ihre Wohnungen gebaut. Ihre Welt und die der Menschen ist durch die Asenbrücke verbunden, die auch Bifröst, der schwankende Weg, genannt wird. Sie schimmert in den herrlichsten Regenbogenfarben. Es wird auch erzählt, daß das leuchtende Rot von den Flammen herrührt, die den Riesen den Weg nach Asgard versperren sollen. Zum Schutz der Brücke ist der Ase Heimdall abgeordnet. Er wacht an ihrem Fuße mit Schwert und Horn, das an dem Tag ertönen wird, wenn die Brücke durch die Anstürme der Riesen in Gefahr gerät.

In der prächtigsten Wohnburg lebt Odin, sie wird „Freudeheim" genannt. Ein weiterer Wohnsitz Odins ist Walhall, ein Ort, der ursprünglich ein Totenberg mit einer unterirdischen

Totenhalle war. Hierher kommen die gefallenen Krieger, die Einherier (d. h. „der alleine kämpft") genannt werden und Odins Adoptivsöhne sind.

In Walhall werden Asen und Einherier von den Walküren (valkyra, diejenige, die bestimmt oder auswählt, wer fallen soll) bedient. Odin sendet sie in jedem Kampf aus, um die Männer zu bestimmen, die den Tod finden sollen. Auch entscheiden sie in seinem Namen über den Sieg. Mit dem obersten Asen reiten sie in die Schlacht, um die Helden zu küren (kjosa, wählen) und nach Walhall zu führen (valr, die auf dem Schlachtfeld liegenden Leichen; höll, Halle; val, tot, gefallen; Walhall, die Halle der Gefallenen). Die drei Walküren Gudr (Kampf), Rotta (wühlen, wälzen, in Unordnung bringen) und Skuld (Schuld, Zukunft) reiten allen voran. Zusätzlich zu diesen sind 13 Walküren bekannt, deren Namen ihren kriegerischen Charakter ausdrücken: die zum Beben Bringende, Wolke (Nebel), Axt, Kampf, Kampflärm, Kräftige, Waffenklang. Verzauberung (die, die den Kämpfenden lähmt), Lärm, Speerkampf, Schildvernichterin, Planzerstörerin und die Hinterlassene.

In Walhall gibt es den Eber Sährimnir (das rußfarbige Seetier), der jeden Tag vom Koch Andhrimnir (der im Gesicht rußig ist) in einem besonderen Kessel gekocht wird. Dabei reicht das Fleisch immer für alle, und jeden Abend wird der Eber wieder lebendig. Odin selbst ißt nie davon. Da er selbst keine Speise braucht und für ihn Wein und Met sowohl Getränk als auch Speise ist, gibt er das Fleisch seinen beiden Wölfen Geri (der Gierige) und Freki (der Gefräßige).

Auf dem Dach von Walhall weidet die Ziege Heidrun (run, Rune; heidr, Ehre Ansehen; „die ein herrliches Geheimnis besitzt") und knabbert die Nadeln des Baumes ab, der Lärad (*hleadr [5], der Stille Spendende; hle, Schutz, Obdach, Decke) heißt. Aus ihrem Euter rinnt Met, jeden Tag ein Schöpfgefäß voll. Dies genügt, um alle Einherier völlig betrunken zu machen.

---

[5] Das vorangestellte Zeichen „*" bedeutet den gemeingermanischen Ursprung des Wortes.

Jeden Morgen legen die Einherier ihre Rüstungen an und ziehen durch die 540 Tore, von denen jedes so breit ist, daß 800 Krieger zugleich hindurch können. Draußen kämpfen und töten sie einander und „spielen" so bis zur Frühstückszeit. Danach reiten sie nach Walhall zurück und setzen sich wieder zum Trinken, und durch Heidruns Met heilen sogleich alle ihre Wunden. Außer der Ziege Heidrun befindet sich dort auch noch der Hirsch Eikthyrnir (Eichendornbusch, oder „der mit wie Eichenästen gekrümmten Hörnern"). Er frißt ebenfalls an den Zweigen des Baumes Lärad und von seinem Geweih tropft Reif bis in die Quelle Hwergelmir hinab, wo die kalten Flüsse entspringen. [6]

Die erfinderischen Götter stellen Öfen her, um Eisen zu schmelzen, bauen sich Ambosse, Hämmer, Zangen und viele Geräte wie Äxte, Schwerter, Speere. Aus reinem Gold fertigen sie kunstvolle Becher, Schüsseln und kostbarstes Geschmeide. Für die Göttinnen ist der mit besonders viel Gold und Silber ausgestattete Saal „Wingolf" vorgesehen.

Der hochgewachsene und vornehme Odin ist eine sehr stattliche Erscheinung und besitzt auf Frauen eine besondere Wirkung, die er auch dann nicht einbüßt, als er nur noch ein Auge hat. Durch die Fähigkeit, seine Rede in gereimten Versen zu gestalten und entsprechend gewandt und eloquent aufzutreten, übt er eine starke Wirkung auf seine Zuhörer aus.

Odin ist ein großer Zauberer, der durch verschiedenste magische Techniken die Kraft der Verwandlung ebenso beherrscht, wie die Gabe, Tote wieder zum Leben zu erwecken. Aussehen und Gestalt kann er jederzeit und beliebig wechseln und seinen Aufenthaltsort blitzschnell verändern. Allein durch sein Wort ist er in der Lage, Feuer zu löschen und Stürme zu besänftigen. Tiere und Menschen heilt er von ihren Krankheiten, wenn es ihm gefällt. Doch geschieht es auch,

---

[6] Diese Flüsse heißen: Sid, Vid, Sekin, Ekin, Svöl, Gunnthro, Fjörm, Fimbulthul, Gipul, Göpul, Gömul, Geirvimul. Sie fließen alle durch das Asengebiet. Ferner gibt es noch folgende Flüsse: Thyn, Vin, Thöll, Höll, Grad, Gunnthrain, Nyt, Naut, Nönn, Hrönn, Vina, Vegsvinn, Thjodnuma.

daß Odin Krankheit, Tod und Unheil verhängt und seinen Gegnern Verstand und Kraft raubt. Um dies zu bewirken, bedient er sich ausgefeilter Zaubergesänge und Beschwörungspraktiken. Zauberkraft besitzt auch sein Speer, der, wenn er ihn über das gegnerische Heer schleudert, die Erde erzittern läßt und den Feind dem Untergang weiht.

An seiner Hand trägt Odin einen Ring, der in jeder neunten Nacht acht gleiche Ringe abtropft. Wenn er nicht gerade in seiner goldenen Rüstung auf Sleipnir in die Schlacht reitet oder Pflichten in Asgard zu erfüllen hat, wandert er gerne zu den Menschen nach Midgard. Dazu legt Odin seinen blauen Himmelsmantel um und setzt seinen breitkrempigen Hut auf. Gelegentlich begleiten ihn dabei seine beiden Wölfe Geri und Freki. Odin hat sich zwei Raben gezähmt und sie sprechen gelehrt. Jeden Morgen fliegen Huginn (Sinn, Gedanke) und Muninn (der sich Erinnernde) aus und wenn sie am Abend zurückkehren, setzen sie sich auf seine Schultern und berichten ihm von allen Ereignissen und Neuigkeiten. Die Menschen nennen Odin deshalb manchmal Hrafnagud, was Rabengott bedeutet.

Auch von seinem Göttersitz aus kann Odin in die Welt sehen, so daß nichts vor ihm verborgen bleibt. Weil er glaubt, daß außer ihm und seiner Gattin Frigg niemand die Weisheit besitzt, all das Geschaute und Beobachtete zu deuten, achtet er sehr darauf, daß keiner der Asen verbotenerweise seinen Platz auf der Himmelsbank einnimmt. Trotzdem regiert Odin nicht alleine, vielmehr hält er auf dem Thing an der Asenbrücke täglich Rat mit seinen Götterkolleginnen und –kollegen. Hier entscheiden sie die Geschicke und schlichten Streit, den sie häufig untereinander haben.

Der wichtigste Ase nach Odin ist sein Sohn Thor (*thunra, der Donner). Er gilt als der Stärkste unter allen Menschen und Göttern und besitzt die Burg Thrudvangr mit einer Halle, die Bilskirnir (der unverwüstlich Starke; oder auch: der sich [nur] für einen Augenblick aufhellt – durch den Blitz) genannt wird. Diese Halle ist ähnlich groß wie Walhall und besitzt 540 Räume. Thors Wagen wird von den beiden Böcken Tanngnjostr

*(der, der mit den Zähnen knirscht) und Tanngrisnir (der, des-
sen Zähne nicht dicht stehen) gezogen. Stets hat er seinen
Hammer mit dem etwas zu kurz geratenen Stiel bei sich. Ihn
benötigt er in seinem Kampf gegen die Riesen. Thors Gattin ist
Sif (weibliche Verwandte), die Asin mit den goldenen Haa-
ren.* [7]
*Weitere Söhne Odins sind der Lichtgott Balder, der Dichtergott
Bragi, der blinde Hödr und der Bote Hermod. Zu späteren Zeiten wird Tyr, der ursprünglich ein alter indogermanischer
Himmelsgott war, auch zu den Söhnen Odins gezählt. Außerdem gehören zu seinen Söhnen der schweigsame Vidar und
der kühne Vali.*

*Als eines Tages ein kleiner Riese nach Asgard kommt und mit
seinen geschickten Ratschlägen und seiner trefflichen List im
Kampf gegen die Trolle die Asen sehr beeindruckt, wählt Thor
ihn als Begleiter auf seinen häufigen Reisen. Der kleine Riese
heißt Loki und ist stets zu lustigen Streichen aufgelegt. In besonderer Weise sucht er die Nähe Odins und fühlt sich ihm
sehr verbunden. Thor und Balder setzen sich im Rat der Götter dafür ein, Loki in den Kreis der Asen aufzunehmen. Auch
Odin preist Lokis Schlauheit, er mischt mit ihm sein Blut und
macht ihn zu seinem Wahlsohn. Lokis Eheweib ist Sigyn (das
bedeutet „Sieg" oder „Freundin", „die schwangere Regenwol-
ke"), die treu zu ihm hält und mit ihm zwei Söhne hat. Auch
besitzt er ein Paar Schuhe, mit denen er windschnell über Luft
und Meer eilen kann.*

*Loki wird als hübsch und schön vom Ansehen her, aber mit li-
stigem Charakter und sehr unbeständiger Art beschrieben.
Seine Klugheit und Verschlagenheit, ja die Arglist in allen Dingen, zeichnet ihn besonders aus. Er gehört zu den schill-*

---

[7] *Mit Sif hatte er die Tochter Thrud (Ebene der Kraft, Ort der Kraft) und den
Sohn Lorride. Aus erster Ehe hatte seine Gattin den Sohn Ullr (der Herrliche), der wohl ein Sohn Odins ist und zu den Asen gezählt wurde. Thor
besaß noch die beiden Söhne Magni (der Starke) und Modi (der Zornige),
deren Mutter die Riesin Jarnsaxa war. Diese beiden werden in der neuen
Welt nach den Ragnarök eine wichtige Rolle spielen. (Gylf., Kap. 21)*

erndsten Charakteren in Asgard und besitzt die Fähigkeit, sich unentbehrlich zu machen. Loki ist immer dabei, wenn es Probleme zu lösen gilt, auch wenn er häufig selbst für deren Verursachung verantwortlich zeichnet. Folgende Geschichte soll dies verdeutlichen:

Als die Götter Midgard gegründet und auch Walhall errichtet hatten, kam ein Handwerker und bot sich an, ihnen in drei Jahren eine so große Burg zu bauen, daß sie sich sicher und geschützt vor den Reif- und Bergriesen fühlen könnten. Als Entgelt für diese Leistung beanspruchte er Freya. Zudem verlangte er, daß ihm Sonne und Mond ausgehändigt werden sollten. Die Asen trafen sich, berieten und kamen überein, zuzustimmen, wenn die Burg in einem Winter fertiggestellt sei. Doch verliere der Handwerker jeden Anspruch, wenn nicht am ersten Sommertag die Burg errichtet sei. Auch dürfe ihm niemand bei der Arbeit helfen. Als ihm diese Bedingungen übermittelt wurden, erbat er zur Unterstützung sein Pferd Svadilfari („der, der viele beschwerliche Reisen hat; Fahrt, Unternehmung mit unglücklichem Ausgang, schmähliche Reise"). Loki setzte sich dafür ein, ihm dies zu erlauben. Der Riese begann am ersten Wintertag und arbeitete auch in den Nächten, um die vielen Steine zum Bau heranzubringen. Sein Pferd leistete ihm dabei unschätzbare Dienste. Der Bau schritt rasch voran und drei Tage vor Sommeranfang war er schon am Tor angelangt. Da bekamen es die Götter mit der Angst zu tun, traten im Thing zusammen und fragten sich, wer ihnen dazu geraten habe, diesen Handel einzugehen. Schnell war Loki als der Übeltäter ausgemacht und die Asen drohten ihm mit dem Tod, wenn er nicht einen Ausweg fände. Loki schwor in seiner Angst Eide, daß er auf eine Weise handeln werde, die den Baumeister seinen Lohnanspruch verlieren lasse. Als dieser am selben Abend mit seinem Hengst hinausfuhr, um Steine zu holen, sprang aus dem Wald eine Stute und wieherte laut. Der Hengst wurde wild, zerriß das Seil und galoppierte mit der Stute davon. So blieb die Arbeit in dieser Nacht liegen. Als der Handwerker sah, daß sein Bauwerk nicht rechtzeitig abgeschlossen werden konnte, geriet er in eine Riesenwut. Erst daran erkannten die Asen, daß der Baumeister ein Bergriese war. Einem Riesen gegenüber fühlten sie sich nicht an die Eide gebunden, die sie geleistet hatten. Eifrig riefen sie nach Thor, der mit seinem Hammer Mjöllnir nach dem Riesen warf, seinen Schädel in kleine Stücke zerbrach und ihn hinab in die Gewalt der Niefel schickte. Die Stute jedoch war Loki, der etwas später ein Fohlen zur Welt brachte, das grau war und acht Beine hatte. Die Götter nannten es Sleipnir ("der Schlüpfrige", der Wind). [8]

Daneben ist Loki noch der Vater dreier Ungeheuer. Zusammen mit der Riesin Angrboda (die Schaden-Kündende; die Schaden-Verursachende) zeugt er drei Wesen, die in ihrer Art sehr unterschiedlich, aber für die Ereignisse in der Welt um so bedeutender sind: den Fenriswolf, die Midgardschlange, welche die ganze Welt umspannt und Hel, die Herrscherin des Totenreiches.

Als die Götter in Erfahrung bringen, daß diese drei Geschwister in Jötumheim (bei den Riesen) heranwachsen und durch Weissagungen gewarnt werden, welchen Schaden und welches Unglück ihnen durch diese Ungeheuer widerfahren wird, schickt Odin die Götter aus, diese bedrohlichen Geschöpfe zu ergreifen und zu ihm zu bringen. Die Midgardschlange wirft er ins Meer. Doch dort wächst und wächst sie, bis sie das ganze Land umschließt und sich selbst in den Schwanz beißt. [9]

Der Umgang mit dem Fenriswolf (*fen-(h)-rís-ulfr, Sumpf-Strauch-Wolf) gestaltet sich schwieriger. Zunächst ziehen ihn die Asen in Asgard auf. Tyr allein hat den Mut, zum Wolf zu gehen und ihm Futter zu geben. Als die Götter sehen, daß der Wolf von Tag zu Tag größer wird und alle Weissagungen darauf hindeuten, daß dieser ihnen eines Tages großen Schaden zufügen wird, fassen sie einen Entschluß und fertigen die starke Fessel Läding ("der mit List Bindende") an, bringen sie zum Wolf und bitten ihn, die Kraft dieser Fessel zu erproben.

[8] Gylf., Kap. 42
[9] Gylf., Kap. 34

Der Wolf schöpft keinen Verdacht. Doch schon als er mit dem Fuß dagegen tritt, reißt die Fessel. Also stellen die Asen eine zweite, doppelt so starke Fessel her, die sie Dromi („zögern, trödeln, langsam, etwas Hemmendes") nennen. Sie versprechen dem Wolf, er werde berühmt, wenn eine solch großartige handwerkliche Schmiedearbeit seiner Kraft nicht standhalten könne. Der Wolf zögert, doch schließlich läßt er sich anketten. Dann schüttelt er sich, strengt sich etwas an, stemmt mit dem Fuß dagegen, und die Kette zerbricht. Daraufhin schickt Odin den Boten Skirnir[10] („der Strahlende") zu den Zwergen und läßt dort die Fessel Gleipnir herstellen. Diese wird gefertigt aus dem Geräusch der Katze, dem Bart einer Frau, den Wurzeln des Felsens, den Sehnen des Bären, dem Atem des Fisches und dem Speichel des Vogels. Glatt und weich wie ein Seidenband ist diese Fessel und doch außerordentlich fest und stark. Die Götter zeigen dem Wolf das Seidenband und fordern ihn auf, seine Kraft daran zu versuchen.

Da antwortet der Wolf: „Es scheint mir, daß ich keinen Ruhm gewinnen werde, wenn ich ein so schmales Band zerreiße. Aber wenn es mit List und Tücke gemacht ist, obwohl es klein scheint, dann kommt es nicht um meine Füße."

Die Asen versuchen, ihm zu schmeicheln, doch der Wolf bleibt vorsichtig. Um sich aber keinen Mangel an Mut vorwerfen zu lassen, verlangt er, daß ihm einer der Asen als Pfand die Hand in das Maul legen solle. Nur der mutige Tyr erfüllt diese Forderung. Als der Wolf gegen die Fessel tritt, wird sie hart und je mehr er sich dreht und wendet, um so enger zieht sie sich zusammen. Alle Asen lachen. Nur Tyr hat das Nachsehen, denn der Wolf hat ihm die Hand abgebissen.

Nachdem der Wolf nun vollständig gebunden ist, nehmen die Asen ein Tau und ziehen es durch eine große Steinplatte. Einen weiteren großen Stein[11] stoßen sie tief in die Erde und befestigen daran das Tau. Als der Wolf seinen Rachen weit auf-

---

[10] Skirnir war der Bote Freyrs.

[11] Dieser Stein heißt Thviti. Das sind Teile, die Megalithbauten entsprechen könnten.(de Vries; Lorenz S. 431)

sperrt und zu beißen versucht, stecken ihm die Asen ein Schwert als Gaumensperre in das Maul. Fürchterlich heult der Wolf und aus dem Maul rinnt der Speichel und bildet so den Fluß „Van" (Hoffnung, Erwartung, Gefahr?). Hier liegt der Wolf, bis das Ende der Götterwelt anbricht (Ragnarök).

Das dritte Kind Lokis, Hel, wird von Odin nach Niefelheim verbannt. Dort gibt er ihr die Gewalt über alle an Krankheit und Alter auf ihrem Lager verstorbene Menschen, die „Strohtoten". Hels Haut ist halb schwarz und halb fleischfarben. So ist sie in ihrer Düsternis und Grimmigkeit leicht zu erkennen. Helheim, ihre Wohnstätte, liegt unter der Erde. Die Zäune dort sind außerordentlich hoch und an den Eingängen befinden sich Gittertore. Der Saal trägt den Namen „der von Regenschauern Feuchte", Schüssel und Messer heißen „Hunger", der Knecht wird „der, der träge geht" gerufen. Die Türschwelle, über die man in ihren Saal tritt, heißt „Ort der Gefahr". Das Bett nennt man „Lager" und den Bettvorhang „bleiches Unheil".

Betrachtet man die Personen und Gegenstände in Hels Wohnsitz, so ist schon an den Namen unschwer zu erkennen, daß hier alles Elend der Welt versammelt ist: Lärm (so nennt sich schon der Grenzfluß), Elend, die Feuchte, Trägheit, Fäule, Gift, Hunger, Verschmachtung, Unheil, fallende Gefahr, dunkle Berge, und so fort.

Als „der weiße Ase" wird Heimdall (der über der Welt Leuchtende) bezeichnet. Seine Mütter sind neun Schwestern, die Töchter des Meerriesen Ägir. Er wird auch Hallinskidi und Gullintanni (der mit den goldenen Zähnen) gerufen, weil seine Zähne aus Gold sind. Sein Pferd heißt Gulltoppr (Goldspitze, Goldmähne). Heimdall wohnt in Himinbjörg (Himmelsberge) bei Bifröst. Als Wächter der Götter sitzt er am Ende des Himmels, um die Asenbrücke vor den Bergriesen zu schützen. Heimdall braucht weniger Schlaf als ein Vogel und sieht in der Nacht wie am Tage in gleicher Weise hundert Meilen weit (ältere norw. Meile ca. 12 km). Er hört alles, was lauter ist als das Wachsen des Grases oder das der Wolle auf den Schafen.

Freya (Herrin) ist die berühmteste Asin. Sie wohnt im Himmel in Fölkvangr (Kampfflur, –wiese), von wo aus sie auch zum Kampf reitet. Sie erhält die Hälfte der Schlachtfeldtoten, die andere Hälfte aber gehört Odin. Freyas Saal Sessrumnir (der, der viele Sitzplätze umfaßt) ist besonders groß und schön. Ihr Wagen wird von zwei Katzen gezogen. Sie reist gerne und steht den Menschen besonders nahe. Sie soll man in Liebesangelegenheiten anrufen. [12]

Unter den Asen und Asinnen gibt es ein Paar, von dem wenig erzählt wird. Dies sind Bragi und Idun. Bragi wird wegen seiner Klugheit gerühmt und zeichnet sich besonders durch seine Beredsamkeit aus. Vermutlich war er der verbale „Troubadix" der Asen. Idun (ithunn), seine Frau, ist für alle Götter von unschätzbarer Bedeutung, weil sie in einem Kästchen goldene Äpfel aufbewahrt. Wer von ihnen ißt, kann gewiß sein, daß er nicht altert.

Alles beherrschend steht am Mittelpunkt der Welt die immergrüne Esche Yggdrasil. Ihre Zweige breiten sich über die ganze Erde und erstrecken sich weit über den Himmel. Mit drei riesenhaften Wurzeln hält sich dieser Baum aufrecht. An jeder Wurzel entspringt eine Quelle. An der ersten Quelle, die auch der Brunnen Hwergelmir genannt wird, lebt der Drache Nidhöggr und benagt dort, zusammen mit unzähligen Schlangen, die Wurzeln des Baumes und gefährdet sein Leben. [13]

Auch vier Hirsche [14] weiden in den Zweigen der Esche und fressen die Knospen ab.

Auf dem Wipfel sitzt der vielwissende Adler Orn, der von hier aus nach möglichen Feinden Ausschau hält. Zwischen seinen Augen hat der vom Sturm zerzauste Habicht (Wedrfölnir) seinen Platz. Er ist für das Wetter verantwortlich. Außer dem Adler wacht noch ein goldglänzender Hahn, der wie die Sonne leuchtet.

Das flinke und geschwätzige Eichhörnchen Ratatoskr rennt ständig am Stamm des Baumes hinauf und hinunter und sät

[12] Gylf., Kap. 2
[13] Gylf., Kap. 16
[14] Dainn, Dvalinn, Duneyrr, Durthror

40

Zwietracht zwischen Adler und dem Drachen Nidhöggr.
Unter der zweiten Wurzel liegt die als Mimisbrunnen bezeichnete Quelle, in welcher Weisheit und Verstand verborgen sind. Diese Quelle wird vom Riesen Mimir, einem Onkel Odins, bewacht. Mimir besitzt umfangreiches, übernatürliches Wissen, weil er täglich mit dem wunderhaften Gjallarhorn, das er für Heimdall aufbewahrt, aus dieser Quelle trinken kann.

An der dritten Wurzel entspringt eine Quelle, die sehr heilig ist und Urdbrunnen heißt. Dort befindet sich die Gerichts- und Friedensstätte der Asen, die hier jeden Tag zum Thing zusammenkommen. Auf dem Weg hierher reiten alle Asen über die Brücke Bifröst. Nur Gott Thor geht alleine zu Fuß und muß zahlreiche Flüsse durchwaten, denn unter seinen gewaltigen Tritten droht die Brücke zu bersten.

Am Urdbrunnen steht eine prächtige Halle, in der die drei Schicksalsfrauen wohnen. Sie heißen Urd, Werdandi und Skuld, entscheiden über das Leben der Menschen und werden Nornen genannt. Außer ihnen gibt es noch andere Schicksalsfrauen, die allerdings namentlich nicht bekannt sind. Die Nornen kommen bei der Geburt zu jedem Menschen, um über sein Leben zu entscheiden. Sie sind göttlicher Abstammung, andere gehören zu den Alfen (Lichtwesen), wieder andere zum Geschlecht der Dunkelzwerge (Erdzwerge). [15] Nicht alle bringen den Menschen Gutes, denn Nornen aus böser Abstammung verhängen Unheil. Den Lebensfaden spinnen sie unterschiedlich lang.

Um die Gefährdung des Baumes durch Nidhöggr, Schlangen und Hirsche in Grenzen zu halten, holen die am Urdbrunnen lebenden Nornen jeden Tag Wasser aus ihrer Quelle und begießen damit die Esche, damit deren Zweige weder austrocknen noch faulen. Dieses Wasser ist so heilig, daß alle Dinge, die damit in Berührung kommen, so weiß werden, wie das Häutchen, das unterhalb der Eischale liegt. [16]

---

[15] Gylf., Kap. 15

Im Urdbrunnen leben noch zwei Schwäne mit einem herrlich weißen Gefieder.[17]

Odins und Friggs Lieblingssohn ist Balder (*bhal, Glanz, der Kraftgebende). Als der Verständigste der Asen kann er am besten reden und wird in seiner Haltung als der Gnädigste angesehen. In seinem Wohnsitz Breidablik (Weitglanz) kann nichts unrein werden. Seine Gattin heißt Nanna (die Wagemutige, die Kampfesfrohe; schwed. = Mutter), ihr gemeinsamer Sohn ist Forseti (Ernährer, Vorsitzender), der den Saal Glitnir am Himmel besitzt. Dieser Saal steht auf goldenen Säulen und ist ganz mit Silber gedeckt. Dort schlichtet Forseti die Streitigkeiten der Menschen und Götter. In Forseti ist die versöhnende Gottheit zu erkennen.

Als Odins Sohn muß noch Hödr (höth, Kampf, Krieger, Kämpfer) genannt werden. Er ist blind und überaus stark. Seinen Namen erwähnen die Asen nicht gerne. Warum dies so ist, soll hier kurz erzählt werden:

Diese berühmte Geschichte beginnt damit, daß Odins Sohn Balder schwere und Gefahr verheißende Träume bekommt, in denen er sein Leben bedroht sieht. Er erzählt den Asen davon und sie beraten, was für Balders Sicherheit getan werden könnte. Frigg hat die Idee, eidliche Verpflichtungen zur Schonung von Balders Leben einzuholen. Diesen Eid müssen Feuer und Wasser, Eisen und Erze aller Art, Steine, die Erde, die Hölzer, die Krankheit, die Tiere, die Vögel, Gift und Schlangen ablegen. Jetzt ist Balders Leben sicher und die Asen beginnen ein Spiel: Auf dem Thingplatz schießen, schlagen oder werfen sie Steine nach Balder. Doch nichts schadet ihm. Er ist unverletzlich. Dies mißfällt Loki. Er verwandelt sich in eine Frau, geht zu Frigg und fragt, was die Asen auf dem Thing tun. Frigg durchschaut offensichtlich nicht, wen sie vor sich hat und antwortet Loki bereitwillig: „Nicht werden Waffen und Hölzer Balder verletzen; Eide habe ich von allen erhalten."

Der wißbegierige Loki will wissen, ob alle Dinge Eide geleistet

[16] Gylf., Lorenz, S. 258
[17] Gylf., Kap. 16

42

haben, Balders Leben zu schonen. Frigg sagt: „Es wächst ein Baumschößling, westlich Walhall, Mistilteinn (Mistelzweig) genannt; er schien mir zu jung, um von ihm einen Eid zu fordern."

Loki holt sich den Mistelzweig und geht damit zum Thingplatz. Dort entdeckt er den blinden Hödr, der außerhalb des Männerrings steht.

„Warum schießt du nicht auf Balder?" fragt er ihn.

Hödr antwortet: „Weil ich nicht sehe, wo Balder ist und außerdem, weil ich waffenlos bin."

Verschlagen fordert Loki ihn auf, Balder doch die Ehre zu erweisen und nach ihm zu schießen. Er weist die Richtung, reicht ihm den Mistelpfeil und Hödr schießt nach Lokis Anweisung. Das Geschoß durchbohrt Balder und er fällt tot zu Boden.

Die Asen sind wie gelähmt und sprachlos, als sie den gefallenen Balder sehen. Aber niemand kann ihn rächen, denn hier auf dem Thingplatz ist die Friedensstätte.

Als die Götter zur Besinnung kommen, will Frigg wissen, wer von den Asen ihre Freundschaftsgunst erwerben möchte, indem er den Helweg zur Hel reitet und dort versucht, Balder zu finden und gegen Lösegeld freizubekommen. Der schnelle und tapfere Hermod (kriegs-, kampfmüde), ein Sohn Odins, ist zu dieser Reise bereit. Odin gibt ihm sein Pferd Sleipnir und Hermod reitet los.

Die Asen nehmen Balders Leiche und tragen sie ans Meer. Dort wollen sie Balders Schiff Hringhorni (krummhornig), das größte aller Schiffe, zu Wasser bringen. Auf ihm wollen sie die Einäscherung vornehmen. Doch das Schiff rührt sich nicht vom Fleck. Die Asen schicken nach der starken Riesin Hyrrokkin (die vom Feuer Gerunzelte, Faltige). Als diese auf ihrem Wolf, den sie mit einem Zaum aus Giftschlangen führt, geritten kommt, muß Odin vier Berseker rufen lassen, um dieses Tier bewachen zu können. Hyrrokkin geht zum Vordersteven des Schiffes und stößt es mit der ersten schnellen Bewegung weg, so daß Feuer aus den Schiffsrollen schlagen und das ganze Land erbebt. Thor, der dies sieht, wird zornig über diese Ungestümheit und will ihr seinen Hammer auf den Kopf schlagen. Nur knapp können die umstehenden Asen dies verhindern.

Balders Leiche wird auf das Schiff getragen und als seine Frau Nanna dies sieht, bricht ihr das Herz und sie stirbt. So wird sie neben Balder gelegt. Thor weiht den Scheiterhaufen mit seinem Hammer. Als in diesem Moment der Zwerg Lit („Farbe") vor seine Füße tritt, gibt er ihm einen Tritt und stößt ihn ins Feuer, so daß er verbrennt.

Auch Balders Pferd wird mit allem Sattelzeug auf den Scheiterhaufen geführt. Odin legt für Balder seinen Goldring Draupnir dazu.

Neun Nächte ist Hermod in der Zwischenzeit durch dunkle und tiefe Täler geritten, bis er zum Grenzfluß Gjöll und zur goldbedeckten Gjallarbrücke kam, die zur Hel führt. Diese wird von der Magd Modgud („zorniger Kampf") bewacht. Sie fragt ihn nach Name und Geschlecht und stellt fest, daß er bei seinem Ritt über die Brücke mehr Lärm macht, als die fünf Scharen toter Männer am Vortag. Aber sie gibt ihm auch die Auskunft, daß Balder auf der Jenseitsbrücke Gjallarbru über den Grenzfluß und den Helweg entlang geritten ist. Hermod reitet weiter, bis er zur Helgrind, dem Zaun der Hel, kommt. Er gibt seinem Pferd die Sporen und kann gerade noch über das Gittertor springen, ohne es zu berühren. Wer nämlich das Gatter berührt, kann Hel nie mehr verlassen. An der Halle der Hel angekommen, sieht er dort auf einem Ehrenplatz seinen Bruder Balder sitzen. Hermod bleibt die Nacht über und fordert von Hel am anderen Tag, Balder mit ihm heimreiten zu lassen. Er berichtet von der großen Trauer unter den Asen. Hel aber verlangt, daß man prüfen solle, ob Balder wirklich so beliebt sei.

Sie sagt: „Wenn alle Dinge in der Welt, lebendige und tote, ihn beweinen, dann soll er zu den Asen zurückkehren dürfen, aber er muß hier bleiben, wenn auch nur einer Einspruch erhebt oder nicht weint."

Balder begleitet Hermod aus der Halle hinaus und gibt ihm für Odin zur Erinnerung den Ring Draupnir mit. Hermod berichtet in Asgard alles was er gehört und gesehen hat. Die Asen senden daraufhin Boten in die ganze Welt und bitten, daß um Balder geweint wird. Dies tun alle Menschen, die Tiere, die Erde, die Steine, die Bäume, alles Erz. Als die Boten ihren Auftrag erfüllt haben und heimreisen, entdecken sie in einer Felsenhöhle eine Riesin, die sich Thökk nennt. Auch sie wird gebeten, um Balder zu weinen, aber sie sagt:

"Thökk wird beweinen
mit trockenen Tränen
Balders Feuerbestattung;
weder vom lebenden noch vom toten Sohn
des Kerls hab ich einen Vorteil,
ich habe mich weder am
lebenden noch am toten Sohn
des Mannes erfreut,
behalte Hel, was sie hat."

Es darf vermutet werden, daß es Loki gewesen ist, der hier in verwandelter Gestalt die Rückkehr Balders verhindert hat. Da die Götter über Loki sehr zornig sind, flieht dieser und verbirgt sich auf einem Berg. Dort errichtet er ein Haus mit vier Türen, um in alle Himmelsrichtungen sehen zu können. Oft verwandelt er sich tagsüber in einen Lachs und versteckt sich in einem Wasserfall, der Franangrsfors (fránn, glänzend; angr, Kummer; fors, Wasserfall, Sorge, Verdruß) [18] heißt. Zuhause knüpft er Leinengarn auf solche Weise, wie seit dieser Zeit die Fischernetze gemacht werden. [19] Als er sieht, daß die Asen nicht mehr weit sind (Odin hat ihn vom Himmelssitz aus beobachtet), wirft er das Netz ins Feuer, fährt hinaus auf den Fluß und verwandelt sich in einen Lachs. Die Asen gehen in sein Haus und Kwasir, der Allerklügste unter ihnen, sieht in der Feuerstelle das verbrannte Netz und erkennt sofort, daß dies eine Vorrichtung zum Fischen gewesen sein muß. Die Asen

[18] Der Name deutet an, daß der glänzende Wasserfall für Loki Kummer bringt.
[19] Dieser Einschub über die Herstellung des Netzes könnte die Kreativität Lokis auch in ihrer Bedeutung für das Alltagsleben der Menschen erklären.

stellen ein ebensolches Netz her, um Loki damit zu fangen. Sie werfen es am Wasserfall aus. Thor hält es auf der einen Seite, die anderen auf der gegenüberliegenden.

Aber Loki schwimmt vor dem Netz und versteckt sich zwischen den Steinen. Schließlich beschweren die Asen das Netz, damit Loki nicht darunter durchschwimmen kann. So treiben sie ihn vor sich her, bis Loki kurz vor dem Meer hoch über das Fischnetz springt und zum Wasserfall schwimmt.

Nun teilen die Asen sich in zwei Gruppen und Thor watet – wie er dies fast immer tut – schweren Schrittes mitten im Fluß und ergreift Loki beim Versuch, über das Netz zu springen. Die Mythe berichtet, daß seitdem der Lachs hinten so schmal ist, weil Thor ihn durch die schnellen Bewegungen Lokis erst beim Schwanz festhalten konnte.

Die Asen führen den gefangenen Loki in eine Felsenhöhle. Lokis Söhne Vali und Nari werden geholt. Vali wird von ihnen in einen Wolf verwandelt, der sogleich seinen Bruder zerfleischt. Dann nehmen die Asen dessen Därme und binden Loki damit über drei scharfkantige Steine. Skadi nimmt eine Giftschlange und befestigt sie so, daß ihm das Gift ins Gesicht tropft. Aber Sigyn, Lokis Frau, steht ihm bei und hält eine Schale unter die Gifttropfen. Doch immer, wenn die Schale voll ist und Sigyn sie leert, tropft Loki das Gift ins Gesicht. Dabei fährt er so heftig zusammen, daß die ganze Erde bebt. So liegt Loki bis zu den Ragnarök in Fesseln. [20]

Bevor die Ragnarök (das Ende der Götterwelt) anbrechen, wird der Fimbulwinter kommen mit Schneetreiben aus allen Himmelsrichtungen, großem Frost und scharfen Winden. Dabei wird keine Sonne scheinen. Drei Jahre hintereinander werden Menschen und Götter keinen Sommer erleben.

Dem gehen drei andere Jahre voraus, in denen auf der ganzen Welt schwere Kämpfe stattfinden; Familienangehörige werden einander aus Habsucht töten und keiner wird den anderen schonen.

Danach wird sich etwas Außerordentliches ereignen: Sonne

[20] Gylf., Kap. 50

und Mond werden von den beiden Wölfen, die sie verfolgen, verschlungen. Die Sterne werden am Himmel verschwinden, Erde und Felsen werden beben, daß alle Bäume aus der Erde herausgerissen werden und die Felsen krachend zusammenstürzen. Alle Fesseln und Bande werden brechen und zerreißen. Auch der Fenriswolf wird sich losreißen. Das Meer wird das Land überfluten, weil sich die Midgardschlange in ihrem Riesenzorn bewegt und an Land kriecht.

Dann wird für den Kampf in Niefelheim das Schiff Nagelfar losgemacht. Dieses Schiff ist aus den Fingernägeln der Toten gefertigt. Der Riese Hrymr wird es durch die von der Midgardschlange aufgepeitschte See steuern und die Feinde aus Helheim in den Kampf führen. Der Fenriswolf läuft mit aufgesperrtem Maul voran, wobei der obere Kiefer den Himmel und der untere die Erde berührt. Seinen Rachen würde er noch weiter aufsperren, wenn genügend Raum dazu vorhanden wäre. Feuer und Funken stieben aus seinen Augen und seiner Nase. Die Midgardschlange speit furchterregend Gift in Luft und Wasser.

In diesem Lärm wird der Himmel bersten und die Riesen aus Muspellheim werden erscheinen. An erster Stelle reitet der Riese Surt mit seinem brennenden Schwert, das heller leuchtet als die Sonne. Wenn sie über die Brücke Bifröst reiten, wird diese zusammenbrechen. Trotzdem werden die Feinde, angeführt von Loki, dem alle Gefährten der Hel folgen, gemeinsam zum Kampfplatz Wingrid in Asgard gelangen.

Wenn dies alles geschieht, steht Heimdall auf und bläst in das Gjallarhorn. Die Götter halten zusammen ein Thing ab. Odin wird zum Mimisbrunnen reiten und Mimirs Rat für sich und sein Gefolge einholen. Die Esche Yggdrasil wird erbeben und alle Welt wird sich fürchten. Wenn die Asen und alle Einherier ihre Rüstungen angelegt haben, rücken sie zum Schlachtfeld vor. An der Spitze wird Odin reiten. Er muß mit dem Fenriswolf kämpfen. An seiner Seite kämpft Thor, der ihm nicht beistehen können wird. Alle seine Kräfte wird er für den Kampf mit der Midgardschlange benötigen. Freyr kämpft gegen Surt und fällt nach einem schweren Kampf. Auch der Hel-Hund

Garm hat sich aus seiner Höhle losgerissen und stürzt als furchtbares Ungeheuer auf Tyr. Sie werden einander töten. Wenn Thor die Midgardschlange mit seinem Hammer vernichtet hat, kann er sich nur noch neun Schritte von ihr entfernen, dann fällt auch er, vollgeblasen vom Gift der Schlange, tot zur Erde. Der Wolf verschlingt Odin. Vidar eilt herbei und tritt mit einem Fuß auf den Unterkiefer des Wolfes. An diesem Fuß trägt er den besonderen Schuh, der aus den kleinen Abfallstücken des Leders gefertigt worden ist, die man für Zehe oder Ferse ausschneidet. Mit einer Hand ergreift er den Oberkiefer des Wolfes und zerreißt sein Maul. Das bedeutet den Tod des Wolfes. Loki kämpft mit Heimdall und sie töten einander. Danach schleudert Surt Feuer und die ganze Erde wird verbrennen. [21]

Wenn Himmel und Erde verbrannt, die Götter, Einherier und alle Menschen tot sind, steigt die Erde aus dem Meer empor und sie wird grün und schön sein. Die Äcker werden unbestellt Frucht tragen. Vidar und Vali werden leben, weil weder das Meer, noch Surts Feuer ihnen Schaden zufügen kann. Sie werden auf dem Idafeld wohnen, wo sich früher Asgard befunden hat. Dorthin kommen dann auch Thors Söhne, Modi („der Zornige") und Magni („der Starke"). Sie werden auch Mjöllnir, Thors Hammer bei sich haben. Danach werden Balder und Hödr aus Helheim kommen und sie alle werden sich zusammensetzen, sich erinnern und über die Ereignisse sprechen, die geschehen sind. Dann finden sie im Gras Goldtafeln, die den Asen gehört haben. [22]

Der beste Aufenthaltsort wird in Gimle im Himmel sein. Dort wird es reichlich und gute Getränke im Saal Brimir („Brandung, starker Seegang, Meer") geben, der in Okolnir („der nicht Kalte") steht.

Ein guter Saal wird sich auch auf den Nidafjöll („die finsteren Ebenen") befinden. Er wird aus rotem Gold errichtet sein und Sindri[23] heißen. In diesem Saal sollen die guten und recht-

---

[21] Vsp. 44 u. Gylf., Kap. 51
[22] Gylf., Kap. 53

schaffenen Menschen wohnen. Ein anderer Saal aber, dessen Tür nach Norden gerichtet ist, wird sich in Naströndir („Leichenstrand") befinden. Die Wände dort werden aus Flechtwerk mit Schlangen bestehen. Die Schlangenköpfe werden in das Haus hineinweisen und Gifte speien, so daß die Giftströme entlang den Saalwänden fließen. Alle Eidbrüchigen und Mörder müssen diese Flüsse durchwaten. [24]

Im Brunnen Hwergelmir wird es jedoch am schlimmsten sein, denn dort wird Nidhöggr die Leichen der Gestorbenen quälen. [25]

In Hoddmimirs (hodd, „Gold, Schatz; das bedeckte Verborgene" das ist die Weltesche) Holz werden sich zwei Menschen verbergen und den Weltenbrand überstehen können. Sie heißen Lif (weibl., „Leben") und Lifthrasir (männl., „der das Leben Verlangende") [26] und ernähren sich vom Morgentau. Aus ihnen geht das neue Menschengeschlecht hervor. Die Sonne gebiert Alfrödul („Strahl", „Glanz der Alfen"), ihre Tochter, die nicht weniger schön sein wird als die Mutter selbst. [27]

---

[23] Sindri ist eigentlich ein Zwergenname; sindr sind die Rückstände bei der Eisenschmelze, Sinter. sindra, Funken sprühen

[24] Vsp. 38 f

[25] Gylf., Kap. 52

[26] Lifthrasir besitzt vielleicht auch die Bedeutung „der, der mit Gewalt leben will"; aber auch „der, der Kinder zu hinterlassen wünscht".

[27] Gylf., Kap. 53

Odins Schöpfung

Völva Spa, die Seherin spricht

In dem mythischen Gedicht „Der Seherin Gesicht" (Völuspa) schildert die Seherin Völva die Entstehung der Welt, das Werden der Götter und das erste Menschenpaar. Dieser Mythos ist ausschließlich nordischer Herkunft und erzählt in äußerst bildhafter Weise das Werden Islands, der Insel, auf der Snorri gelebt hat.

Der Schöpfungsbericht der Germanen erscheint in seinen Bildern und seiner Sprache als etwas Schlichtes und Elementares. Er übermittelt uns ein tiefes Naturverständnis, das z. T. erstaunliche Parallelen zu heutigen naturwissenschaftlichen Erkenntnissen aufweist, auch wenn es selbstverständlich mythische Bilder sind, in die das Wissen oder die Vorstellungen eingekleidet sind. So findet sich in der kalten Welt Niefelheims die Vorstellung vom Weltraum, den wir heute mit einer Temperatur von -273° C beschreiben.

Zu Beginn besteht nur ein geheimnisvoller, magisch erfüllter Urraum, der in seiner abstrakten Fassung das Nichts beinhaltet. Ginnungagap ist ein sehr komplexer Begriff: *gap*[1] bedeutet die „gähnende Öffnung" oder „Schlund"; *ginnungi* beinhaltet den germanischen Stamm *ginn*[2], der die Leere bezeichnet; *ginnungi* wäre demnach ein Versuch, den leeren, unerfüllten Weltenraum begrifflich zu fassen. Alle Interpretationsversuche kreisen um den Inhalt, Ginnungagap als eine klaffende Öffnung, einen Abgrund, eine gähnende Leere oder ähnlich zu beschreiben. Darüber hinaus war jedoch Ginnungagap nicht nur ein mythisches Thema, sondern spielte in der geographischen Vorstellung der Nordwestskandinavier eine wichtige Rolle: Nördlich von Norwegen soll sich, entsprechend der

[1] Alle germanischen Wortbedeutungen sind entweder Lorenz, „Gylfaginning" oder Simek, „Lexikon der german. Mythologie" entnommen.

[2] nach Mogk, Lorenz, S. 107

antiken oder mittelalterlichen Vorstellung, von der Erde als Scheibe, dieser Abgrund befunden haben.

In gewisser Weise erinnert Ginnungagap an die quinta essentia als die dahinterliegende verursachende Ebene. Aber, wie das nun einmal der Begriff Leere an sich hat, läßt sich über die Leere nur Abstraktes aussagen, was letztlich immer unbefriedigend bleiben muß.

Snorri läßt in der Gylfaginning Odin berichten: „Zuerst aber war die Welt in der Südhälfte da, die Muspell heißt . . . ".[3] Das Wort Muspell kann, je nach seiner sprachlichen Zuordnung, verschiedenes bedeuten. Als altgermanisches Wort *muspelli* käme ihm etwa die Bedeutung von „Schaden, zerstören, verderben" zu (wobei *mû*, *mûh* der Erde entspricht).[4] Im Sinne eines christlichen Wortes, wie es im angelsächsischen und norddeutschen Sprachraum entstanden ist, würde es mit negativem Inhalt „Schicksal, Verhängnis, Prophezeiung" bedeuten. Während das Wort etymologisch im dunkeln liegt, scheint die Erklärung als „Weltende durch Feuer" eher gesichert zu sein.

In der Formel „Muspell" begegnet uns das Element Feuer in seiner ganzen Komplexität. Zunächst ist Muspell die Hitze, die in sich das Feuer beinhaltet, zum Feuer aber erst werden kann, wenn es auf etwas Brennbares stößt. Dann kann es „entflammen", sich auf der materiellen Ebene manifestieren. Hitze aber besteht eine Zeitlang auch noch nach dem Verbrennungsvorgang. So ist die Wärme das entscheidende Element, um Lebensprozesse möglich zu machen. Kaltblüter können sich nur bewegen, wenn sie genügend Wärmeenergie zur Verfügung haben. Eier können nur gebrütet werden, wenn sie in entsprechendem Umfang mit Wärme versorgt sind, und auch die Lebensprozesse des Menschen bedingen in entscheidendem Ausmaß Wärme. Ist diese jedoch zu groß, wird sie zur Hitze und verhindert dann Leben oder zerstört es. Feuer und Hitze gelten als Symbol lebensschaffender und lebenszerstörender

---

[3] Gylf., Kap. 4
[4] Lorenz, S, 115

Mächte, was sich über alle Kulturkreise hin verfolgen läßt.
In Muspellheim bleibt die Hitze nicht einfach sich selbst über-
lassen. Dort herrscht und gebietet Gott Surt mit seinem flam-
menden Schwert, durch das man sich an die Engel des Para-
dieses erinnert fühlt. Doch der Unterschied zum Paradies ist
beträchtlich, denn dieses erscheint als Ort, an dem es wün-
schenswert sein könnte zu verweilen. Das läßt sich in gleicher
Weise nicht von Muspellheim sagen.

surtr heißt „der Schwarze" [5] und kann in einer naturmythologischen Betrachtungsweise als Erdriese angesehen werden, der
Erdbeben und Vulkanausbrüche verursacht. Seine Existenz
beweist, daß in der germanischen Vorstellung bereits eine gewisse Differenzierung der Feuerkräfte vorhanden war. Wenn
die Feuerwelt bewacht ist, bedeutet dies, daß sie gesteuert,
beherrscht und in einer sinnvollen Weise in das kosmologi-
sche Ganze eingegliedert ist. Daraus ergibt sich eine weitere
Entwicklungs- und Ausdifferenzierungsmöglichkeit für diese
Energie, wie sie vor allen Dingen bei einer höheren Bewußtseinsentwicklung erforderlich ist, denn Feuer reinigt, heiligt
und transformiert das Unreine.

Nach Muspellheim entsteht Niefelheim, das als Antipode der
Hitzewelt betrachtet werden kann. In Niefelheim ist es kalt, eis-
kalt, um nicht zu sagen, daß hier der absolute Gefrierpunkt
herrscht. Kein Leben ist mehr möglich an diesem Ort, nichts
kann sich mehr ereignen. Hier herrscht entweder Tod, minde-
stens jedoch Bewegungslosigkeit und Stillstand. Ein mögli-
cher naturphänomenologischer Hintergrund könnte darin bestehen, daß der kalte Labradorstrom und der warme Golf-
strom in dieser Region aufeinandertreffen. In der Polarität der
beiden Welten bildet sich in der Wechselwirkung ihrer Kräfte
Hitze, Funkenbildung, Taubildung, Schmelzwasser, Reifbil-
dung, die Erde selbst und mit ihr mögliches Leben. Obwohl
keine Zusammenhänge zu den Symbolen Yin und Yang der alten chinesischen Philosophie übermittelt sind, ist die Entsprechung erstaunlich. Wir finden dort das schöne Bild wie im Tai-

---

[5] Lorenz, S. 11

Chi, dem Allerersten, die beiden Kräfte Yin und Yang als völlig gleichwertige und gleichbe rechtigte Wirkprinzipien ineinander verschlungen sind und doch getrennt ein Ganzes bilden. Erst aus ihrer Vereinigung entstehen die fünf Elemente (Wandelzustände). In dieses dynamische Zusammenspiel der beiden Naturkräfte von Himmel und Erde, ist der Mensch eingebettet und von ihm durchdrungen. Yin, die Erde, würde hier der Hitze und dem Feuer und Yang, der Himmel, der kalten Welt entsprechen.

So ist es nur ein logischer Schritt, daß sich aus diesem Gegeneinander und Miteinander der Urriese Ymir („der Toser, der Lärmer") entwickelt, der die Welt als erstes Lebewesen bewohnt. Er bringt mit seinem Leben und seinen Lebensäußerungen Bewegung in die tonlose Leere. Allerdings läßt sich auch aus dem urgermanischen *iumiiaz (bzw. altind. *yama*) die Bedeutung „Zwilling" ableiten, was bei Ymir wiederum auf einen Zwitter hindeutet. [6] Ymir ist ein androgynes Urwesen, das aus sich selbst Leben erschaffen kann. Er bleibt im Mythos nicht lange allein: Im Schlaf schwitzt er, gebiert unter seiner Achsel einen Mann und eine Frau und zeugt mit seinen beiden Füßen einen Sohn. Von nun an ist die Fortpflanzung auch auf heterosexuelle Weise möglich.

Zunächst muß der Urriese jedoch ernährt werden, und die Weisheit der Schöpfung läßt aus dem tropfenden Reif die Kuh Audhumbla entstehen. Sie ernährt Ymir und kann als besonders fruchtbar angesehen werden, denn aus den salzigen Reifblöcken leckt sie in drei Tagen einen ganzen Mann frei. Dieser wird Buri genannt und als schön, groß und stark beschrieben. Buri kann übersetzt werden als „Erzeuger", aber auch der „Gebärende, Ernährende". Letztere sind weiblich-mütterliche Funktionen und zeigen, daß in Buri und Ymir das Männlich-Väterliche noch nicht ausdifferenziert ist und beide noch dem androgynen Formenkreis angehören. Beide sind „Mutter-

[6] Lorenz, S. 127

Vater" und verkörpern die ungetrennte Welt der Geschlechter. Die Differenzierung erfolgt erst in den nachfolgenden Generationen.

Der Mythos überliefert uns zwar nicht, wie Buri einen Sohn zeugt. Durch das Fehlen einer Gefährtin kann jedoch angenommen werden, daß Buri, ähnlich wie Ymir, aus sich selbst heraus seinen Sohn Burr, das heißt „Sohn, der Geborene", zeugt. Dieser ehelicht die Riesentochter Bestla, was wohl „Ehefrau, Gattin" bedeutet. Zu Bestlas Ahnen gehört Ymir. Mit Burr und Bestla verbinden sich damit zwei verschiedene Geschlechter und ein völlig neues Geschlecht kann entstehen: Ihre Söhne Odin, Hönir und Lodur werden zu den Begründern des Asengeschlechtes.

Wenn Ymir und Audhumbla gegenübergestellt werden, so zeigt sich, daß Audhumbla in der Lage ist, ein geistig höheres

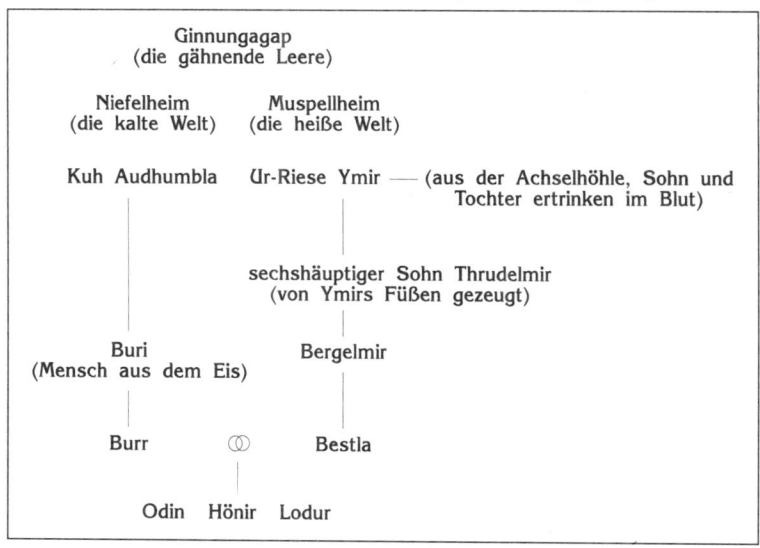

Stammtafel von Odin, Hönir und Lodur

Wesen als Ymir hervorzubringen, das genügend Stärke und Fähigkeiten besitzt, um die noch im Übermaß vorhandenen chaotischen Energien des Schöpfungsbeginns zu besiegen.[7] Hinter Burr und Bestla stehen damit verschiedene geistige Prinzipien: Burr trägt eher göttliche Qualitäten, Bestla mehr die erdhaften, respektive triebhaften Seiten Ymirs in sich. Die Spannungen und kriegerischen Gegensätze, die sich zwischen den Asen und den Riesen entwickeln und besonders in Gott Thor ihren Höhepunkt finden, scheinen erst eine spätere Entwicklung gewesen zu sein.

Es sind mehrere Verbindungen zwischen Asen und Riesinnen oder umgekehrt bekannt, so daß man von einem sehr ambivalenten Verhältnis zwischen diesen Geschlechtern ausgehen muß. Erklärbar oder verständlicher wird die Entwicklung dieser Feindschaft, wenn wir den bereits erwähnten Gedanken aufnehmen, daß die Nachfahren Audhumblas bereits einen höheren Bewußtseinsstand in sich tragen als die Nachfahren Ymirs.

Mit Burr und Bestla entsteht die erste Generation, die sich später Asen nennen: Odin (der wohl früher Vodin genannt wurde), Hönir (Vili) und Lodur (Vé). Es ist immer wieder vermutet worden, daß es sich hier um eine der christlichen Theologie entliehene Dreifaltigkeit handelt. Dem ist entgegenzuhalten, daß sich Göttertrinitäten bis in alte indogermanische Zeiten nachweisen lassen. Allerdings läßt sich annehmen, daß hier Hönir und Lodur hypostasierte Aspekte Odins sind.

Der Name Odin leitet sich aus zwei Quellen ab: *odr* ist in der adjektivischen Form „wütend, rasend", als Substantiv bedeutet es „Gesang, Dichtung". „Wotan" geht etymologisch auf das germanische *wodana* zurück. Es ist verwandt mit dem gotischen *wods* und dem lateinischen Wort *vates* und bedeutet „Seher, göttlich inspirierter Sänger". Dem germanischen *wod* entspricht das deutsche Wort Wode, ein Name unter dem Odin-Wotan besonders bekannt war.

Die Göttertrias, Odin, Hönir und Lodur entwickelt sich weiter in die Welt hinein und es scheint, daß sie als erstes damit beginnen, den Autopater Ymir (Autopater ist das Urwesen, das

---

[7] nach Lorenz, S. 138

selbst keinen Vater hat und sein eigener Vater ist) zu entthronen. Es wird nicht berichtet, welche Auseinandersetzungen es zwischen ihnen gegeben hat, ob Ymir als Urriese in seiner chthonischen und archaischen Qualität angsteinflößend war und als böse betrachtet wurde, oder ob es dabei um elementare Machtfragen ging. Allerdings dürften derartige Überlegungen sehr oberflächlicher Natur sein, denn Snorri erzählt uns hier einen Schöpfungsmythos. Es geht hier um das Ringen der antagonistischen Kräfte, die aus dem Chaos heraus die Welt bilden.

Aus Ymir wird die Welt erschaffen, ein mythischer Vorgang, wie wir ihn in vielen Mythen der verschiedensten Kulturen finden, so im indischen Purusha, im chinesischen Panku und beim iranischen Gayomard. Der zum Riesen herangewachsene Purusha (sanskr. *purusha* „Mensch") wird von den Devas (geisterhafte Wesen) zum Opfer dargebracht und aus seinen rituell zerlegten Gliedern geht die Welt hervor. Aus seinem Kopf entsteht der Himmel, aus seinen Füßen die Erde, aus seinen Augen die Sonne und aus seinem Atem der Wind. Etwas anders sind die Ereignisse beim Tod des persischen Gayomard. Aus seinem Körper werden die sieben Metalle, die den sieben Planeten entsprechen und aus seinem Samen wächst eine Pflanzenstaude, deren Knospen die ersten Menschen sind. Beim chinesischen Panku entstehen ebenfalls aus dem verwesenden Körper alle Dinge: aus dem Kopf die Berge, aus den Augen die Sonne und der Mond, aus seinem Atem der Wind, aus dem Schweiß wird der Regen und aus seinem Blut die Flüsse der Welt.

In der indischen Mythologie heißt die Schöpfungssilbe *bhûr*. Klanglich hat sie große Ähnlichkeit mit dem germanischen Burr. Mit dieser Silbe erschuf Gott Prajapati, der Herr der Geschöpfe, die Erde. Die indische Parallele zum germanischen Schöpfungsbericht zeigt weitere interessante Details, die auf die gemeinsame indogermanische Vergangenheit hindeuten. Vom obersten indischen Gott Brahma und seiner Schöpfung wird berichtet, daß im Mittelpunkt der Welt der Berg Meru (→ Asgard) liegt, auf dessen Gipfel Brahma (→ Odin) sitzt.

Meru wird mit den Wohnungen der Götter vom Ganges umflossen und im Tal hausen die Dämonen (Riesen). Der Schlangendämon (→ Midgardschlange) trägt die Erde. Er liegt zusammengerollt auf dem Rücken einer im Wasser schwimmenden Schildkröte. Anfangs umhüllten Nebel (→ Niefelheim) die Schöpfung, nichts war wahrnehmbar, nichts vom anderen zu unterscheiden, als der Herr des Universums einen Keim in das Wasser gab, aus dem ein goldenes Ei entstand, der „Goldkeim", in dem die gesamte schöpferische Potenz (→ Ginnungagap) enthalten war, die als Brahma in dem Ei reifte. So wurde er, Brahma, zum Ahn aller Welten. [8]

In der Welt der Söhne von Bestla und Burr mußte sich etwas ereignet oder eine Erkenntnis entwickelt haben, um in der bis dahin existierenden Schöpfung einen Eingriff vorzunehmen. Man wird wohl annehmen, daß Odin, Hönir und Lodur erkannt haben, daß sie ein Opfer bringen müssen, wenn sie die vorhandene Welt verändern wollen. Hierzu wählen sie den androgynen Ymir, der als erstes Urwesen der Schöpfung Muspells Wärme ebenso in sich enthält, wie die Kälte Niefels. Sie opfern das Urwesen und erschaffen aus ihm eine neue Welt. Sie geben eine Existenzstufe auf, um eine höhere Daseinsform zu erringen. Da bei der Tötung alle Reifriesen, bis auf Bergelmir und seine Frau, im Blut Ymirs ertrinken, schreiten die Abspaltungsvorgänge und Differenzierungsprozesse weiter voran.

---

[8] Nach einem Jahr spaltete er das Ei durch die Kraft seiner Gedanken in zwei Teile: die obere Hälfte wurde der Himmel, die untere zur Erde, zwischen beiden bildete sich die Athmosphäre. Aus dem sich öffnenden Ei trat das Urwesen Purusha hervor, dessen Seele mit dem Weltgeist identisch war. Aus seinen 1000 Schenkeln, 1000 Armen, 1000 Füßen, 1000 Köpfen, 1000 Gesichtern mit 1000 Augen entsprangen alle Kreaturen und jedes Paar zeugte neue Nachkommen. Aus seinem Mund entstanden die Brahmanen, die Ziegen, Agni und andere Götter und das Wort; aus den Achselhöhlen die Jahreszeiten; aus den Armen die Krieger, Indra und die Hammel; aus dem Unterleib die Dämonen; aus den Schenkeln die Kaste der Händler und die Kühe; aus den Füßen die Handwerker und Pferde; aus den Augen die Sonne und der Mond aus der Seele. Aus dem Nabel die Athmosphäre, und aus dem Kopf der Himmel und vieles mehr. (Gottschalk, S. 203)

Andeutungen an die biblische Sintflut tauchen hier auf, die nur von Noah und seiner Frau in der Arche überlebt wird. Die Snorri-Edda läßt jedoch nirgends Anklänge von Sünde oder Schuld aufkommen.

Marie Luise von Franz weist darauf hin, daß dieses Urwesen einen Aspekt der vorbewußten Ganzheit darstellt, der unter der weiteren Bewußtseinsentwicklung zerstört wird.[9] Unvermeidlich ist damit verbunden, daß jeder Schritt zum Aufbau von mehr Bewußtsein das vorhergehende lebendige Gleichgewicht zerstört. Die passive Haltung ist die Folge einer allzu großen Bequemlichkeit. Ihr liegt der Wunsch zugrunde, auf der erreichten Bewußtseinsstufe zu verbleiben. Dies drückt sich unter anderem in einem vermehrten Bedürfnis nach Sicherheit aus. Es kommt zu einem Interessenkonflikt zwischen Bedürfnissen der bewußten Persönlichkeit, die den vorhandenen Zustand bewahren möchte, und den auch aus dem Selbst aufsteigenden Impulsen, die eine Veränderung der dominierenden Bewußtseinsstruktur bewirken möchten. Es ist nach C.G. Jung das SELBST, das die Veränderung veranlaßt. Umgesetzt werden muß es allerdings durch das ICH.

Ymir war der Repräsentant der alten Welt. Er wurde geopfert. Aus dem lebenden Organismus Ymirs erschufen die jungen Götter eine neue Welt mit neuem Leben und neuer Dynamik. Nun erst ist menschliches Leben möglich, das die drei Göttersöhne zwei am Meeresstrand liegenden Baumstämmen einhauchen.

In der germanischen Schöpfung besteht eine Entwicklungsreihe, die von der Leere, dem Chaos, zu einer beginnenden ersten Ordnung führt, die in der Zweiteilung in einer heißen und einer kalten Welt zum Ausdruck kommt. Über eine weitere Ausdifferenzierung in die Urwesen Ymir und Audhumbla, und deren fortschreitende Differenzierung zu den Geschlechtern der Riesen und Asen, kommt es zur zweiten Ordnung. Auf dieser Stufe erschaffen die neuen Götter ihrerseits aus Ymir die Welt und rufen die Menschen ins Leben.

[9] Franz, S. 132

Der Schöpfungsmythos enthüllt uns das tiefe vorbewußte Wissen der Germanen über grundsätzliche Strukturen des Werdens. Diese sind nicht explizit ausformuliert – das kann auf einer solchen Bewußtseinsstufe auch nicht geschehen – aber in symbolischer Form sind elementare Tatsachen angedeutet, wie sie unserem heutigen naturwissenschaftlichen Erkenntnisstand entsprechen.

Lenken wir unsere Aufmerksamkeit besonders auf die Werdeprozesse, wie sie uns in Ymir und Audhumbla beschrieben werden. Bis zu ihrer beider Entstehen war die Entwicklungsgeschichte völlig apersonal bestimmt. Jetzt treten Ymir und Audhumbla als Erzeuger auf. Ymir zeugt aus sich selbst zwei Geschlechter auf unterschiedliche Weise: Beim Schwitzen gebiert er unter seinen Achseln einen Sohn und eine Tochter und eine klare Geschlechtertrennung wird erreicht. Während dieser Prozeß noch völlig unbewußt im Schlaf stattfindet, ist die zweite Art der Fortpflanzung bereits eine deutliche Steigerung der Bewußtseinsstufe, denn nun zeugt Ymir durch das masturbatorische Aneinanderreiben seiner Füße den Sohn Thrudelmir. Die späteren Ereignisse zeigen, daß allein dieser bewußte Aspekt Ymirs überlebensfähig ist, denn die Nachfahren seiner beiden im Schlaf entstandenen Kinder ertrinken ausnahmslos in seinem Blut. Es ist also Ymirs dritter Aspekt, der sich schon allein durch die Zahlensymbolik als Bewußtseinsaspekt zu erkennen gibt, der in die Zukunft eingehen wird.

Audhumbla hingegen scheint mehr eine katalysierende Funktion für den Prozeß zu haben. Sie leckt aus den salzigen Eisblöcken in drei Tagen – wiederum findet sich die Drei – Buri. Sie bringt etwas aus dem Eis hervor, was dort wohl als Idee in anonymer Weise vorher eingegeben, eingelagert worden sein muß. Dies kann nur die Manifestation eines göttlichen Gedankens sein, der hier durch die leckende Betätigung der Kuh aus dem Dunkel des kalten Eises in die Helle des Tages hervorgebracht wird. Das Lecken zeigt, daß es sich um eine intensive Betätigung mit starker Zuwendung handeln muß. So geschieht es bei Tieren, die ihre neugeborenen Jungen ableckken, um sie auf diese Weise als ihre Nachkommen anzuerkennen und ihnen so zum ersten Zirkulieren ihrer Lebenskräfte zu verhelfen. Dies ist eine archetypische Grundfunktion des Mütterlichen. Aus dem Schoß der Erde wird Buri durch Audhumbla geboren, denn sie ist ein Teil der Erde.

Buri, der selbst ein Urwesen ist, wie dies aus seinem Namen zweifelsfrei hervorgeht, bringt seinen Sohn Burr zur Welt. Erst dieser ist dann zu heterosexueller Fortpflanzung fähig. Seine Generation nimmt die Verbindung zu Ymirs Nachfahren auf und schafft die Voraussetzungen, daß beide Entwicklungsströmungen ineinander aufgehen können.

Ymir ist das Urbild des Menschen, wenngleich der Mensch in seiner Ganzheit noch nicht erkennbar ist. Der mit seinen Füssen gezeugte Sohn ist sechshäuptig und zeigt so das Bild des Drachen, der in seiner Vielhäuptigkeit schwer zu besiegen ist. Doch trägt er durch seine Androgynität auch weibliche und männliche Anteile in einer solchen Weise in sich, daß sie ihm die Möglichkeit bieten, sich voller Harmonie zu entfalten. Erinnern wir uns, daß dieser „Kraftschreiende", wie Ymirs sechshäuptiger Sohn Thrudelmir in unsere Sprache übertragen heißt, der Urgroßvater Bestlas (der Mutter Odins) ist. Allein diese Riesenlinie überlebt später die Tötung Ymirs.

Nähert man sich vorsichtig den Motiven, die Odin, Hönir und Lodur veranlaßt haben könnten, ihren Ur-Urgroßvater zu töten, so können wir annehmen, daß Ymir in seiner physischen und psychischen Gestalt ein Ungeheuer gewesen sein muß. Welche reiche und schöpferische Vielfalt in ihm angelegt ist, zeigt sich an dem, was die drei Brüder aus ihm gestalten können.

Es entsteht eine fein ausdifferenzierte Welt, die in ihrem Nuancenreichtum den in den drei Brüdern anbrechenden inneren Möglichkeiten entspricht und ihrer neuen Bereitschaft, Verantwortung für diese neue Welt mit den kurz danach erschaffenen Menschen zu übernehmen.

Odin, Hönir und Lodur bringen damit nicht nur einen ihnen lästigen Teil „um die Ecke", nein, sie opfern den „Erstgeborenen vor aller Schöpfung" wie Paulus es im Kolosserbrief beschreibt: „. . . denn in ihm (Christus) ist alles erschaffen, was

im Himmel und auf Erden ist, das Sichtbare und das Unsichtbare. . . " [10]

Es entspricht einem weit verbreiteten Glauben über die Völker
der Erde hinweg, daß vom Opfer in zweifacher Richtung eine
starke Kraftwirkung ausgeht. Die Götter werden durch das Opfer besänftigt, ihnen wird Nahrung und Stärkung angeboten.
Für sich erwarten die Opfernden die Beseitigung von Krankheiten, Not und Schmerz. Hierzu gehört im Christentum auch
die Befreiung von den Sünden und die Erlösung. Um neue Lebenskraft zu erhalten, opferten die Völker im Altertum in einem rituellen Mord ihren König. Und was uns in grausamer
Weise anmutet, wenn die Azteken den Opfern das noch zuk-
kende Herz der Brust entrissen und der Sonne entgegen hiel-
ten, war das Bemühen dieser Menschen, Leucht- und Lebenskraft vom lebenswichtigen Gestirn zu erbitten.

In späteren Zeiten wurden zunächst Tiere statt Menschen geopfert, dann Feldfrüchte und Brote (erinnert sei hier an das
Erntedankfest und das Backen des Osterlammes), bis schließlich, bei einer weit vorangeschrittenen Geistesentwicklung,
nur noch symbolische Opfer in visualisierter Form dargebracht werden, wie dies bei vielen buddhistischen Ritualen der
Fall ist und *mandala offering* genannt wird. Gewiß eine weite
Spanne von Ymirs Tötung zur visualisierten Opfergabe der
modernen Hochreligionen.

Immer ist der tiefere Sinn eines solchen Opfers die Erneuerung der Welt oder gar im christlichen Sinne ihre Erlösung. [11]
Der mystische Zusammenhang von Tod und Leben durch-
zieht viele Mythen. Im indonesischen Mythos vom göttlichen
Mädchen Hainuwele wird das Mädchen zerschnitten, seine Lei-
chenteile vergraben, bis schließlich daraus die ersten Feldfrüchte entstehen.

Aber auch im deutschsprachigen Raum ist überliefert, daß bei
Fruchtbarkeitsriten Frau Holle getötet und zerstückelt wurde,
um der Erde Fruchtbarkeit zu verleihen. [12] Die mittel- und
norddeutsche Frau Holle oder Frau Holda, die mit der ober-

---

[10] Kol. 1,16

deutschen Percht identisch ist, war nicht nur die freundliche Waldelfe, das bedeutet *hulda*, sondern auch die Todesdämonin und -mutter, denn *hludana*, von dem Holda stammt, heißt „die Verhüllende" und weist in diesem Zusammenhang unmißverständlich auf den Todesaspekt hin. Auch ist überliefert, daß in Mitteldeutschland Frau Holle selbst ein „Wildes Heer" anführt.

Die der Gottheit dargebrachten „Erstlinge", seien es Pflanzen oder Tiere, anerkennen die göttliche Souveränität. Im Opfervorgang bietet der Opfernde sich in Form des Opfers der Gottheit selbst dar und verschmilzt mit Gottheit und Universum in diesem mystischen Vorgang. Der Opfervorgang ist auch ein Akt des Bewußtmachens, durch den in Form eines Selbstopfers die bisherige Lebensform aufgegeben wird. Im Opfer wird ein Teil hergegeben, um einen anderen dafür zu erhalten. Für die Asen entfaltet sich aus Ymirs Körper Reichtum und Fruchtbarkeit in unvorhersehbarem Ausmaß.

Ein weiteres Motiv zur Tötung Ymirs besteht darin, daß die drei Söhne mit den in ihnen angelegten überreichen und noch nicht ausdifferenzierten Naturmächten (Erbe der Riesenwelt) nicht umgehen können. Sie fühlen sich von dieser, über die Mutter zu ihnen gekommenen, gewaltigen Potenz überfordert und versuchen, die Kraft wieder loszuwerden. Sie töten ihren Ahnen Ymir und schaffen auf diese Art und Weise Voraus-

---

[11] In der Dynamik des entstehenden Ichbewußtseins, aus dem heraus der Opfer- und Tötungsvorgang möglich wird, drückt sich eine große Spannung aus, die C.G. Jung folgendermaßen beschreibt: „Das Ichbewußtsein ist, wenn es sich selber ausschließlich folgt, stets auf dem Wege zu Gottähnlichkeit und zum Übermenschentum. Die ausschließliche Anerkennung der Abhängigkeit aber führt zu einer fatalistischen Kindlichkeit und zu welt- und menschlichkeitsfremder, geistiger Anmaßung. Dieser Konflikt zwischen Bewußtsein und Unbewußtem wird durch Bewußtwerdung der Lösung wenigstens nähergebracht. Ein solcher Akt der Bewußtmachung unbewußter Tatbestände ist im Selbstopfer vorausgesetzt. Das Ich muß sich seinen Anspruch bewußtmachen, und das Selbst muß ihn aufheben gegen das Ich." (C.G. Jung, oder: Eranos Jahrbuch, S. 139).

[12] Herzog, E., Zürich 1960

setzungen für ihre eigene Entwicklung. Indem sie Ymirs Potenz zerstören und in viele Teile zergliedern, bringen sie eine Spaltung zustande. Erst im Laufe der Zeit, wenn die Kräfte der Assimilation und Integration zugenommen haben, können diese abgespaltenen Anteile wieder zu ihnen zurückkehren. Dies ist ein Prozeß, den wir auch bei individuellen psychischen Prozessen als Grundfaktum annehmen müssen. Schon Kleinstkinder sind gezwungen, die Abspaltung des Bösen und Bedrohlichen vorzunehmen, um sich und das psychische System für eine gewisse Zeit von Angst zu entlasten. Wenn das Ich belastungsfähiger und reifer ist, kann dieser Spaltungsvorgang wieder zurückgenommen und die bis dahin in der Abspaltung gehaltenen Bereiche, dies ist meist der Bereich der Aggression, aufgearbeitet und integriert werden. Diese Prozesse lassen sich nicht nur auf der individuellen Ebene, sondern auch auf der Gruppenebene beobachten. In der Spaltung läßt sich das Gefährliche und Bedrohliche im Außen bekämpfen, während im Innensystem eine Entlastung erreicht wird.

In den naturmythologischen Schilderungen der Germanen werden, mit einfachen Bildern, Ereignisse um das geheimnisvolle Wirken der Tag- und Nachtkräfte ebenso erklärt wie die komplizierten Verhältnisse der Sonnen- und Mondfinsternis. Der befruchtende Himmelsgott zeugt mit der jungfräulichen Erde, die ihrerseits bereits eine Tochter desselben Vaters mit der Nacht ist, den Donner und das Gewitter. Damit weist uns die Mythe darauf hin, daß Leben zunächst in der Nacht enthalten ist und aus ihr durch das Einwirken des zeugenden, göttlichen Geistes befreit wird. Von der Nacht und ihrem Symbolkanon geht alle Entwicklung aus. Dies ist der Grund, warum die Germanen die Zeit nicht in Tagen zählten, sondern in der Anzahl der vergangenen Nächte zum Ausdruck brachten.

*

Ein ganz anderer Weg zur Erschaffung neuen Lebens gelingt den drei jungen Göttern, als sie eines Tages am Strand spazierengehen und zwei angeschwemmte Baumstämme finden. Die Völuspa erzählt:

Bis drei Asen	Nicht hatten sie Seele,
aus dieser Schar	nicht hatten sie Sinn,
stark und gnädig	nicht Lebenswärme
zum Strand kamen;	noch lichte Farben;
sie fanden am Land,	Seele gab Odin,
ledig der Kraft,	Sinn gab Hönir (Vili),
Ask und Embla,	Leben gab Lodur (Vé)
ohne Schicksal.	und lichte Farbe. [13]

Jetzt waren die Menschen erschaffen. Aus angeschwemmten Baumstämmen, aus Materialien, die das Meer an Land wirft, also hier aus dem großen Unbewußten, der Großen Mutter, kommt die Lebenssubstanz von Ask und Embla, die klanglich und mythologisch eine erstaunliche Ähnlichkeit zum biblisch-hebräischen Paar Adam und Eva aufweisen.

Offensichtlich erinnern die Baumstämme die drei Göttersöhne an ihre eigene Gestalt und sie beschließen, daraus Menschen zu gestalten. Aus dem einen Stamm erschaffen sie den Mann Ask, dies ist auch eine identische Bezeichnung für den Baum Esche, aus dem anderen die Frau Embla. Die etymologische Bedeutung für Embla ist nicht ganz geklärt. Es könnte von dem gemeingermanischen Wort *emla* „Ulme" abgeleitet werden, aber auch aus dem germanischen *ambilo*, das „Ranke, Rebe, Geißblatt" heißt. Einige Autoren vermuten, daß sich dahinter Phantasien verbergen, als könnte sich die Frau in sexueller Weise wie der Efeu um den Stamm der Esche winden. In der mythischen Ausgestaltung von Ask und Embla findet sich das germanische Mann-Frau-Verhältnis wieder. [14] Beide werden ohne Rangunterschiede beschrieben, aber sie sind nicht „aus einem Holz" gemacht. Sie verwirklichen sich dementsprechend in verschiedenen Rollen, ohne einander patriarchal oder matriarchal untergeordnet zu sein. Dieses aufge-

---

[13] Vsp. 11-12, Genzmer, S. 28

[14] Lorenz berichtet nach einer Erklärung Nordals, um den Zusammenhang zwischen Ask und Embla zu erklären: Das Leben entstehe wie das Feuer durch Bohren eines harten Holzes in einem weicheren. Dieses Bild des Feuerbohrers könne dem Geschlechtsakt gleichgesetzt werden. (Lorenz, S. 172)

lockerte Verständnis von Mann und Frau läßt sich im Gegensatz zu uns in den skandinavischen Ländern häufig beobachten.

Mit den nun erschaffenen Menschen treten die Göttersöhne eine neue Herrschaft über die Welt an. Das von ihnen aufgerufene Leben will und muß verantwortet werden und gibt ihnen neue Herausforderungen. In der nachfolgenden Geschichte bildet sich rasch Odin als der zur Führungspersönlichkeit Geeignete heraus. Seine beiden Brüder sinken zur Bedeutungslosigkeit ab. Doch gibt es einen Grund, wenn die Mythe hier die Dreizahl verwendet. Nicht ein einzelner Gott wird genannt, sondern eine Trinität an dieser Stelle als Schöpfungsprinzip installiert. Die Dreigliederung des Menschen kann dadurch ebenso gut erklärt werden wie die schon im Altertum bekannte Schichtung des Seelischen in tiefere, mittlere und obere Regionen, was sich bis in die Gegenwart als gängiges Erklärungsmodell des Psychischen erhalten hat (z. B. Es, Ich, Überich bei S. Freud oder besonders im anthroposophischen Menschenbild die Unterteilung in (1) Empfindungs-, (2) Verstandes- und Gemütsseele, (3) Bewußtseinsseele). Entsprechend solcher oder ähnlicher Vorstellung schenken die drei Göttersöhne ihre Gaben an die Menschen: Atem und Leben gibt Odin, Hönir gibt ihnen Verstand und Bewegungsvermögen. Die äußere Erscheinung, Sprache, Gehör und Sehvermögen erhalten sie von Lodur.

Der Lebensatem steht am Anfang, danach folgen der Verstand und das Bewegungsvermögen. Wenn diese Grundfaktoren angelegt sind, kann die gefäßhafte Ausformung in der äußeren Gestalt und der Sprache erfolgen, die von den Sinnen des Gehörs und der Augen gekrönt werden. Erst das Einhauchen von Leben in die Materie durch die Gottheit, ermöglicht Menschsein in seiner Eigentümlichkeit und bewirkt die Verwirklichung der göttlichen Matrix auf einer niederen Seinsstufe.

Die Gottheit steigt herab, wie der Mensch schließlich wieder zu ihr hinaufsteigen möchte.

Der heilige Baum

Eine Esche weiß ich,
sie heißt Yggdrasil,
die hohe, benetzt
mit hellem Naß:
von dort kommt der Tau,
der in Täler fällt;
immergrün steht sie
am Urdbrunnen. [15]

Im Schöpfungsbericht der Germanen ist die Weltesche Yggdrasil seltsamerweise nicht enthalten. Sie steht zeitlos im Mittelpunkt der Welt und ist das großartige und faszinierende Bild einer Ganzheit, die in ihrer Zahlen- und Raumsymbolik reich ausdifferenziert ist. Bestimmt von der Dreiheit ist ihre räumliche und zeitliche Struktur. Drei Wurzeln, drei Quellen, drei Lebensbereiche (Wurzel, Stamm, Krone), drei Nornen, drei Reiche (Asgard, Midgard, Utgard) in Wurzel, Stamm, Krone und drei durch Streit miteinander verbundene Tiere (Nidhöggr, Ratatoskr, Adler) lassen eine komplexe Struktur erkennen, die sich auf symbolische Weise durchdringt und viele geheimnisvolle Verschlingungen enthält. Die mythische Ebene beinhaltet psychologische Weisheiten über Welt und Mensch.

Dieser germanische Baum ist in seiner Struktur so komplex, daß er sich nicht ohne weiteres in ein räumliches Bild übertragen läßt, obwohl beim ersten Hinsehen nicht unbedingt Probleme dabei zu erkennen sind. An seinen Wurzeln und in seinen Zweigen verbergen sich neun Welten und Herrschaftsbereiche, die sich zwar räumlich nebeneinander, unter- und übereinander anordnen lassen, doch wird man damit den Verbindungen, die zwischen ihnen bestehen, nicht gerecht.

[15] Vsp.13, Genzmer S. 28

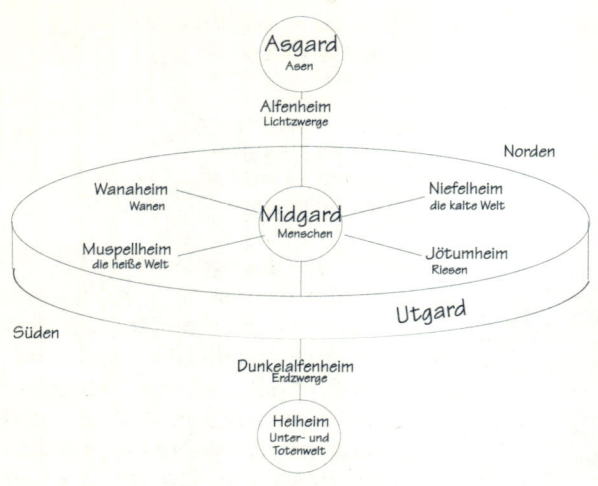

Die neun Welten

Yggdrasil ist mehr Bild oder Symbol, denn es werden Zusammenhänge der Psyche aufgezeigt, ohne diese explizit zu benennen. Gleichzeitig muß in diesem Zusammenhang die Zuständigkeit anderer Bereiche mitbetrachtet werden, die sich nicht einfach mit dem Begriff Welten beschreiben lassen. Hierher gehören zum Beispiel der weise Mimir, die Nornen oder die im Baum lebenden Tiere. Doch darf das Bedürfnis nach Ordnung nicht die Zusammenhänge zwischen den Welten vernachlässigen, auch wenn sie sich durch räumliche Vorstellungen nicht erfassen lassen.

Wie jeder Baum aus Keim und Same hervorgeht, so müssen wir den Ursprung Yggdrasils im Zusammenwirken der Welten Niefelheim und Muspellheim sehen, die sich um Ginnungagap gruppieren.

An jeder Wurzel der Weltesche befindet sich eine Quelle. Eine davon speist den Brunnen Hwergelmir. Er ist der Ursprung der kalten Flüsse, die mit ihren eisigen Strömen lebensfeindlich und unheildrohend wirken, für das Gesamtgefüge der Welt jedoch von großer Bedeutung sind. Sie tragen oder reißen mit sich fort, was nicht mehr lebensfähig ist und was als Leben keinen Bestand mehr haben kann. Insofern sind es Flüsse des Todes.

Zwölf Ströme sind es, die von Hwergelmir ausgehen. Vermutlich entstand die Symbolik der Zwölf erst unter christlichen Einflüssen. Auch läßt sie an die kosmische Zwölf denken, die den Tierkreiszeichen entspricht und hier ihre negativen, „giftigen" Aspekte aufzeigt, wie die Namen dieser zwölf Flüsse und die von ihnen angesprochenen Qualitäten künden: die Wütende, die Klaffende, die Alte, die Vorwärtsdrängende, der Langsame, der Kühle, die Breite, der mächtige Wind, von Speeren sprudelnder Fluß, Kampfrinne. Zusätzlich werden noch zwölf andere Flüsse genannt, die der Eiswelt entspringen und deren Qualitäten ähnlich bedrohlich klingen: die Gierige, der Glatte, die Welle, die Starke, die Stechende, die Menschenverschlingende. Namen, die man verständlicherweise auch mit Tod in Verbindung bringen muß.

Die beiden anderen Quellen besitzen eindeutig freundlichere Qualitäten, denn ihr Wasser bringt Weisheit oder Heilung.

Am Mimisbrunnen lebt der Riese Mimir. Er ist Hüter dieser besonderen Quelle, deren Wasser auch das „Wasser des Gedächtnisses" genannt wird, denn der Trank von ihrem Wasser gewährt Weisheit und Verstand. So ist es nur selbstverständlich, daß sein Hüter, der die Möglichkeit besitzt, täglich aus diesem Weisheitsquell zu trinken, als Repräsentant der Weisheit gilt. Mimirs Name weist auf sein Gedächtnis hin und bedeutet „der mit dem Gedächtnis Begabte" (siehe auch das lat. Wort *memor,* sich erinnernd, etwas im Gedächtnis behalten). Wer so gut um die Vergangenheit weiß, also ein besonderes Geschichtsbewußtsein hat, ist bei schwierigen Entscheidungen ein hochgefragter Mensch. Entsprechend war Mimirs Rat und Auskunft bei den Asen besonders begehrt. Selbst als Mimir enthauptet wird und Odin dessen Haupt an sich nimmt, kann der rumpflose Mimir weiter seine Auskünfte erteilen.

Sorgfältig wacht Mimir über den Brunnen und dessen bedeutsames Wasser. Als Odin ihn bittet, nur einen Schluck von diesem Wasser trinken zu dürfen, wird ihm das verweigert. Erst als er sich entschließt, das von Mimir dafür geforderte Opfer zu bringen, wird es ihm gestattet. Doch es ist ein teures Opfer: Wissen auf einer tieferen Ebene, Wissen um Geheimnisse, Hintergründe, Abgründe, Entwicklungsgegebenheiten, Erkenntnisse, läßt sich nur erwerben, wenn dafür auf der äußeren Ebene Opfer erbracht werden – für Asen und Menschen gleichermaßen ist dies das Auge. Wenn Odin auf einen Teil des äußeren Sehens verzichtet, kann er zum Seher und Propheten werden. Odin (einer seiner Namen war auch Vates = Seher) gab sein Auge, weil er wußte, was er dafür erwerben konnte. Jetzt hatte er Zugang zu einer Dimension, die der äußeren, materiellen Wahrnehmung verschlossen ist. [16]

Die dritte Quelle ist die der Urd, der ältesten der drei Nornen. Sie und ihre ebenfalls dort lebenden beiden Schwestern treten an die Wiege der Menschen und künden dem Neugeborenen sein Leben.

So quillt aus jedem der Brunnen ein Wasser mit anderer Qualität und repräsentiert einen anderen Aspekt des Lebens, wie wir es später in unseren Volksmärchen wiederfinden, wenn die Märchenhelden und -heldinnen eine Flasche mit Todeswasser und eine mit Lebenswasser in ihrer Verantwortung haben. In dieser Aufteilung der Quellen an den drei Wurzeln berichtet uns der Mythos ein Lebensgeheimnis.

Es bedarf des Prinzips der Ausdifferenzierung in verschiedene, polare Aspekte oder Qualitäten, um in der Welt wirksam werden zu können. Ohne eine solche Ausdifferenzierung existieren Tod und Leben gleichzeitig nebeneinander, wodurch sie sich aufheben und eine Manifestation in dieser Welt unmöglich machen. Erst ihre Aufspaltung und ihre zeitlich versetzte Quantifizierung ermöglicht Leben. Dabei spielt vor allen Dingen der mittlere Brunnen mit dem Wasser des Urwissens eine besondere Rolle, denn in ihm ist der Weg zur Bewußtheit ange-

---

[16] Sehr wahrscheinlich war Mimir in alten Zeiten kein männliches Wesen, sondern eine Riesin oder Seherin, die im Besitz dieser Kräfte war. Mimir steht hier vermutlich für den Geistaspekt der Erinnerung.

legt. Ohne sein Wasser, ohne sein Wirkprinzip, existiert Leben nur in einer dumpfen Qualität und dem Lebewesen ist sein eigenes Dasein nicht bewußt.

Der Name Yggdrasil ist ein Kompositum und besteht aus dem Teil *iggr* (adj.) und *drasill* (Subst.). *iggr* kann mit „furchtbar, verdächtig" übertragen werden und steht mit einem Namen Odins „der Fürchterliche" in Verbindung. *drasill* heißt „Pferd, Roß". So bedeutet Yggdrasil „Yggs (Odins) Pferd". In übertragener Weise bedeutet es „der Baum, in dem sich Odin aufhängte", um später die magischen Kräfte der Runenkunst zu erwerben. [17] Da jedoch das Pferd als Reittier zum Totenreich anzusehen ist, erhält eine andere Deutung des Namens durchaus ihren Sinn und Yggdrasil wäre der „Schreckensbaum" oder „Galgen".

Um diesen Gehalt kreist eine ganze Reihe von Interpretationen, die versuchen, die Esche als den Weltenbaum zu sehen, an den der Gott sein Reittier festbindet, wenn er in die Totenwelt hinabsteigt. Dabei ist Yggr, also Odin, entweder selbst der Totengott oder das Totenpferd. Dies entspricht der Vorstellung von Yggdrasil, als den das All tragenden Weltenbaum. An ihn wird Odin sein Pferd Sleipnir festbinden.

Der Mythologe Mircea Eliade verweist auf eurasische Baumriten, auf die diese Mythe zurückgehen könnte. Noch heute findet sich diese Praxis bei eurasischen Schamanen, wenn diese ihr rituelles Reittier in ihren Trancereisen festbinden. Der Weltenbaum erscheint hier auf den Polarstern ausgerichtet. Odins Pferd müßte demnach an der Stelle des großen Wagens gesehen werden. [18] Yggdrasil ist jedoch mehr als ein Weltenbaum, der in der Mitte des Kosmos steht und in sich die Welt birgt, trägt, stützt und schützt. Er ist auch, wie wir gesehen haben, Lebensbaum, denn unter einer Wurzel befindet sich die Urquelle, die das Lebenswasser enthält.

Aber Yggdrasil ist auch ein Totenbaum, denn an einer anderen Wurzel befindet sich die Quelle Hwergelmir mit dem lei-

[17] Lorenz, S. 237
[18] Germanische Götterlehre, Diederichs, S. 284

chenfressenden Dämon Nidhöggr. Gerade diese Doppelfunktion läßt Yggdrasil zu dem Ort werden, von dem aus der Weg in die Jenseitswelten möglich ist und die Erkenntnisfunktion in besonderer Weise grenzüberschreitend wirksam werden kann.

Ein weiteres Element der Weltesche ist Asbrú, die Asenbrükke. Sie spannt sich vom Urdbrunnen nach Asgard. Täglich reiten die Asen über die von Flammen gegen eindringende Riesen geschützte Brücke, wenn sie zum Thingplatz am Urdbrunnen wollen. Nur Gott Thor geht zu Fuß und durchwatet dabei die trennenden Grenzflüsse Körnt, Örmt und Kerlaugar. Hier deutet sich eine gewisse Polarität Thors mit den übrigen Asen an. Während alle Asen zum Thingplatz reiten, kommt Thor als einziger zu Fuß und muß dabei noch drei Flüsse durchwaten. Sein Weg führt also durch das Wasser, während die anderen durch das Feuer kommen.

*

Im Wurzelbereich der Weltesche lebt der Drache Nidhöggr. Der Name läßt sich mit Neiddrache übersetzen. An den Wurzeln des Baumes also frißt der Neid, an tiefster Stelle, in frühesten Ursprüngen angesiedelt. Er nagt in den Tiefen des Baumes und den Tiefen der Seele gleichermaßen. *nid* bedeutet „was zur Beschimpfung, Verhöhnung dient (sei es Wort oder Tat)"; *högg* „Hieb, Schlag" wird in *nidhöggr* zu „der bitter Hakkende" und eine mögliche Übersetzung wäre auch „der voller Haß Dreinschlagende".[19] Aus verschiedenen Quellen läßt sich entnehmen, daß Nidhöggr auch eine Art Leichendämon war. In der Völuspa wird er auch als Wolf bezeichnet,[20] was ihn eindeutig in die Nähe der Totengöttin stellt. Das ursprünglich ambivalente Symbol des Drachens mit seinen guten und bösen Aspekten läßt sich im germanischen Mythos nicht mehr finden. Hier wird Nidhöggr ausschließlich in seiner Negativität beschrieben, der in Zwietracht mit dem Adler, den oberen Kräften, lebt. Er ist damit nicht mehr das Ursymbol des

[19] Lorenz, S. 243
[20] Vsp. 30

76

Nichtmanifesten oder Undifferenzierten und des Chaos, sondern bereits in einer monotheistischen Ausformung zum Bösen abgestempelt, was möglicherweise mehr eine Interpretation der Zeit um Snorri ist und nicht identisch sein muß mit einer frühgermanischen Betrachtungsweise. Auch im hebräischen Kulturkreis (Altes Testament) war der „Ort des Drachens" mit dem „Schatten des Todes" verbunden. Dort waren die Wasser der Tiefe die Wohnstätte des Drachens und ein Ort der Verheerung und Zerstörung. [21]

Bei Nidhöggr finden wir die Verbindung zum Element Wasser. Dies ist ein für Drachen typisches Phänomen. Nidhöggr ist in seiner symbolischen Ausdifferenzierung ausschließlich ein Ungeheuer der Unterwelt. Es finden sich keine Mythen, in denen irgendwelche Helden mit ihm kämpfen. Trotzdem muß man in ihm einen Hüter erdhafter (chthonischer) Potenzen sehen, die noch weitgehend unbewußt sind, aber gerade deshalb eine so mächtige Wirkung haben. Erst die zeitlich später einzuordnenden Drachenmythen und Kämpfe der Helden mit den Ungeheuern bringen die Entwicklung erneut in Gang.

Nidhöggrs Werk wird noch verstärkt oder unterstützt durch die vielen Schlangen, die sich im Brunnen Hwergelmir befinden. So heißt es im Grimnirlied:

> Mehr Würmer
> liegen an den Wurzeln Yggdrasils,
> als ein Unweiser ahnt:
> Guin und Moin,
> Grafvitnirs Söhne,
> Grabak und Grafwöllund
> Ofnir und Swafnir,
> sollen immerdar,
> zerfressen die Faserwurzeln. [22]

Die Übertragung der Namen dieser Schlangen bringt deutlich zutage, daß es sich hier weitgehend um Synonyme für die Tä-

[21] Altes Testament: Nehemie 2,11; Matth. 4,12; Hiob 10,21
[22] Grm. 33, Genzmer S. 48

tigkeit von unterirdischen Nagern und unterirdischen Bewohnern handelt: Erzbewohner (*goin*), Heidebewohner (*moin*), Höhlenwolf (*grafvitnir*), Graurücken (*grabakr*), der im Fels sich Eingrabende (*grafwöludr*), Weber oder der Schlingenmacher (*ofnir*) und der, der (im Sinne von Töten) einschläfert (*swafnir*).

Es sind die Triebe und Bedürfnisse auf einer sehr elementaren Ebene, die sich hier melden und an der Vitalität des Baumes nagen. Setzen wir den Baum dem Menschen gleich, so nagen hier an Körper und Psyche die Begierden, die zur Zerstörung führen, wenn sie nicht durch andere Prozesse neutralisiert werden.

Es gehört zu den Aufgaben der Nornen, den Baum täglich mit heilendem Wasser zu besprengen, denn in der Krone der Esche äsen vier Hirsche – die vier Jahreszeiten (?) – und fressen die Blätter von den Zweigen, beißen an den Trieben und bedrohen so ebenfalls das Leben des Baumes. Sie fahren ihm – wahrscheinlich sind sie auch die Winde – durchs Geäst und zerren an seinen Zweigen. Diese sollten weder faulen, noch austrocknen. So war Pflege dringend notwendig und die Nornen praktizieren eine Hygiene, ohne die der Baum seinen immergrünen Zustand bald verloren hätte. Damit ist jedoch keinesfalls ausgedrückt, daß es bei „unteren" Bedürfnissen um schlechte oder negative Bedürfnisse geht. Sie sind in jedem Fall selbstverständliche Bestandteile natürlichen Lebens und als solche archetypische Bausteine. Sie arbeiten gewissermaßen im Dunkel der Erde oder der Psyche und treten erst im Laufe der Zeit durch ihr beharrliches, uns negativ erscheinendes Wirken, zutage. Wir erschrecken jedoch, weil wir sie erst wahrnehmen, wenn ihr Tun für uns faßbare Ausmaße angenommen hat. Dies ist dann meist zu spät, wie sich das an den Krankheitssymptomen häufig beobachten läßt. Die Schlangen an der Wurzel Yggdrasils sind die Gehilfen des Alters und des Todes. Ihr unerkanntes Wirken bedeutet vorzeitiges Erkranken.

Eine wichtige neutralisierende Funktion hat in diesem Zusammenhang der Adler, der im Wipfel Yggdrasils sitzt und über allem wacht. Mit der Stellung des Adlers an oberster Stelle im Baum wird das geistige Prinzip, er ist Herrscher des Luftraumes, hoch bewertet. Der Adler gilt als Sonnentier und wird bei vielen Völkern als Sieger über die Mächte der bösen und chthonischen Kräfte angesehen. So vereinigt sich in ihm das Element geistiger Macht, die im religiösen wie im politischen Bereich in gleicher Weise ihre Wichtigkeit erhalten hat. Der Adler zeigt die Vormachtstellung der neuen Sonnenreligion und die Verdrängung der matriarchalen, mondhaften Kulturstufe an. Als das Symbol für Macht und Herrschaft schlechthin, ist er ein beliebtes und vielfach ausgestaltetes Symbol für Nationalembleme.

Namentlich wird der Adler nicht besonders benannt, dafür ist jedoch seine Bedeutung um so größer. Seine Aufgabe ist die erkennende Weitsicht, die elementare Voraussetzung ist, um „auf lange, weite Sicht" zu einer ausgeglichenen Entwicklung zu kommen. Die beiden polaren Positionen, der in der Taghelle, Bewußtseinsklarheit sitzende Adler und der in der Tiefe der Dunkelheit hausende Nidhöggr, werden durch das informationstragende Eichhörnchen Ratatoskr verbunden. Man könnte sich hier erinnert fühlen an das von der Esoterik beschriebene untere Geschlechtszentrum und das obere Bewußtseinszentrum im Gehirn. Beide sind miteinander verbunden über den Rückenmarkskanal, Shushuma, und den Chakren als weitere Energiezentren.

Das Eichhörnchen gilt auch als Regenbringer und wird mit Wasser und Schnee in Verbindung gebracht.[23] Andererseits darf in der Dynamik des Weltenbaumes die negative Seite des Eichhörnchens nicht übersehen werden, denn Snorri läßt in ihm eher den Austausch von Gehässigkeiten zwischen Adler und Nidhöggr erkennen.[24]

[23] Cooper, S. 42

[24] In diesem Zusammenhang verweist de Vries (§ 584), daß dem Eichhörnchen hier eine Rolle zukommt, wie sie in anderen Mythen ebenfalls zu finden ist. In der indischen Tradition (Mahabharata 229) oder bei den Griechen gibt es die Vorstellung vom Streit zwischen Vogel und Schlange.

Die Bedeutung des Habichts zwischen den Augen des Adlers erschöpft sich wohl nicht allein in einer naturmythologischen Betrachtung, nach der in ihm das Wetter oder der Sturm gesehen wird. Mit dem Sitz zwischen den Augen läßt sich an das dritte Auge denken, ein Bild der übersinnlichen Kräfte im menschlichen Bewußtsein. Die Entwicklung dieser Kräfte und Fähigkeiten im Laufe des menschlichen Lebens gilt es anzuerkennen, da sich sonst der Habicht verselbständigt, als Wächter nicht an seinem Platz bleibt und der Sinnenwelt verfällt, indem er sich ganz von seinen Jagdinstinkten bestimmen läßt.

Noch nicht erwähnt sind bisher die beiden Schwäne, die am Urdbrunnen leben. Selbstverständlich sind es weiße Vögel, denn alles, was mit den Wassern des Urdbrunnen in Berührung kommt, wird weiß. Vermutlich handelt es sich bei ihnen um eine jüngere Ergänzung der Mythe aus der christlich orientierte Zeit des Mittelalters. Der Schwan steht als Symbol für Reinheit und Licht und kann als Wandlungssymbol betrachtet werden. [25]

Wenn wir uns die drei Brunnen nebeneinander ansehen, so werden uns hier wichtige Geheimnisse anvertraut: In der Dreizahl der Wurzeln wird die Ganzheit der menschlichen Basis angedeutet. Die vitalen Interessen und Bedürfnisse, die ihrerseits zum Kreislauf des Lebens gehören, finden wir bei Hwergelmir, der kalten Quelle. Mimirs Brunnen steht für die Weisheit, die erst entsteht und zu gewinnen ist, wenn die Kräfte des Hwergelmirbrunnens in rechter Weise in Besitz genommen sind. Dies ist kein linearer Weg, sondern mit vielen Mühen und Beschwerden verbunden. Während dieser ganzen Entwicklungszeit wirkt aus dem Hintergrund die Qualität des Urdbrunnens mit seiner heilsamen Substanz. Schicksalsmächtig bestimmt sie Zusammenhänge, die uns zutiefst verschlossen sind. Mag psychoanalytische Erkenntnis noch so gut erklären, wie Symptome entstehen, wie psychische Prozesse wirken, so kann sie in keiner Weise erfassen und erklären, in wel-

---

[25] Wir kennen europäische und außereuropäische Märchen, in denen der Schwan diese Wandlungsfunktion besitzt (KHM 49: Die sechs Schwäne).

cher Weise ein Mensch in eine Familie hineingeboren wird, und wie er mit den Wirkfaktoren dieses sozialen Umfeldes sein Leben gestalten muß. Diese frühen Prägungen bestimmen in schicksalhafter Weise das Leben des Individuums und

* 3 Brunnen: Hwergelmir (dort nagen die Schlangen
  den Baum an), Mimisbrunnen und Urdbrunnen
* 3 Nornen: Urd, Werdandi, Skuld
* 3 Reiche: Asgard (Asen) -Midgard (Menschen)
  -Utgard (Riesen)
* 3 Wurzeln
* 3 Ungeheuer: Hel, Fenrir und Midgardschlange
  (diese umschlingt die Erde, das Meer)
* Lichtalfenheim – Bifröst (Asenbrücke)
  – Schwarzalfenheim – Niefelheim
* Reich der Hel
* Thingstätte der Götter (die Rater) am Urdbrunnen
* vier Hirsche
* vielwissender Adler
* Habicht zwischen den Augen des Adlers
* Eichhörnchen Ratatoskr
* Nidhöggr
  Im Baum Lärad, der zu Walhall gehört und gelegent-
  lich Mimameid genannt wird und wohl weitgehend
  identisch mit Yggrdrasil ist, befindet sich:
* Walhall, Odins Halle und Ort der Einherier,
  die hier nach ihrem Tod im Kampf leben
* Einherier
* Hirsch Eikthyrnir (Eichdorn), der die Blätter und
  Knospen von Lärad frißt. Es träufelt von seinem
  Geweih hinab nach Hwergelmir und bildet dort
  die „Eliwagar, woher alle Quellen kommen"
  (während es von Yggdrasil heißt, es sei
  nebelumhüllt und von ihm falle der Tau auf die Erde).
* Heidrun, die Geiß, frißt ebenfalls von Lärad,
  spendet den verwundeten Einheriern die Kraft und
  heilt ihre Wunden, die sie bei ihren täglichen
  Schlachten erleiden.
* Widofnir, der Hahn in Lärad

Yggdrasils Bauplan (siehe auch Abbildung auf der letzten
Umschlagseite)

der Spielraum, der dem Individuum zu seiner Lebensentfaltung zusteht, ist oft erstaunlich gering.

Keine dieser drei Qualitäten kann für sich isoliert betrachtet werden. Hwergelmir beinhaltet neues Leben, selbst wenn er primär die kalte, bedrohliche Todeswelt verkörpert. Auch wenn sexuelles Leben ständig zeugend Neues schafft – der Weg ist von vorne herein dem Tod geweiht und die gesamte Symbolik der Weltesche zeigt, wie sehr diese Prozesse miteinander verbunden und aufeinander bezogen sind.

Die Verbindung der Zahlensymbolik Yggdrasils und ihre komplexhafte Durchdringung verbirgt (oder enthüllt dem Wissenden) wichtige Strukturelemente der menschlichen Psyche. Geht es zunächst um die Zweiteilung und die darauf folgende Polarisierung, wie sie uns in vielfältigster Weise im Verhältnis der Geschlechter zueinander, oder im Kampf von Licht und Finsternis, Gut und Böse begegnet, so ensteht in der Dreiteilung und ihrer triadischen Konstellation ein neues schöpferisches Miteinander der Elemente. Unten, Mitte, Oben und umgekehrt; Rechts, Mitte, Links und umgekehrt; Mutter, Vater, Kind (zwei Generationen in der Drei vereint). . .

Doch die Drei ist nicht die Zahl der Vollständigkeit, sie verkörpert vielmehr die drängende Unruhe, die nach Vollständigkeit strebt (das ist sowohl das Unzureichende beim Dreifaltigkeitsdogma der katholischen Kirche als auch der Hintergrund für die Unruhe, von denen die drei Asensöhne Odin, Hönir und Lodur erfaßt werden, die zur Tötung bzw. Opferung Ymirs führt und in der Erschaffung der irdischen Welt mündet). Erst im Potenzieren der Drei (3 mal 3 = 9), die nur über die Verdoppelung (2 mal 3 = 6, die Zahl der Harmonie) erreichbar ist, wird die irdische Polarität und die Dynamik der Drei überwunden und das Wirkprinzip göttlich kosmischer Mächte erreicht bzw. hergestellt.

Es ist interessant, daß das englische Wort „tree" und der englische Zahlbegriff „three" so nah beieinander sind. Der Baum gliedert sich in die Drei natürlich auf: Wurzel, Stamm und Krone.

Das Erfassen der Dreigestaltung des Baumes finden wir in

den verschiedensten Kulturbereichen. Schon in der Naturreligion der Schamanen – besonders der sibirischen – entspricht der Bereich der Wurzeln den Kräften der Unterwelt, dem die Himmelskräfte im Kronenbereich des Baumes polar gegenüberstehen. Im Zwischenbereich hat der Mensch mit seiner ihm eigenen Realität seinen Lebensraum, den er je nach Entwicklungsstufe verlassen kann, wenn er sich magischer Praktiken zu bedienen weiß.

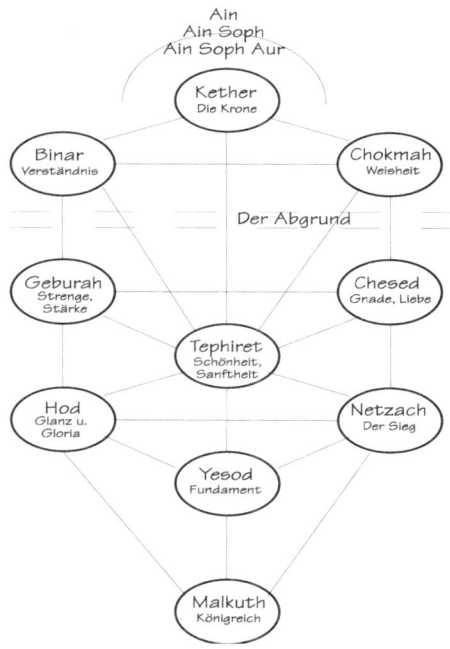

Lebensbaum der Kabbala

Sehr viel abstrakter ausdifferenziert ist die Baumsymbolik beim Lebensbaum der jüdischen Kabbala, dem Sephirotbaum. Verschiedene Triaden erfassen einen ganzheitlichen Sinnkanon. Die untere „Tri"-ade steht für beständige, fundamentale Kraft, in der die Schönheit gründet. Sie steht für Urmächte des vitalen Daseins. Die mittlere Triade beinhaltet die tragende Stärke, Herrlichkeit, Liebe, Erbarmen und repräsentiert die Urmächte des seelischen Lebens.

Weisheit, unterscheidende Vernunft und die wesentlichen Potenzen der Kenntnis sind die Inhalte der oberen Triade, die als die höchste Stufe angesehen werden kann. Der Lebensbaum der Kabbala ist ein Erkenntniswerkzeug, das, im Gegensatz zur mythisch, unbewußten Symbolik der Weltesche, zu einem äußerst differenzierten esoterischen System entwickelt ist. In seiner abstrakten Sprache ist es ein Baum für Eingeweihte und Gelehrte, die zum Verständnis Hilfestellung geben müssen.

Yggdrasils Symbolik wirkt demgegenüber unmittelbar auf die Psyche und braucht keine ergänzenden Belehrungen, keine patriarchale Hilfe. Yggdrasil ist ein Abbild des Menschen, der mit seinen Wurzeln tief in der Triebnatur und der Vergangenheit gründet und doch zu den höchsten Bewußtseinsebenen Zugang besitzt, wenn er sich seiner Möglichkeiten bewußt wird.

Die Unermeßlichkeit der Weltesche läßt sich nur ahnen. Unter ihrem Wipfel entfalten sich Welten und Lebensräume, Götterreiche, Riesen- und Zwergenwelten, Menschenreiche, Meere, Berge, Landschaften. Sie sind das Bild unserer inneren und äußeren Möglichkeiten, drücken den Reichtum aus, den der Mensch in seiner schöpferischen Fülle in sich trägt. Zunächst ist jedoch gerade diese Fülle nicht zu bewältigen, ja nicht einmal zu ertragen. Deshalb findet sie zunächst nur auf der Symbolebene ihre Darstellung. Erst im Verlauf der menschlichen Evolution kann dieses Potential – und dies mit unterschiedlichem Tempo – in der individuellen Entwicklung über das Symbol aus dem Unbewußten herausgelöst werden. So können wir auch verstehen, daß die Naturreligionen unserer Vergangenheit angehören: In ihren Riten und Symbolen offenbaren sich unseren Ahnen, die Gewalten und Geheimnisse der Natur in einer für sie faßbaren Weise. Über Mythos und Ritual bekamen sie die Hilfe, die es ihnen ermöglichte, mit der Ohnmacht gegenüber den Naturkräften fertig zu werden. Im Symbol waren sie den heute wissenschaftlich erklärbaren Naturphänomenen sehr nahe. Realitäten mußten nicht entstellt, verleugnet oder verdrängt werden. Das Symbol verhüllte sie nur geringfügig und konnte sie auf diese Weise erträglich machen.

Die Dreizahl im germanischen Mythos

3 Aufgaben
3 Brüder (häufig)
3 Brunnen an den Wurzeln Yggdrasils
3 mythische Bäume: Yggdrasil, Lärad u. Mimamaid
3 Dreischritt beim Erzählen
3 Fesseln Fenrirs
3 flache, spitze Steine, an die Loki gefesselt wird
3 Flüsse muß Thor durchqueren auf seinem Weg zum Thing
3 Gatten der Nott: Naglfari, Annar, Dellingr
3 Göttertrias (Uppsala-Trias) Odin, Thor, Freyr
3 Göttertrias Har, Jafnhar, Thridi
3 Göttertrias Odin, Hönir, Lodur (Vili u. Ve)
3 Heldentrias Sigurd, Gunnar, Högni
3 Jahre lang will der Riesenbaumeister Asgard bauen
3 Jahre bis zu den Ragnarök
3 Jahre war Sigurds Sohn Sigmund, als er mit ihm zusammen erschlagen wird
3 Jahreszeiten (nach Tacitus): Frühling, Sommer, Winter
3 Kostbarkeiten der Zwerge Brokk und Sindri
3 Kostbarkeiten von König Adil: Helm, Brünne, Ring
3 Kostbarkeiten: Gungnir, Goldhaar, Skidbladnir
3 Kraftgegenstände Thors: Hammer, Gürtel, Handschuhe
3 mal begegnet Thor der Midgardschlange: bei Utgard-Loki, Hymir und Ragnarök
3 mal rudert Thor mit dem Riesen Hymir weiter hinaus zum Angeln
3 mal sticht die Fliege(Loki) den Zwerg Brokk
3 mal versucht Brokk, Loki den Kopf abzuschlagen
3 mal versucht Thor, den Riesen Skrymir zu töten
3 mal wird Thor beim Riesen Utgard-Loki überwunden
3 mal scheitert Odin bei der Werbung um Rindr
3 mal bohrt Odin den Berg an
3 mal nimmt Odin einen Schluck vom Skaldenmet
3 mal versuchen die Asen, Loki als Lachs zu fangen
3 Monate Frist zur Rückeinladung Ägirs
3 Monate muß Loki in einer Kiste beim Riesen Geiröd hungern
3 Mondphasen
3 Mütter: die Rig (Odin, Heimdall) schwängert
3 Nornen: Urd, Werdandi, Skuld
3 Nächte liegt Rig jeweils bei einer Frau und zeugt ein Kind
3 Nächte schläft Odin mit Gunnlöd
3 Richter: Odin, Thor, Freyr (für die Wette Loki mit Brokk)
3 Runenstäbe werden nacheinander geworfen
3 Rätsel
3 Standesvertreter durch Rigs Vaterschaft: Karl, Hölder, Jarl
3 Söhne des Bauern Hreidmars: Fafnir, Regin, Otr
3 Tage ist Thors Sohn Magni alt, als er seinen Vater rettet
3 Tage vor der Frist (Sommeranfang) (→Riesenbaumeister)
3 Tiere in Yggdrasil: unten Drache, oben Adler, dazwischen Eichhörnchen
3 Tierhelfer
3 Töchter des Riesen Mögthrasir: die Nornen Urd, Werdandi und Skuld
3 Ungeheuer: Fenrir, Midgardschlange, Hel
3 Walküren reiten in der Schlacht voran
3 Winter vor Ragnarök
3 Wurzeln Yggdrasils
usw.

Odins Frauen und Kinder

Odins Stellung unterscheidet sich in seiner Beziehung zu den Frauen sehr von den übrigen Asen. Es werden verschiedene Abenteuer über ihn berichtet, die zwar gelegentlich eine gewisse Pikanterie aufweisen, aber nicht unbedingt als Amouren bezeichnet werden können.

Odin war ein besonders fruchtbarer Gott. Seine Frauen waren die Asinnen Frigg, Freya und vermutlich noch Sif, die Gattin Thors. Auch mit den Riesinnen Nacht, Gridr, Rindr, Gunnlöd und den neun Müttern Heimdalls hatte er Beziehungen, die teilweise nicht ohne Folgen blieben. Damit erreicht er bei weitem nicht die Fruchtbarkeit des griechischen Liebesabenteurers Zeus, auf den sich fast der gesamte mediterrane Raum in seinen Stammtafeln berufen könnte. Insofern ist Odin ein nordischer Gott, draufgängerisch, aber keinesfalls heißblütig, triebhaft aber nicht wollüstig.

Odins Gattin ist Frigg, die Tochter der Erde. Ihr Vater bleibt im Sinne einer Pathogenese unbekannt. Andererseits wird auch Odin in seiner Allvaterfunktion als Vater der Erde genannt, wie dies bei der Durchdringung der Generationen in den frühen Entwicklungsstadien oft der Fall ist.

Entsprechend ihrer erdhaften Abstammung wohnt Frigg in Fensalir und ihr Saal heißt „Sumpf-Säle". Aus diesem Grund darf angenommen werden, daß sie wohl mehr in den Bereich der Göttinnen gehört, die durch einen Quellenkult verehrt wurden. In einer anderen Deutung wurde ihr Saal als „Meer-Saal" bezeichnet, was sie im Raum der Nord- und Ostsee beheimaten würde. In das Meer taucht die Sonne bei ihrem abendlichen Untergang ein. Mythisch entspricht dieser Vorgang dem Tod ihres Sohnes Balder, den die Mutter beweint.

Bei den Ereignissen in Asgard bleibt Frigg weitgehend im Hintergrund, ein Vorgang, der durch die spätere Überbewertung der kriegerischen und heldenhaften Aspekte der germanischen Mythologie erklärbar sein könnte. Die Belange des einfachen Menschen, den seine Alltagssorgen und Krankheiten plagen, finden in der Regel kaum einen Niederschlag in den Mythen.

Von der Göttermutter wurde gesagt, daß sie „alle Menschenschicksale kennt, wenn sie auch nicht weissagt."[1] Damit wird ihr zwar Wissen um die Geschicke der Welten zugestanden, doch die Orakelpraxis bleibt in den Händen Odins. Ihr Bereich ist die Fruchtbarkeit und die Ehe.

Zur Göttin Freya, die mit Frigg große Ähnlichkeiten aufweist, berichtet die Gylfaginning: Der Wanengott Njörd zeugte noch in Wanaheim, wo er vor dem Krieg mit den Asen gelebt hatte, zwei Kinder. Dies waren Freyr (Herr) und Freya (Herrin). Der Sohn herrschte über Regen und Sonnenschein und über das Wachstum der Erde, weshalb ihn die Menschen um gute Ernte und Frieden anriefen. Auch bestimmte er über den Wohlstand der Menschen. Die Tochter Freya aber galt als die berühmteste Asin. Sie wohnte in Asgard und dort in ihrem Heim Fölkvangr (Kampfflur, –wiese), von wo aus sie auch zum Kampf ritt. Sie erhielt die Hälfte der Schlachtfeldtoten, die andere Hälfte gehörte Odin. Kontaktfreudig wie sie war, reiste sie gerne, denn sie stand den Menschen besonders nahe. Freya wurde besonders in Liebesangelegenheiten angerufen, denn sie besaß die Macht, Liebende zusammenzuführen, Ehen zu stiften und diese fruchtbar zu machen. Ihre beiden Töchter, deren Vater Odin war, hießen Hnoss (Kleinod) und Gersimi (Kostbarkeit).

Von Freya erzählt man sich, daß sie Tränen aus reinem Gold um ihren Gatten Odin weinte,[2] als sich dieser lange Zeit auf Reisen befand. Schließlich reiste sie ihm nach und suchte ihn. Diese Suche führte Freya durch viele unbekannte Orte und zu fremden Völkern, die ihr viele Namen gaben. So hieß sie auch Mardöll (die über das Meer Leuchtende) und Hörn (Flachs),

---

[1] Gylf., Kap. 20

[2] In der Mythe besitzt er den Namen „Odr", doch kann dies nur Odin sein, wie aus der Charakterisierung als Wanderer zweifelsfrei erkennbar wird.

Gefn (Geberin), Syr (Sau) und Vanadis (die Spenderin) und zeigt damit eine starke Verbindung zur bäuerlichen Bevölkerung. Sie erinnert hier sehr an die griechische Demeter, die, auf der Suche nach ihrer Tochter Persephone, den Menschen das Getreide brachte.

Zu Freyas Besitz gehörte der kostbare Halsschmuck Brisingamen (der leuchtende Schmuck), den sie von vier Zwergen als Lohn für eine Nacht erhielt, die jeder mit ihr verbringen durfte. Der Brisingamen war wohl für gebärende Frauen ein Geburtsstein mit magischer und heilender Wirkung.

Freya war über weite Teile mit Frigg identisch, denn beide halfen den gebärenden Frauen und auch sie wurde in Angelegenheiten der Liebe und der Ehe angerufen. Freya und Frigg besaßen beide ein Falkengewand, das sie Loki weiter verliehen (damit er die geraubte Idun suchen konnte), und beide wurden von Loki in seinen Zankreden des Ehebruchs bezichtigt. Die zwei Asinnen werden häufig verwechselt, denn es ist nicht immer deutlich, welche gemeint ist. Dies wird verständlich, wenn wir den Wortstamm ihrer Namen betrachten, der in verschiedenen Sprachen auf „Gattin", „Geliebte" zurückführt und auf „lieben" bezogen werden kann.

Eine weitere mit ihr identische Erscheinung ist die bis in die Neuzeit lebendige Frau Holle. Sie wird als ein himmlisches, die Erde umspannendes Wesen vorgestellt, die, wenn sie ihr Bett aufschüttelte und ihre Federn flogen, den Schnee verursachte. Sie liebte den Aufenthalt in Seen und Brunnen und konnte zur Mittagsstunde als schöne weiße Frau beim Baden beobachtet werden. Sterbliche konnten durch den Brunnen in ihre Wohnung gelangen. [3] Frau Holle war in Deutschland die Entsprechung Friggs, denn auch sie fuhr wie Wotan durch die Lüfte und gehörte zum Wütenden Heer, in das seit dem Christentum die ungetauft verstorbenen Kinder aufgenommen wurden.

Frau Holle, auch Hulda genannt, wurde neben einer göttlichen Gestalt auch häßlich, langnasig, großzahnig, alt und mit strup-

---

[3] Jakob Grimm, Deutsche Mythologie Band 1, S. 222

pigem, verworrenem Haar beschrieben. Mit diesem Aspekt symbolisiert sie die alte Hexe. Frau Holle ist aber auch als Spinnerin überliefert, die den fleißigen Dirnen die Spindeln schenkt und sie ihnen nachts vollspinnt. Den faulen Spinnerinnen jedoch zündet sie den Rocken an oder beschmutzt ihn. In diesem Doppelaspekt überliefert sie uns das Märchen Frau Holle[4], in dem durch das schicksalhafte Eingreifen der wettermachenden Frau Holle das fleißige Mädchen zur Goldmarie, das faule aber zur Pechmarie wird. Ihre süddeutsche Entsprechung in Bayern und Österreich ist Frau Berchta (auch Percht oder Perchta) oder auch Berchte.

Die Bedeutung der germanischen Frauen spiegelt sich in den Mythen wieder: Die Frauen „tragen" die Männer, wie es in zwei süddeutschen Sagen berichtet wird: Sowohl die Weiber von Weinsberg, als auch die von Schorndorf tragen ihre eigenen Männer aus der Belagerung und retten sie damit vor der Gefangenschaft. Ohne das selbstverständliche Im-Hintergrund-Tätigsein, können die Männer nicht im Außen erfolgreich operieren. Die Frau zentriert die germanische Familie, ohne die der Mann seinen Sinn und seinen Halt verliert.

Entsprechend finden sich im germanischen Kulturraum viele Hinweise für einen „Matronenkult". Matronen nannte man die Muttergottheiten, zu deren Wirkungsbereich persönliches Wohl, Gesundheit und Fruchtbarkeit gehörten. Sie wurden bei Krankheit, Not, Kummer und den verschiedensten Gefahren angerufen und in besonderer Weise verehrt, wie wir es heute in der Marienverehrung kennen. Auch bei Liebesangelegenheiten waren sie hilfreich.

Es kann angenommen werden, daß die besondere Verbindung mit den Muttergottheiten in der Marienverehrung des Christentums aufgegangen ist, denn es wurden zahlreiche römische Steine mit Abbildungen, Namen (in der Regel in latinisierter Form) oder Inschriften gefunden, die auf Matronenverehrung hindeuten. Die Mythen hierzu sind verloren. Überliefert werden die Taten der Helden, nicht die Nöte der Mütter.

---

[4] KHM Nr. 24

Eine wichtige Variante der Muttergöttin ist noch nicht erwähnt. Dies ist Ostara, deren Fest am Ostermontag im April gefeiert wurde. Während die umgebenden Völker die Benennung „pascha" für das Osterfest beibehalten haben, hat sich im deutschsprachigen Raum „ostar" gebildet und erhalten, das sich etymologisch mit *austr* verwandt zeigt und Osten, die Richtung gegen Morgen, bedeutet. Über den Kult der Ostara ist wenig bekannt. Sie war die Göttin des strahlenden Morgens und des aufsteigenden Lichtes. In dieser Weise muß sie eine freudige und heilbringende Erscheinung gewesen sein, die sich bestens für das Auferstehungsfest des christlichen Kultes eignete. Dem Volksglauben gemäß wurden für sie Freudenfeuer angezündet und weiß gekleidete Frauen erinnerten zur Zeit des einkehrenden Frühlings an die alte Göttin.

*

Die Göttin Idun war von unschätzbarer Bedeutung für die Asen, weil sie in einem Kästchen goldene Äpfel aufbewahrte, deren Genuß den Altersprozeß verhinderte. Unmittelbar nach dem Genuß des Apfels wurde man wieder jung.
Idun findet in den Mythen sonst kaum Erwähnung, obwohl ihre Zauberäpfel unersetzlich waren. Es kann vermutet werden, daß viele Mythen über sie verloren gegangen sind. Einige Autoren geben zu bedenken, daß die Germanen schon früh von den Römern die Bedeutung der Äpfel übernommen haben. Äpfel wurden auch als Grabbeigaben des aus der Ostsee gehobenen Oseberg-Schiffes gefunden. Obwohl der nordische Apfel ein Wildgewächs und ungenießbar war, können diese wilden Äpfel als Lebenssymbol angesehen werden. Auch der Name der Frucht „Apfel" läßt sich über weite Kulturkreise in seiner Ableitung verfolgen. Man kann davon ausgehen, daß die Apfelmythe um Idun ein beträchtliches Alter besitzt. Der Apfel ist nicht nur als Götterspeise ein wichtiges Mittel gegen das Altern, wie dies außer den Mythen auch die Sprichworte des Volkes ausdrücken. So heißt es in England: „An apple a day keeps the doctor away!"[5]

[5] Ein Apfel am Tag hält den Arzt fern.

Idun trägt einen „redenden Namen", denn er bedeutet „die Erneuernde, Verjüngende".[6] Sie ist die Göttin der ewigen Jugend. So wurde das Rad des Lebens durch den Apfel der Göttin etwas am Weiterdrehen gehindert, wenn auch das Schicksal selbst damit nicht aufgehalten werden konnte. Der verjüngende Apfel vermochte zwar das Sterben nicht zu verhindern, aber er brachte den körperlichen und geistigen Zustand immer in die „beste Verfassung".

Die morgendliche Gabe der Göttin befähigte die Asen zu einem Zustand der steten Kampfbereitschaft. Den ihnen körperlich überlegenen Riesen, mit denen sie in ständiger Fehde lagen, standen auf diese Weise draufgängerische Heldenfiguren gegenüber, die in der Lage waren, körperliche Unterlegenheit durch Mut und fintenreichen Kampf auszugleichen. Wie der antike Herakles seine sagenumwobene Keule aus Oliven- oder Eichenholz einsetzte, so war Thors Hammer die Wunderwaffe gegen die Riesen. Da die Siege auch entsprechend gefeiert wurden, war der allabendliche Metkonsum beträchtlich. Äl-Met, so hieß das Getränk, hatte eine starke Rauschwirkung, womit aus heutiger Sicht eine erhebliche Leberbelastung angenommen werden kann, und der „Kater" am Morgen war unvermeidlich. So bot sich Iduns tägliche Verjüngungskur nicht nur zur Behandlung des Alkoholabusus´ an, sondern machte ihn geradezu zwingend notwendig.

Daß Idun einen Apfel reichte und nicht irgendeine andere Frucht, hatte seinen tieferen Sinn. In allen Kulturen, in denen der Apfel gedieh, teilweise auch nur als Holzapfel, wie die wildwachsende Sorte auch genannt wird, stand er im Ruf einer Liebe, Fruchtbarkeit und magische Kraft spendenden Frucht. Sie war immer die unmittelbare Gabe der Göttin, die ihn besaß, verschenkte oder wußte, wie man ihn erwerben konnte.

Einen interessanten Gedanken trägt Ranke-Graves in seiner Griechischen Mythologie zur Apfelgabe der Göttin bei. Er ist der Ansicht, daß eher Aphrodite dem Paris den Apfel gibt, als daß diese ihn von ihm empfängt. „Dieser Apfel symbolisiert

---

[6] de Vries, § 559

die Liebe, die er sich für den Preis seines Lebens erkauft, er ist der Paß zu den Elysischen Gefilden, den Apfelgärten, zu denen nur den Seelen der Helden Eintritt gewährt wird. Der Apfel als Geschenk kommt auch in irischen und walisischen Mythen vor. Ein Apfel ist die Gabe der drei Hesperiden an Hera und auch Evas, der „Mutter aller Lebenden" an Adam. Schließlich trägt Nemesis, die Göttin des heiligen Hains, die in späteren Mythen ein Symbol der göttlichen Rache an stolzen Königen wurde, einen mit Äpfeln behängten Ast: ihre Gabe an Helden. Alle Paradiese der neolithischen Zeit und der Bronzezeit waren Inseln mit üppigen Fruchtgärten. Paradies selbst bedeutet 'Obstgarten'." [7]

Herzog beschreibt in seinem Buch „Psyche und Tod" [8] einen Bildstein der weitgehend unbekannten germanischen Muttergöttin Nehalennia, wie sie mit Kapuzenmantel bekleidet, von einem Wolf flankiert wird und einen gefüllten Apfelkorb neben sich stehen hat. So zeigt bei dieser Göttin der Apfel das Neuwerden und das Sterben in besonderer Weise, wie wir es auch beim Paradiesapfel, beim Apfel des Paris und beim Apfel des Schneewittchens sehen können. Die Göttinnen der Großen Mutter sind immer in gleicher Weise lebensspendende Göttinnen wie auch Todesgöttinnen.

Aus der Beschreibung der weiblichen Gottheiten wird die geringe Durchzeichnung der Charaktere gegenüber den männlichen Hauptgöttern besonders deutlich. Dies entspricht ganz dem germanischen Problem, daß die starke Betonung und Übersteigerung der männlichen Ideale und Werte eine Ausdifferenzierung der weiblichen Seite verhinderte. Sehr deutlich wird dieses einseitige Persönlichkeitsprofil an Thor, dem erstgeborenen Sohn Odins.

*

Thor scheint besonders in der Wikingerzeit unter allen Göttern die höchste Verehrung erhalten zu haben. Er war der Gott der Bauern und Krieger, während Odin mehr der Gott der führen-

[7] Ranke-Graves, Griechische Mythologie, Bd. 1, S. 20
[8] Herzog, Edgar, Psyche und Tod, Zürich 1960

den Schichten gewesen zu sein scheint. Mit der Bezeichnung „Donnergott" wird primär seine Beziehung zum Wetter gekennzeichnet und weniger die ausschließliche Kompetenz für den Donner. Zu seinem Verantwortungsbereich gehörte die Schiffahrt, der Fischfang, die Landwirtschaft und das Wetter. Er war der Gott, „der den Menschen in den Nöten des Lebens am nächsten" stand,[9] was sich in den skandinavischen Ländern an seinen vielen Kultstätten erkennen läßt.

Thor führt verschiedene Namen, die ihn charakterisieren: Stärkster der Asen, Bekämpfer der Riesen, Wagengott, Herr der Ziegen, usw. Seine Beinamen zeigen einen integren Charakter, der fürstlich, wahrhaftig und weihevoll ist. Auf sich alleine gestellt kämpft und wacht er. Darüber hinaus jedoch ist er laut und lärmend, ein echter Donnerer, wie es von den cholerischen Charakteren bekannt ist.

Thors Namen

Name	Bedeutung
Asa-Thor	Asen-Thor
Asabragr	Asenfürst
Atli	der Schreckliche
Donar	Donner, südgerman.
Einheri	der allein kämpft
Einridi	der allein Reitende, der allein herrschende Thor
Ennilangr	der mit der langen Stirn
Hlóridi	der laute Reiter, → Wetter
Öku-Thor	Fahr-Thor
Ölnir	Nährer
Rymr	Lärm
Sönnungr	der Wahrhaftige
Thor	Donner, → Donar
Thunaer	Donner, bei Abschwörung, Taufformel
Thuno	Donner, altengl. Entsprechung zu Thor
Védormr	Beschützer des Heiligtums
Véorr Weor	Schirmer
Véurr, Véuthr	Wächter des Heiligtums
Vingnir	Thor
Vingthor	Kampf-Thor

Thor ist sicher ein indogermanischer Gott, mit einem hohen geschichtlichen Alter, wie sich das aus skandinavischen Felsbildern ableiten läßt, auf denen ein hammerschwingender Gott dargestellt ist. Gleichzeitig ist Thor weitgehend wesensgleich mit dem indischen Indra, der als vedischer Gewitter- und Regengott ein Sohn des Himmelskönigs Dyaus war. Indra galt wie Thor als gewaltiger Esser und Trinker, der vor Vitalität und Energie strotzte. Er kämpft wie Thor gegen die Schlange. Allerdings wird er im Gegensatz zu Thor zum Vatermörder und danach zum obersten Gott der Welten.

Thor ist häufig zu Fuß unterwegs. Sein Wagen wird von zwei Böcken gezogen. An ihren Namen und der Beschreibung des heftig rollenden Wagens zeigt sich die naturmythologische Erklärung des als Blitz und Donner über die Erde lärmenden Thors. Sein Erscheinen und Auftreten bringt nicht nur die Erde zum Beben. Aus diesem Grunde darf Thor, der erklärte Feind der Riesen, nicht über die Asenbrücke zum Thingplatz am Urdbrunnen. Er muß den irdischen, wässrigen Weg gehen und durchquert dabei Flüsse und Hindernisse. Seine Ankunft am Thingplatz beinhaltet damit eine völlig andere emotionale Position als die der übrigen Asen.

Es scheint, als müßte gerade Thor durch die Vielzahl seiner Kämpfe und die Art der sich ihm entgegenstellenden Hindernisse am meisten für seine persönliche Entwicklung und Reifung tun. Gerade in der Auseinandersetzung mit den Riesen, die er erbittert führt, zeigt er sich als äußerst affektbestimmt. Häufig wird er nur durch das Einschreiten und beruhigende Verhalten anderer Asen an Tätlichkeiten gehindert.

Gesteigert wird seine Erscheinung noch durch seine drei magischen, kraftvollen Attribute. Der an eine Doppelaxt erinnernde Hammer Mjöllnir kehrt wie ein Bumerang immer wieder zu seinem Besitzer zurück. Mjöllnir ist, wie aus seinem Namen hervorgeht, ein Synonym für den Blitz, denn die Sprachwurzeln aus denen er sich zusammensetzt, bedeuten entweder „weiß glänzend" oder „Zermalmer, Zerschmetterer". Es ist in-

---

[9] de Vries, § 439

Thor, der Hammergott,
aus: R.L.M. Derolez,
Götter und Mythen der Germanen,
S. 115, Köln 1963

teressant, daß Thors indogermanische Entsprechung Indra ebenfalls einen Donnerkeil besitzt, der zum Werfer zurückkehrt. Ähnliches wird vom irischen Gott Dagda berichtet.[10]

Der zweite magische Gegenstand ist der Kraftgürtel. Erst durch dessen Hilfe erringt Thor seine überragende Stärke, die ihm fehlt, wenn er den Gürtel nicht trägt. Das Motiv dieses Kraftobjektes finden wir in vielen Märchen und Sagen und es reicht bis in die Gegenwart. Bei verschiedenen Kampfsportarten werden immer noch bestimmte „Gürtel" erworben, die als Rang- und Statussymbole gelten.

Der dritte Gegenstand sind die eisernen Handschuhe, die zum Wurf des Hammers Voraussetzung sind.

*

Die Nähe zur arbeitenden Bevölkerung verbindet Thor mit seinem Bruder Heimdall, der auch als der weiße Ase bezeichnet wurde. Er stand auf der Asenbrücke, als der hell Leuchtende über der Welt. Seine Zähne waren golden, sein Pferd hieß Goldspitze oder Goldmähne und er wohnte in den Himmelsbergen. Aber er saß meist als Wächter der Götter an der Asen-brücke und achtete sorgsam darauf, daß nur Berufene über sie schritten. Besonders war sein Blick und seine Wachsamkeit gegen die Riesen aus Utgard gerichtet, von denen man wußte, daß sie beim Untergang der Asenwelt die Brücke erstürmen würden. Für diese Wächteraufgabe war er durch seine Eigenschaften besonders ausgezeichnet. Zu seiner Ausrüstung gehörten sein Schwert und das Gjallarhorn, das gellende Kriegshorn, dessen Schall er bei den Ragnarök, dem Ende der Götterwelt, erklingen lassen würde.

[10] de Vries, § 425

Heimdall kann als „Beschützer der Götter" angesehen werden und erinnert an das bekannte Märchenmotiv des Dieners, der weit sieht und weit hört. [11] Eine christliche Legende erzählt, wie an der höchsten Stelle des Regenbogens ein Engel als Brückenwache steht und beim jüngsten Gericht mit der Posaune blasen und die Toten zusammenrufen wird.

Ein weiterer Beiname Heimdalls ist Gullintanni, „der mit den goldenen Zähnen". Der Name seines Pferdes Gulltopr weist mit der Bedeutung „Goldspitze, Goldmähne" [12] ebenfalls auf die solare Qualität dieses Gottes hin.

Das Besondere an Heimdall ist seine Herkunft: Bei unbekannter Vaterschaft (in Frage kommen schließlich nur Odin oder er selbst) wird er von neun Riesenmädchen zur Welt gebracht, die allesamt Töchter des Meerriesen Ägir sind. Schon die Namen dieser Riesinnen zeigen die Urkräfte der Natur. Sie nennen sich die Tobende, die Fortraffende, die Vorwärtsstürmende, die Sand Spülende, die wie ein Wolf Heulende, die Insel Verzehrende, die Brausende, die Verderben Bringende, die schneidend Eiskalte. Hinter der Neunzahl scheint sich der gesamte göttlich-kosmische Komplex zu verbergen und auf die sich hier manifestierende „verstärkte Vielheit von Kräften" hinzudeuten. [13] Sie scheinen auch den neun Welträumen in der Achse des Weltenbaumes zu entsprechen (s. Abbildung über die neun Welten, S. 72).

Es ist möglich, daß diese neun Frauen ursprünglich Schicksalsgöttinnen und die heiligen Mütter der Welt waren, die eventuell mit den Nornen der Weltesche identisch sein könnten. Es liegt nahe, daß die Neunzahl mit den neun Monaten der Schwangerschaftsdauer und/oder mit den neun Nächten der lunaren Woche in Verbindung gebracht wurde. Ein weiterer Name Heimdalls lautete Rig oder Rigr. Im „Merkgedicht von Rig" (Rigsthula (Rth.)) wird erzählt, wie Heimdall, der sich auf dieser Wanderung Rig nennt, durch die Lande zieht.

[11] Leyen, von der, nach Lorenz, S. 374
[12] Lorenz, S. 371
[13] Hahn nach Lorenz, S. 368

Bei Ahn und Edda verbringt Rig die erste Nacht, teilt die Mahlzeit mit ihnen, gibt ihnen guten Rat, schläft anschließend in der Mitte des Bettes zwischen den Ehegatten, verweilt dort drei Nächte, um dann seine Wanderung weiter fortzuführen. Nach neun Monden gebiert die Frau einen Jungen, der ganz braun vom Schmutz ist und den sie „Knecht" nennen. Dieser heiratet später die „Magd", ihre Kinder bekommen allesamt Namen aus der bäuerlichen Sphäre.

Rig trifft auf seinem weiteren Weg auf einen Hof, in dem Alfi und Amma leben und dort am Webstuhl arbeiten. Auch mit ihnen speist er, gibt ihnen guten Rat und legt sich wieder nächtens zwischen die Ehegatten. Er bleibt dort drei Nächte und verläßt sie wieder. Nach neun Monaten gebiert Amma einen Jungen, der „Karl" genannt wird und später Schmied wird. Er wird mit „Schnur" vermählt. Ihre Kinder bekommen Namen, die mit der bürgerliche Welt in Verbindung stehen.

Danach kommt Rig zu einem Saal, in dem er auf „Vater und Mutter" trifft. Der Hausherr beschäftigt sich mit Pfeil und Bogen, die Frau näht Kleider. Auch mit ihnen ißt er, gibt ihnen ebenfalls guten Rat und legt sich wieder zwischen die Ehegatten. Nach drei Tagen verläßt er die beiden. Die Frau gebiert nach neun Monaten einen Sohn, der „Jarl" genannt und später Jäger und Krieger wird. Diesem lernt Rig die Runen, überträgt ihm Erbgüter und alten Besitz und nennt ihn „Sohn". Er wird mit der Maid „Erna" vermählt. Ihre Kinder bekommen Namen wie Erbe, Sproß, Sohn, Gesippe. Sie lernen die Runen beherrschen, jagen und Kriege zu führen.

Hinter dem Asen Heimdall, der in seiner persönlichen Entwicklung weit in die Frühgeschichte der Germanen und noch früher in die der Wanen und Kelten zurückreicht, läßt sich unschwer Odin erkennen. Auf dieser Reise begründet Rig-Heimdall-Odin die später im Mittelalter wirksam werdende Ordnung der Stände. Sein fruchtbarer und zeugender Aspekt drückt sich hier in der altisländischen Bedeutung des Namens aus: *rigr* ist die „Steifheit" und bezieht sich auf das erigierte männliche Glied. Damit ist der Gott nicht nur Fruchtbarkeitsgott, sondern auch kulturzeugender Schöpfer.

In seiner Begründung der germanischen Stände durch Rig-Heimdall-Odin werden entsprechende Kulturstufen angedeutet. Die Welt des Bäuerlichen in ihrer naturnahen Form, die der Handwerker und die der Adeligen, die sich neben Jagen und Kriegen auch mit Magie beschäftigen. Rig ist eine Mysteriengestalt – ein Mysterienführer, der die Funktionen des himmlischen Heimdall in der Welt der Menschen ausübt. Seine Funktion als Wächter der Asenbrücke, dem Zugang zur göttlichen Welt, bekommt aus dieser Betrachtung neue Wichtigkeit, denn die initiierten Kulturstufen benötigen zu ihrer weiteren Entwicklung Schutz und Pflege. Würden die Hrimthrusen (Reifriesen) nach Asgard eindringen, so könnten sie die Götterburg und damit die entsprechende Kulturentwicklung zerstören. Auch der Name seines Schwertes Höfuth, Menschenhaupt, bekommt hier einen neuen Inhalt: Es ist die im Kopf angesiedelte menschliche Intelligenz und die damit verbundenen Fähigkeiten, die zur Kultur gehören und die zusammen mit den Erkenntniskräften (Schwert) die Höherentwicklung garantiert.

Äußerlich verkümmert er im germanischen Mythos zum Wächter der Asenbrücke. Tatsächlich beinhaltet seine goldene Ausstattung die Verbindung mit der Sonne. Sein weißes Aussehen hingegen, das aus seiner lunaren Qualität resultiert, kennzeichnet ihn als Träger eines Mysteriengeheimnisses. Für sich alleine betrachtet, läßt sich sein Geheimnis nicht recht ergründen. Erst mit den Eigenschaften und Qualitäten seines Gegners Loki, mit dem er sich öfters in Streitigkeiten verwickeln läßt, vervollständigt sich das Persönlichkeitsbild: Heimdall ist der Initiator der Ich-Entwicklung, die in Thor ihre weitere Erprobung und Ausdifferenzierung erfährt, aber durch Lokis schöpferische Intelligenz erst zur rechten Entfaltung kommt.

Im anglikanischen Beowulfslied wird die Sage von Scaef erzählt, der als Kulturbringer zum Stammvater des ersten dänischen Herrschergeschlechts wird. Hinter seiner Geschichte verbirgt sich das uralte Motiv, das wir schon bei Sargon im babylonischen Raum und bei Moses im hebräischen Kulturraum finden: Scaef wird elternlos als kleines schlafendes Knäblein in einem Boot gefunden, das ans Ufer getrieben wird. Scaef wurde es genannt, weil es auf einer Getreidegarbe gebettet gefunden wurde (*Sceaf,* altengl. = „Garbe"). Als Mann wurde er zum Wohltäter des Volkes und starb schließlich hochbetagt als hochgeehrter Herrscher. Es war sein Wunsch, im selben Boot das ihn als Säuling ans Land gebracht hatte, aufgebahrt aufs Meer hinauszutreiben. Von ihm, bzw. seinem Sohn Scyld, stammen die Sköldungen, auch Schildungen genannt. Das sind die Ynglinge, das dänische Königsgeschlecht. Die Verbindung von Scaef und Rig zum Schwanenritter Lohengrin, dem Sohn des Kelten Parzival, bietet sich an. [14]

Vorsichtig gefolgert, [15] läßt sich vermuten, daß Heimdall ursprünglich zum matriarchal lebenden Göttergeschlecht der Wanen gehört hat und von diesen zu den Asen gekommen sein muß. Die Scaef-Sage ist sozusagen das missing-link, das die Verbindung zwischen den Wanen und den Asen herstellt.

Zwischen den Wanen und den Asen besteht ein ähnliches Verhältnis wie zwischen Kelten und Germanen. „Wenn nun die Aufgabe der keltischen Mysterien darin lag, das noch junge Ich der europäischen Bevölkerung heranzuziehen, dem Germanentum die Mysterien-Erziehung und damit die Grundlage seiner Kultur zu geben, so ist es einleuchtend, daß diese Aufgabe durch Sendboten der keltischen Mysterien erfüllt wurde. Wenn Wanen zu den Asen gehen, so bedeutet das, daß keltische Mysterien-Sendlinge zu den Germanen gehen. Das ist der Hintergrund der Scaef-Sage. Scaef kommt mit seiner hyperboräisch-keltischen Sendung nach Skandia zu den Germanen." [16]

*

Völlig andere Eigenschaften finden sich in Tyr, wie dieser Ase im Norden genannt wurde. Bei den Mittel- und Südgermanen hieß er Ziu, auch Tsiu, althochdeutsch Teiwaz oder Tiwas.

---

[14] Uehli, S. 132
[15] Uehli, S. 131
[16] Uehli, S. 139

102

Tacitus berichtet, daß ihm Pferdeopfer dargebracht wurden, was ihn sehr in die Nähe Odins/Wotans rückt. Später bei der allmählichen Umstrukturierung des germanischen Götterhimmels trat er gegenüber dem an Einfluß gewinnenden Odin/Wotan zurück.

In der jüngeren germanischen Zeit wird Tyr auch als Odins Sohn geführt. Er war der Kühnste und Tapferste unter den Asen und entschied neben Odin über den Sieg bei Kämpfen. Wie Odin besaß er als besondere Waffe den Speer, seine Hauptwaffe war jedoch das Schwert. Ursprünglich war Tyr der Gott des Krieges und des Zweikampfes.[17] Bei den Südgermanen und hier besonders bei den Alemannen war er der wichtigste Gott.

Bei der Fesselung des Fenriswolfes ist er der einzige Ase, der den Mut besitzt, dem Wolf als Pfand einen Arm in den Rachen zu stecken. Die hieraus resultierende Einarmigkeit läßt sich bezeichnenderweise auch bei Gottheiten anderer Kulturkreise beobachten, in deren Kompetenz sich das Rechtswesen befindet. So etwa bei dem irischen Nuadu, der eine silberne Hand besaß[18] oder beim indische Lurya, der mit einer goldenen Hand beschrieben wird. Auch in der Geschichte Roms gibt es ein Heroenpaar, das eine antike Entsprechung zu dem einäugigen Odin und dem linkshändigen Tyr verkörpert. Horatius, der einäugige Zyklop und Mucius, der einarmige Linkshänder retten die römische Republik bei ihrem ersten Krieg.[19]

Der einarmige Tyr ist unverkennbar Rechtssouverän, der, gerade wegen dem juristischen Betrug am Feind der Gemeinschaft, heroisch seine Hand opfert und dadurch glaubwürdig wird. Durch sein Opfer gibt er der Gemeinschaft die Sicherheit, die so lange gefährdet bleibt, wie der Feind (hier der gefürchtete Fenriswolf) frei ist. Damit steht der einarmige Rechtssouverän in der Pflicht zwischen Recht und Unrecht.

Odins Söhne zeigen ein breites Spektrum an männlich-kriege-

---

[17] Gylf., Kap. 25
[18] Dumézil, S. 62
[19] Dumézil, S. 65

rischen Eigenschaften. Dabei ist allen gemeinsam die germanischen Tugenden Kraft, Mut und kriegerische Entschlossenheit. Vidar unterschied sich von ihnen durch seine Schweigsamkeit. Er entstammte einer Verbindung Odins mit der Riesin Gridr und war nach Thor der stärkste Ase. Aus seinem Namen geht eine besondere Verbindung zum Wald und zur Natur hervor (*vida* = „Wald, Waldland", aber auch „der Verschlossene und Zurückhaltende"). Er spielt beim Untergang der Götterwelt eine zentrale Rolle. Mit einem besonderen Schuh tritt er dem Fenriswolf in den Rachen, tötet ihn und rächt so einem Vater Odin. Seine Schweigsamkeit wurde als Initiationsbrauch zur Vorbereitung der Rache interpretiert. [20] Er ist schließlich neben Vali (und den beiden Thorsöhnen Modi und Magni) der einzige überlebende Ase bei den Ragnarök.

[20] Höfler, Lorenz, S. 382

Zwerge und Riesen

Aus Ymir wird nicht nur die Welt erschaffen, auch die Zwergengeschlechter gehen aus ihm hervor. In der Völuspa[1] wird berichtet, wie die Götter zum Richtstuhl gehen und beraten, wer die Schar der Zwerge aus „Brimirs Blut" und „Blains Knochen" schaffen sollte. Die Zwerge besitzen in der germanischen Mythologie eine äußerst wichtige Rolle und erscheinen immer dann, wenn es darum geht, hilfreiche Gerätschaften oder magische Objekte zu erschaffen. In ihnen lebt das Urwissen Ymirs. Durch sie findet die Durchdringung mit der Erde und eine Ausdifferenzierung statt, wie sie von den Menschen erst später erreicht wird (denken wir an Megachips, Mikrochirurgie, Satellitentechnik, usw.). Zwerge sind fähig, Kunstfertigkeit und Magie in höchster Weise zu verbinden. Ihre Kreationen sind wichtige Helfer für Götter und Menschen, doch gereichen sie diesen nicht immer zum Heil, ganz besonders, wenn sie zu Unrecht in ihren Besitz gelangen. Zwei Zwerge haben eine besondere Stellung. Dies ist zunächst der oberste Zwerg Modsognir. *modsognir* bedeutet „der die Kraft aus dem Körper saugt", „der, der Mut in sich hineinsaugt".[2] So läßt sich auf die Herkunft Modsognirs als Ymirs Made schließen und gleichzeitig werden in symbolischer Weise Andeutungen über seine künftigen Funktionen gemacht. „Der, der Mut in sich hineinsaugt", weist auf eine Ichfunktion hin. Mut ist kein blindes Draufgängertum oder etwas Unbewußtes, sondern etwas, was mit der Fähigkeit des Ichs zu tun hat, bewußt Entscheidungen zu treffen, diese zu verantworten und dafür etwas zu riskieren. Eine Funktion, wie sie nur einem ichstarken Wesen möglich ist.
Durin, der als zweithöchster Zwerg beschrieben wird, weist hin-

---

[1] Vsp. 9 u.10
[2] Lorenz, S. 216

gegen in eine andere Richtung. *durr* bedeutet Schlaf und könnte Durin als „der Schläfer" kennzeichnen.[3] De Vries sieht in Durin einen Türhüter und ein dämonisches Wesen.[4] Bei dieser Betrachtung wird vor allen Dingen die Verbindung des Zwergengeschlechtes zum dunklen und nächtlichen Bereich gesehen. Vor allem die Dunkelzwerge, die in Erdhöhlen leben, scheuen das Licht und erstarren zu Stein, wenn sie vom Strahl der Sonne getroffen werden. Heute noch führen sie ihr Leben als Porzellanzwerge in unseren Vorgärten.

Besonders in den Märchen erscheint der Zwerg als helfende Gestalt, die sich unmittelbar gegen einen selbst wendet, wenn sie nicht ausreichend geachtet und gewürdigt wird.[5] In den Zwergen vereint sich naturdurchdrungenes Leben und Intelligenz. Die Völuspa und die Gylfaginning zeigen die Entstehung des Menschen erst nach der Erschaffung der Zwerge auf, denn der Zwerg verkörpert eine Vorstufe der menschlichen Ichbegabung. Mit ihren Eigenschaften sind sie eine wichtige Voraussetzung, damit der Mensch sich zu einem selbständigen und ichbegabten Wesen entwickeln kann.

Wie in allen Naturreligionen war auch bei den Germanen jeder Ort in der Natur bestimmten Lebens- oder Vegetationsformen zugeordnet und von Geistern bewohnt. Im Sinne dieser beseelten Natur finden wir die Riesen und die Zwerge als die beiden großen Gruppen der germanischen Geister. Sie sind beide vielfältigst ausdifferenziert und der Glaube an diese Wesen hat sich bis in die jüngste Zeit erhalten. Die Zwerge werden zwar als klug und fleißig, jedoch auch körperlich kleinwüchsig und mißgestaltet beschrieben. In ihrem meist fahlen Gesicht befindet sich ein langer Bart. Begegnen konnte man ihnen nur in der Natur und dies besonders im Wald und in der Nähe von Steinen. Rasch konnten sie sich dort verstecken, wenn sie sich beobachtet fühlten. Sie gehören zum mineralischen Reich und besitzen eine besondere Affinität zu den Metallen.

[3] Lorenz, S. 216
[4] Lorenz, S. 216
[5] z. B. „Das Wasser des Lebens", KMH Nr. 97

Als kunstfertige Schmiede stellten sie verschiedene Kostbarkeiten her, um die sich viele Geschichten ranken. Jedoch sind diese selten golden wie Brisingamen, der durch Liebesnächte erworbene Halsschmuck der Freya. Wen wundert's, daß Odin gerade an diesem Schmuck keinen Gefallen finden konnte und Loki beauftragte, ihr den Schmuck zu entwenden. Erst Heimdall kann den Schmuck nach zähem Kampf mit Loki zu Freya zurückbringen.

Die meisten Kunstgegenstände der Zwerge besitzen magischen Charakter und weisen Zauberkräfte auf. Sindri schien der kunstfertigste gewesen zu sein, denn er fertigte den Eber Heimdalls, Odins Ring Draupnir und Thors Hammer Mjöllnir. Aber auch die Söhne Ivaldis, die nicht näher benannt werden, verstehen es, Kostbarkeiten herzustellen, so das Goldhaar der Sif, Odins Speer Gungnir und Freyrs Schiff Skidbladnir. Der berühmte Nibelungenschatz, einschließlich der Tarnkappe, gehörte ursprünglich dem Zwergenkönig Alberich, den Siegfried in seine Gewalt bringen konnte. Auch der Zwerg Andwari besaß einen großen Goldschatz, der möglicherweise mit dem Nibelungenschatz identisch war.

Eines Tages, so erzählt das Skaldskaparmál, kamen die drei Asen Odin, Loki und Hönir an einen Fluß und beobachteten an einem Wasserfall, wie ein Fischotter gerade einen Lachs verzehrte. Loki tötete den Otter. Wenig später stellte sich heraus, als sie bei einem nahe gelegenen Bauern übernachteten und ihm ihre Beute zeigten, daß dieser ein zauberkundiger Mann war und sie seinen jüngsten Sohn, der sich vorübergehend in einen Fischotter verwandelt hatte, erschlagen hatten. Der Bauer packte die Asen mit seinen beiden Söhnen und fesselte sie. Erst als die Asen Lösegeld boten, das der Bauer, er hieß Hreidmar, in der Höhe selbst bestimmen konnte, wurde dem Otter das Fell abgezogen und von den Asen verlangt, daß sie den Balg mit rotem Gold gefüllt als Versöhnung zurückbringen sollten. Dabei sollte er gleichzeitig so mit Gold überhäuft werden, daß kein Haar mehr sichtbar sei.

Loki wurde von Odin in das Zwergenreich geschickt und dort gelang es ihm, den Zwerg Andwari zu fangen, der als Fisch im

Wasser lebte. Loki ergriff ihn und verlangte von ihm als Preis für die Freiheit all sein verborgenes Gold. Der Zwerg schleppte alles herbei was er besaß, doch heimlich versteckte er einen kleinen Goldring. Loki hatte es beobachtet und verlangte den zurückgehaltenen Ring. Der Zwerg bat, den Ring behalten zu dürfen, denn mit ihm könne er den verlorenen Schatz wieder mehren. Loki jedoch war nicht zu erweichen und so verfluchte der Zwerg den Ring, daß es jeden den Kopf kosten solle, der ihn besitze. Als Odin den Schatz in Empfang nahm, bemerkte er den besonderen Ring und legte ihn für sich zur Seite. Sie übergaben schließlich Hreidmar den gefüllten Ottersack und umhüllten ihn mit Gold, doch Hreidmar bemerkte ein Barthaar und wollte auch dieses bedeckt haben, damit die Versöhnung erfüllt sei. Widerwillig zog Odin den Ring hervor und bedeckte damit das Barthaar. Erst als Odin und Loki wieder weggingen und nichts mehr zu befürchten war, sprach Loki, daß der Fluch Andwaris in Erfüllung gehen und dieser Ring und dieses Gold demjenigen, der es besäße, den Tod bringen solle.

Wie sehr die Gier nach Gold die Menschen verändert und in seinen Bann bringt, zeigt die Geschichte des Andwarischatzes. Er bringt all seinen Besitzern Tod und Verderben. Erst nachdem Krimhilde, die ihn später besitzt, ihre Familie ins Verderben gestürzt hat, kehrt der Schatz in den Rhein zurück.

Zwerge und Elfen gehören eng zusammen. Snorri spricht in der Gylfaginning von den Lichtalfen, die er „schöner als die Sonne" beschreibt. Auch in der Tochter der Sonne Alfrödul, die nach den Ragnarök am Himmel leuchten wird, finden wir die Verbindung zu den Alfen wieder. Alfen (*álfr*, der Alp, mhd. *elbinne*, „die Albin, Elfe") sind als mythologische Wesen auf das engste mit dem Leben der Natur verknüpft und in der Nähe von Gewässern und Pflanzen angesiedelt. Sie lebten wie die Menschen in Gemeinschaften und besaßen Könige. Nachts liebten sie das Spiel und tanzten unermüdlich ihren Reigen, bis der Hahnenschrei sie unterbrach. Elfen fürchteten das Tageslicht und den Blick des Menschen. Wer sie beobachtete oder gar einwilligte in ihren Kreis zu treten, war verloren, wie uns das viele Sagen wissen lassen. Das einzige, was die Menschen im Alltag von den Elfen bemerken konnten, waren die zarten Spuren ihrer Schritte im feuchten Gras, die am anderen Morgen noch zu sehen waren. Ihre nahen Verwandten waren die Wassergeister, die in Quellen, Flüssen und Teichen wohnten. Dabei wurde zwischen männlichen und weiblichen Dämonen unterschieden und es war allgemeine Lebensweisheit, sich von den am Wasser sitzenden und sich kämmenden Nixen fernzuhalten, um nicht von ihnen in die Tiefe mitgezogen zu werden. [6]

In den Namen der Zwerge zeigen sich viele Eigenschaften, die sich mit dem charakterologischen Bereich in Verbindung bringen lassen. Sie sind gierig, tüchtig, falsch, klug, langsam, fahrend, perfekt, mächtig, berühmt, flink, farbig, dunkel, tapfer, bedrohlich, hütend, bedrohend, vorsichtig, etc. Nur vereinzelt verkörpern sie Naturelemente wie Flamme, Gefahr, Eis, Blitz, Mond und Himmelsrichtungen.

Durch ihre Nähe zu den tiefen naturhaften Seelenschichten und deren unbewußten Schöpferkräfte verkörpern sie gewissermaßen die Wurzeln der Psyche, die in die tiefe Verflechtung von Seele und Körper hineinreichen. Sie können für diese Bereiche als die Hüter der Schwelle angesehen werden, über die man zu den gehüteten und geschützten Sphären vordringen kann, wenn man ihnen achtsam gegenübertritt. In den Märchen stellt sich dieses Motiv häufig so dar, daß drei Brüder nacheinander einem Zwerg begegnen, wobei die beiden älteren schon so weit von den unbewußten Kräften entfernt sind, daß sie in freundlicher Weise eine Verbindung nicht zulassen können. Ohne das Wissen um diese Kräfte läßt sich die Aufgabe, z. B. das Lebenswasser zu erwerben, nicht lösen. Erst der jüngste Bruder, der den Zwerg achtsam begrüßt, erhält von diesem die notwendigen Informationen zur Bewältigung seiner Heldenaufgabe. Die Zwerge sind so weitgehend identisch mit der chthonischen Vatergottheit, der geisthaften Komponente des Unbewußten. Deshalb können die Zwerge

[6] „Die Nixe im Teich", KHM Nr. 181 und die Sage von der Loreley am Rhein

auch als die Begleiter der Großen Mutter betrachtet werden. C.G. Jung und K. Kerényi (in „Das göttliche Kind") weisen auf die Verwandtschaft der kleinen aber mächtigen Zwerge mit den Kind-Gottheiten hin, die in seltsamer Weise die Qualitäten des naiven Unbewußten mit der Weisheit des alten Mannes verknüpfen. Erinnert sei in diesem Zusammenhang an Vidar, den Sohn Odins, der als eintägiges Kind seinen Bruder Balder rächt oder an Hermes, der im gleichen Alter die Viehherde seines Bruders Apollon entführt. Auch Herakles erwürgt schon in der ersten Nacht die Schlange, die ihm nach dem Leben trachtet.

Psychologisch lassen sich die Zwerge als Entwicklungsstufe der männlichen Seite der Psyche betrachten. Trotz der vollkommenen Werke, die von den Zwergen erschaffen werden, sind sie selbst unvollkommene Wesen und als solche Repräsentanten eines in Entwicklung befindlichen Prozesses. So sind die Zwerge im Märchen Schneewittchen die Stimme der Natur, die mit ihrem Instinkt die Heldin vergeblich vor der bösen Stiefmutter warnt. In diesem schönen Märchen wird auch in der verwendeten Symbolik das Geheimnisvolle und Verborgene der Zwerge deutlich, wenn sie in ihrer Siebenzahl hinter den sieben Bergen leben und tagsüber in die Stollen ziehen, um dort zu arbeiten. Sie hüten nicht nur die mineralischen Schätze, sondern geben auch Schneewittchen die Möglichkeit einer Reifung im regressiven Schoß des Zwergenhauses. Später tragen sie den gläsernen Sarg mit der scheintoten Prinzessin zum Schloß des Prinzen, also wieder hinaus in das Bewußtsein, dieses Mal in eine höhere Stufe des Lebens. Im Gegensatz zu ihrer geringen körperlichen Größe, kann ihre Macht und Körperkraft übermenschlich sein, was zusätzlich durch den häufigen Einsatz einer Tarnkappe noch gesteigert wird.

*

Die mehr gewaltsame und ungebändigte Dimension der Natur findet ihren Ausdruck in den Riesen. Ihre Eigenschaften sind roh, ungeschlacht, gewalttätig und bis auf einige Ausnahmen eher dümmlich.

Sie heißen: die Brüller, Dummen, Schläfer, Schreier, Lärmenden, hart Zugreifenden, Vernichter, die Schwarzen, Borstigen, Prahler, gefährlich Schlagenden und nur gelegentlich sind sie Vorsichtige, Weitgereiste, große Werke Verrichtende, Allmächtige, Erfreuliche, Weise. Sie konnten auch Dank oder Freude heißen. Daneben werden viele Riesen oder Riesinnen mit Elementarkräften gleichgesetzt, wie das Feuer, der Schnee, der Wind, der Sturm, das Meer, der Reif, das Eis, der Blitz.

Der berühmteste Riese war Ägir, der als Herr des Meeres ein prächtiges Schloß im Meer besaß. Das viele Gold dort verbreitete ein solch strahlendes Licht, daß es keiner weiteren Beleuchtung bedurfte. Waren es die Schätze der Schiffbrüchigen, die hier angesammelt waren? Seine Frau, die Meergöttin Ran, herrschte über das Reich der Toten, die auf dem Meer oder durch das Meer umgekommen waren.

Auch der weise Mimir zählte zu den bedeutsamen Riesen. Zu seinem Reich gehörten alle Quellen und Teiche. Im Gegensatz zu den meisten anderen Riesen stand er in engster Verbindung zu den Asen. Mit ihnen verbanden ihn verwandtschaftliche Beziehungen und besonders sein Neffe Odin pflegte zu ihm ein sehr persönliches Verhältnis. Mimir verkörpert den Archetypus des alten Weisen, den wir alle in uns tragen und den es gilt zu entdecken, zu entwickeln und mit ihm in Verbindung zu bleiben. Zuvor jedoch muß das individuelle Ich entwickelt werden – eine Funktion für die Thor steht.

Erklärter Gegner der Riesen war Thor, den sie wie keinen anderen fürchteten. Immer wieder heißt es in den Mythen, daß sich Thor auf Reisen im Osten befand, um Riesen zu erschlagen. Doch kam es auch vor, daß Thor auf Riesen stieß, denen er zwar gewachsen war, über die er aber keinen Sieg erringen konnte. So trifft er beim Riesen Utgard-Loki oder beim Riesen Hymir auf Kräfte in kosmischer Dimension. Es scheint, daß der Mensch im Mythos sich selbst zeigen und darauf hinweisen muß, wie klein er anbetrachts der ungeheuren Kräfte tatsächlich ist, die im Kosmos auf Mensch und Erde einwirken.

Als die Asen wieder einmal ein Fest feiern wollten und nicht mehr genügend Bier hatten, überlegten sie, wie sie zur Herstellung einer besonders großen Menge einen dazu geeigneten

Kessel finden könnten. Doch niemand schien ein derartig gewaltiges Gefäß zu besitzen. Tyr erinnerte sich schließlich an seinen Stiefvater, den grimmigen Frostriesen Hymir, der einen meilentiefen Kessel besaß. Hymir lebte in Niefelheim und herrschte dort über das Eismeer.

Sogleich brachen Thor und Tyr auf, und Thor trieb seine beiden Böcke zu größter Eile an. Schließlich gelangten sie zu Hymirs Halle und trafen dort zuerst auf dessen Gattin, die zugleich Tyrs Mutter war. Odin hatte sich ehemals für die schöne Riesin begeistert und sie betört, verführt und geschwängert. Es darf also nicht verwundern, wenn Hymir, den sie später ehelichte, nicht sehr freundlich über Odin dachte.

Bald kehrte der frostige Riese von seinen winterlichen Stürmen heim und war bereit, den beiden Asen in seiner Halle Gastrecht zu gewähren und sie zum Mahl einzuladen. Drei Ochsen wurden zubereitet, und Thor aß, wie immer ungewöhnlich hungrig, zwei davon.

Am anderen Morgen wollte Hymir zum Fischfang auf das Meer. Thor bot ihm an, ihn hinauszurudern. Doch der unfreundliche Hymir versuchte ihn zurückzuweisen und glaubte, an so einem kleinwüchsigen und jungen Mann keine rechte Hilfe beim Rudern zu haben. Auch sei es für ihn zu kalt auf dem Meer und er fürchte wegen ihm zu früh heimkehren zu müssen. Thor erzürnte gewaltig über diese Geringschätzung und faßte schon nach seinem Hammer. Doch er besann sich und beschloß, seine Kraft später zu erproben. Er fragte Hymir nach einem geeigneten Köder. Als ihm dieser keinen gab, schaute sich Thor um und erblickte die Ochsen Hymirs auf der Weide. Kurz entschlossen riß er dem größten Tier, das den bezeichnenden Namen „der den Himmel anbrüllt" trug, den Kopf ab und schleppte ihn zum Boot.

So ruderten die beiden Männer hinaus. Hymir wollte nach einiger Zeit anhalten und angeln, doch drängte ihn Thor weiter. Nach einiger Zeit bestand Hymir darauf anzuhalten, denn von hier an lauere die Midgardschlange. Nur mit größter Mühe konnte Thor den widerwilligen Hymir dazu bewegen, noch etwas weiter hinaus auf das Meer zu rudern. Schließlich angelten sie. Während Hymir einen Wal zu fangen versuchte, warf Thor den Ochsenkopf als Köder für die Midgardschlange aus. Als diese danach schnappte, fuhr ihr der Angelhaken tief in den Gaumen. Thor wurde mit Wucht gegen die Bordwand geworfen. Es kam zu einem heftigem Zweikampf, bei dem Thor mit seinen Beinen durch den Planken des Schiffes brach und gegen den Meeresgrund stieß. Mit fester Leine zog er die Midgardschlange gegen den Bootsrand, so daß sie nicht zubeißen konnte. Mit ihrem gefährlichen Blick sah sie ihn durchbohrend an und spie Gift, daß das Meer schäumte und tobte. Gerade als Thor mit seinem Hammer ausholte, um die Schlange zu töten, durchtrennte Hymir, der sich fürchtete, die Angelschnur und die Schlange versank wieder im Meer. Thor war so erzürnt, daß er Hymir mit einem Faustschlag niederstreckte und dieser ins Meer stürzte. Es wird erzählt, daß Thor den bewußtlosen Riesen und das defekte Schiff gleichzeitig an Land getragen haben soll.

Beim Nachtmahl versuchte der gekränkte und verärgerte Hymir den starken Asen zu reizen. Er sei zwar gewiß ein guter Ruderer und habe auch beim Kampf mit der Schlange Kraft gezeigt, aber nicht stark und mächtig genug, um Hymirs Becher zu zerbrechen. Hilfreich flüsterte Tyrs Mutter dem Asen ins Ohr, daß nur Hymirs Kopf härter als der Becher sei. Also schleuderte Thor mit seiner ganzen Asenkraft den Becher an dessen Schädel. Tatsächlich zerbarst der Becher, ohne eine Schramme zu verursachen.

Nun war Hymir völlig verärgert, daß er – wie leichtsinnig – sein kostbarstes Stück, das er zur Herstellung seines geliebten Bieres dringend benötigte, dieser Wette preisgegeben hatte. Da nun auch der Braukessel überflüssig war, konnte er diesen unter der Bedingung hergeben, daß ihn ein Mann allein weggetragen müsse. Tyr scheiterte zweimal bei dem Versuch, ihn anzuheben. Doch Thor packte ihn – es war nicht anders zu erwarten – mit leichter Hand, stülpte ihn über den Kopf und trug ihn nach Asgard. [7]

[7] Gylfaginning Kap. 48 und Tetzner, R.: Germanische Göttersagen, Stuttgart 1992, S. 132

Der Kampf mit Riesen findet sich in den Mythen aller Völker und stellt für den Menschen eine wichtige Phase in seiner Bewußtseinsentwicklung dar. Bei den Griechen z. B. waren es die Titanen, die Kinder von Uranos und Rhea, langhaarige, bärtige und mit Schlangenschwänzen versehene Ungeheuer. Gegen sie kämpften die Olympier, wie es die Asen gegen die germanischen Riesen taten. Auch bei den Griechen galt es, diesen Kampf unter Aufgebot aller Kräfte zu bestehen. Ares, bei den Römern Mars genannt, erstach einige mit seinem Speer und erinnert uns an Odin. Zeus wiederum erschlug andere mit seinem Donnerkeil und läßt uns an Thor denken.

Was macht die Riesen so gefährlich? Finden die Kämpfe mit den ungeschlachten Monstern statt, weil für die heranwachsenden und heranreifenden Asen – und später den Menschen – die Vorstellung von mächtigeren Kräften unerträglich ist? Die Fülle der Märchen, die uns von Abenteuern mit Riesen berichten, ist so eindrucksvoll, daß hieraus auf die unglaubliche Gefahr, mit denen die Menschen der früheren Zeiten konfrontiert waren, geschlossen werden kann. Sie haben sich diesen Kräften nicht einfach unterworfen, sondern mit ihnen gerungen. Ein Kampf mit den Riesen, der sich, wie schon das tapfere Schneiderlein zeigt, oft nur durch List gewinnen läßt, spiegelt die innere Entwicklung des Helden, der diesen Kampf wagt. Die Schwierigkeiten bei der Auseinandersetzung steigern sich und verlangen vom Helden noch mehr Einsatz, mehr Kraft, mehr Intelligenz und Mut.

Der Urriese ist im Mythos das erste, was aus den Kräften von Niefelheim und Muspellheim entsteht. Er läßt sich am besten mit einem Drachen vergleichen, dessen Potenzen erst frei werden, wenn er besiegt oder gezähmt ist. Besiegen heißt, mit dem Schwert über ihn triumphieren, bezähmen käme dem berühmten Beispiel der heiligen Martha gleich, die den gefährlichen Drachen (in der Nähe von Arles) mit dem eigenen Gürtel in die Stadt zurückführt. Hier sind es die Liebeskräfte der Heldin, die dem Drachen die Wandlung ermöglichen. Allerdings finden wir in den germanischen Mythen solche hochentwickelten Herzenskräfte noch nicht. Hier wird auf der Ichebe-

ne mit Odins Speer, Thors Hammer oder Tyrs Schwert gekämpft.
Vergessen wir nicht, daß auch die Asen über Bestla das Riesenblut und die entsprechende genetische Anlage in sich tragen, die zur Aufarbeitung drängt. Auch Loki ist ein Sohn der Riesen und zeigt damit, daß Riesen nicht nur dumm und leicht zu überlisten sind. Auch Intelligenz kann zu einer Kraft mit riesenhafter Dimension werden und, solange sie nicht den bewußten psychischen Funktionen unterstellt ist, unterliegt sie den gleichen Bedingungen wie alle anderen Riesenkräfte, sie kann bedrohlich, überschwemmend und zerstörerisch werden.
Auch heute sind die Riesen noch nicht völlig besiegt. Ihre Erscheinungsweise ist auf der individuellen und auf der kollektiven Ebene vielfältig. Obwohl die Natur immer mehr zurückgedrängt und zerstört wird, werden wir uns künftig – vielleicht sogar in zunehmendem Maße – mit Riesenkräften auseinandersetzen müssen, wenn die Erde und möglicherweise sogar ihre planetare Umgebung durch die handlungs- und machthungrige Haltung des sich seinerseits zum Riesen entwickelnden Menschen aus dem Gleichgewicht gebracht wird.
Auf der individuellen Ebene ist die Erscheinungsform der Riesen vielfältig, was wir schon an der häufigen Verwendung des Wortes „riesig" erkennen, das oft benutzt wird, wenn uns etwas übermäßig und besonders eindrucksvoll erscheint. Ob sich die Kräfte der Riesen in uns und außerhalb von uns jemals bewältigen lassen, bleibt fraglich. Zunächst ist es für jeden einzelnen eine Aufgabe, sich mit diesen Kräften auseinanderzusetzen und eine persönliche Antwort darauf zu finden.
Die Schweizer Psychologin Burri versteht in Anlehnung an C.G. Jung die Riesen als Teile des kollektiven Schattens, der als Gegenspieler des bewußten Ichs fungiert.[8] Wissend um die Gefährlichkeit des Schattens, siedelten ihn die Germanen am Rande der Erde an, von ihm getrennt durch das große, schützende Wasser. Durch die Lokalisierung des Schattens

---

[8] Burri, Margrit, Germanische Mythologie, Zürich 1982

kann man sich vor ihm besser schützen. Thor kann auf seinen Fahrten im Osten die Thursen (Riesen) bekämpfen. Dabei läßt er sich häufig von Loki begleiten, der selbst Sohn von Riesen war, aber von den Asen wegen seiner geringen Körpergröße nicht als solcher betrachtet wurde. Damit der Schatten nicht zu übermächtig und dem Bewußtsein nicht zu gefährlich wird, muß er bekämpft werden. Nur im Kampf können ihm Teile entrissen und integriert werden. Der Kampf ist allerdings nur die erste Stufe und resultiert aus der ersten Annäherung an das Unbewußte, wenn dem Ich noch keine differenzierteren Möglichkeiten der Auseinandersetzung zur Verfügung stehen.

Was hier auf mythischer Ebene beschrieben wird, ist nicht nur Aufgabe eines Individuums, sondern ebenso Aufgabe einer Gruppe oder eines Volkes. Bewußtheit muß in jedem Fall erarbeitet werden. Sobald sich eine Identität zu entwickeln beginnt, ist es unvermeidlich, daß aus der Fülle der vorhandenen Möglichkeiten bestimmte Anteile abgedrängt werden müssen. Ohne diese Vorgänge ist Individualität nicht möglich. Individuell sein heißt, nicht mehr teilbar zu sein, sich aus den infantilen Fixierungen herausgelöst und in einmaliger Weise ein persönliches Profil entwickelt zu haben.

Im mythischen Kampf mit den Riesen spiegelt sich dieser Prozeß wieder, den wir im Laufe unserer Entwicklung vollziehen müssen. Wenn wir als Säuglinge in die Welt eintreten, erscheint sie uns übermächtig und ungeheuer bedrohlich. Nur mit Hilfe unserer Eltern sind wir lebensfähig und mit zunehmender Entwicklung von Autonomie und Ich-Bewußtsein verlassen wir die behütete Welt, nachdem wir uns ausreichend mit den Abwehr- und Schutzstrategien der Eltern identifiziert haben und beginnen in zunehmendem Maße, eigenständig der Welt zu begegnen und sie vielleicht sogar in unserem Sinne zu beeinflussen und zu gestalten. Damit sind die Prozesse des Ich-Werdens beschrieben, denen das menschliche Individuum unterworfen ist. Weitere Prozesse sind später notwendig, um auch diese Stufe zu überwinden und noch reifere Stadien der Ich- und Bewußtseinsentwicklung zu erreichen.

Thor verkörpert im Mythos dieses Ich, das im ständigen Kampf gegen eine übermächtig erscheinende Welt lebt. Aber Thor bleibt nicht in der Verteidigung hängen. Häufig zieht er ostwärts, tritt progressiv handelnd in die Welt ein und versucht, sie in seinem Sinne zu verändern. Gleichzeitig läßt sich erkennen, wie sehr Thor mit seinen Affekten kämpft, denn häufig wird beschrieben, wie er in Zorn gerät und seine Knöchel bleich werden, wenn er den Stiel seines Hammers umfaßt, als er z. B. bei Balders Verbrennung im Zorn mit einem Fußtritt den Zwerg Litr (*litr* = Farbe) ins Feuer stößt. Dies sind Anzeichen, daß der die Ichfunktion verkörpernde Thor den vorbewußten Zustand (in Gestalt des Zwerges) nicht mehr benötigt und beseitigt. Er, der eben aus dem Riesenland heimkehrt, entledigt sich bei dieser Gelegenheit eines Anteils, der hier unangebracht ist: Litr verkörpert die Farbe. Ihn stößt er ins lodernde Feuer, das seinerseits ein Symbol der Farbe ist, während die Trauer um Balder mehr der Farblosigkeit entsprechen würde. So weist Thor eine verführerische Seite von sich selbst zurück, ohne die er sich nicht auf dieses schmerzhafte Erlebnis einlassen kann. Sein Ich handelt, auch wenn es sich im selben Augenblick durch die Zerstörung des Zwerges schuldig macht. Es trennt sich jedoch aus der Vielfalt der Handlungs- und Reaktionsmöglichkeiten heraus und bekennt sich zu einem äußerst persönlichen Gefühlszustand.

Loki und die Gegenwelt

Lokis Eltern waren der Riese Farbauthi (der gefährlich Schlagende) und die Riesin Laufey (die Laubinsel). Wie Odin hatte er zwei Brüder, von denen der eine Bileisdr (der Donnerblitz) und der andere Hellblendi (der die Blindheit des Todes herbeiführt) genannt wurde.

Mit seiner schillernden Persönlichkeit war er für die Asen von größter Wichtigkeit, wenn es Probleme zu lösen galt, auch wenn er selbst häufig für deren Verursachung verantwortlich zeichnen mußte. Sein Einfallsreichtum, seine Erfindergabe, seine Verwandlungsmöglichkeiten und seine Eloquenz hatten ein überragendes Ausmaß. Dies hebt ihn deutlich von den übrigen Asen ab, zu denen er durch seine Freundschaft und spätere Blutbrüderschaft mit Odin gehört. In der Lokasenna (einem altnordischen Spottgedicht) spricht Loki:

„Gedenke, Odin,
daß wir in alten Tagen
beide das Blut mischten!
Bier genießen
wolltest du nimmermehr,
wär's nicht uns beiden gebracht." [1]

Loki, das intelligente Lästermaul, bringt es fertig, das Gastgelage des Meerriesen Ägir, bei dem sich alle Asen und Asinnen versammelt hatten, durch seine treffsicheren Witze über die Schwächen der einzelnen, gehörig aufzuwirbeln. Erst durch das Erscheinen des polternden Thors sieht er sich zum Rückzug veranlaßt:

„Ich sprach vor den Asen,
sprach vor den Asensöhnen,
was meinem Herzen behagt;
einzig vor dir (Thor)
will ich abziehen,
denn mich dünkt, du schlägst drein." [2]

Unverblümt spricht er aus, was er denkt, kränkt und schmäht, wo er sich einen Vorteil verspricht. Die nachfolgende Geschichte (aus dem Skáldskaparmál) macht in ihrer einfachen Form Lokis Spektrum deutlich:

Aus uns nicht näher übermittelten Gründen war es Loki gelungen, Sif, der Frau Thors, alle Haare abzuschneiden. Thor hätte ihm alle Knochen gebrochen, wenn Loki nicht geschworen hätte, bei den Schwarzalben (Erdzwerge) Sif ein Haupthaar aus Gold anfertigen zu lassen, das wie natürliches Haar wachsen sollte.

Die kunstfertigen Söhne Ivaldis stellten das Haar her und zusätzlich noch das Schiff Skidbladnir und Odins Speer Gungnir.

Und nun kommt die erste Steigerung aus Lokis Trickkiste: Um weitere kunstreiche Gegenstände zu erhalten, verwettet er gegenüber dem Zwerg Brokk seinen eigenen Kopf für den Fall, daß dessen Bruder Sindri, der ebenfalls als äußerst kunstfertig angesehen wurde, drei ebenso wertvolle Kostbarkeiten herstellen könne.

Sindri machte sich ans Werk und stellte seinen Bruder Brokk an den Blasebalg, der diesen ununterbrochen betätigen mußte. Kaum hatte Sindri die Schmiede verlassen, setzte sich eine Fliege dem am Blasebalg arbeitenden Brokk auf die Hand und stach ihn. Es war der listige Loki, der sich in die Fliege verwandelt hatte. Da Brokk aber ununterbrochen weiterarbeitete, konnte der Schmied der Esse einen Eber mit goldenen Borsten entnehmen.

Als zweites legte Sindri Gold in die Esse, ließ den Bruder blasen und hieß ihn, damit nicht früher aufzuhören, als bis er zurückkäme. Wieder erschien die Fliege, setzte sich dem Bläser an den Hals, um ihn doppelt so stark wie beim ersten Mal zu stechen. Doch Brokk blies weiter und Sindri entnahm der Esse den Goldring Draupnir.

Für sein drittes Werk legte er Eisen in die Esse und verlangte bis zur Fertigstellung ununterbrochenes Blasen. Die Fliege

---

[1] Lokasenna 9; Genzmer S. 76
[2] Lokasenna 64

124

kam erneut und stach den Gehilfen in die Lider. Blut überströmte die Augen und da Brokk nichts mehr sah, griff er nach der Fliege, so daß der Blasebalg kurz zusammensank. Der Schmied konnte gerade noch hinzukommen und meinte, daß beinahe alles verdorben sei. Aus der Esse entnahm er einen Hammer. Dieser hatte jedoch einen Fehler, denn der Griff war zu kurz. Sindri überreichte ihn mit den beiden bereits hergestellten Kleinoden seinem Bruder, damit dieser nach Walhall ziehen konnte, um dort die Asen über die Wette entscheiden zu lassen.

Loki und der Zwerg legten die Kostbarkeiten den auf ihren Richterstühlen sitzenden Asen vor. Die Entscheidung sollte von Odin, Thor und von Freyr gefällt werden. Zunächst überreichte Loki die Kostbarkeiten der Söhne Ivaldis. Odin bekam den Speer Gungnir, Thor überreichte er für Sif das goldene Haar und Freyr erhielt das Schiff Skidbladnir. Die Bedeutung der Kostbarkeiten erklärte er folgendermaßen: Der Speer sollte im Stoß niemals Halt machen, das Haar würde festgewachsen sein, sobald es der Sif aufs Haupt kam und Skidbladnir würde immer günstigen Wind haben, sobald sein Segel gehißt wurde, gleichgültig wohin die Fahrt ging und schließlich konnte man es wie ein Tuch zusammenfalten und in der Tasche tragen.

Jetzt war Brokk mit den Kleinoden seines Bruders an der Reihe: Er gab Odin den Ring, der jede neunte Nacht acht Ringe von sich abtropfen ließ, gleich schwer wie er selbst. Freyr überreichte er den Eber, der bei Tag und bei Nacht schneller als jedes Roß durch die Luft und über das Meer laufen konnte. Dabei gaben seine goldenen Borsten immer genügend Licht. Thor bekam den Hammer, der niemals seinen Dienst versagen und nie sein Ziel verfehlen würde. Der Hammer hatte noch die besondere Eigenschaft, nach jedem Wurf wieder in die Hand zurückzukehren. Schließlich sei er, sobald Thor es wollte, so klein, daß er ihn in seine Rocktasche stecken könnte.

Die Schiedsrichter urteilten, daß der Hammer, weil er wohl die stärkste Waffe gegen die Reifriesen sei, das beste von allen

Kleinoden wäre. Damit hatte der Zwerg Brokk die Wette gewonnen. Loki bot jetzt Lösegeld für seinen verwetteten Kopf an, wozu der Zwerg jedoch nicht bereit war. Nun lieferte sich Loki aus. Als der Zwerg ihn jedoch fassen wollte, verschwand Loki, denn er besaß ein Paar Schuhe, mit denen er über Luft und Meer eilen konnte. Brokk bat Thor, den Flüchtigen für ihn zu ergreifen. Als der Zwerg dem gefangenen Loki den Kopf abschlagen wollte, meinte dieser, daß ihm zwar nun der Kopf, nicht jedoch der Hals gehöre. Brokk, irritiert aber noch handlungsfähig, nahm ein Messer, um ihm die Lippen zuzunähen. Als das Messer nicht recht schnitt, bemerkte er, die Ahle seines Bruders wäre wohl besser geeignet. Als er dies sagte, war sie gegenwärtig und durchbohrte auf zauberische Weise die Lippen. Doch Loki riß die Fäden sogleich wieder auf und Brokk gab resigniert auf.

In erzählerischer Kunst werden in dieser Geschichte die Schwierigkeiten jeweils dreifach gesteigert. Immer bleibt Loki dabei der Sieger und erweist sich als unermüdlicher, fintenreicher Initiator, immer fähig, Neues und Kunstreiches zu erschaffen. Loki ist hier sowohl Kulturbringer, als auch außerordentlich begabt, seinen Kopf immer wieder aus der Schlinge zu ziehen.

*

Lokis Name gibt Rätsel auf. Einige Forscher gehen bei seiner Ableitung von *lúka* „schließen" aus, was der Bedeutung „Schließer" gleichkäme. Damit würde sinnfällig Lokis Beitrag zu den Ragnarök ausgedrückt sein, denn er ist es, der maßgeblich bei den Ereignissen mitwirkt und das Götterschicksal beendet.

Die Bedeutung Lokis als Verführer findet sich in dem Wortstamm *lokka* „locken, reizen, verleiten". Aber auch die Beziehung zum Feuer kommt in dem Stamm *logi* „Flamme, Lohe" zum Ausdruck. Eine gegensätzliche Ableitung hierzu ergibt sich aus *lougia*, „Sumpf". Schließlich sei noch die Bedeutung von *lok* „Zerstörer" erwähnt.

Aus all diesen Ableitungen läßt sich keine befriedigende Klarheit über Lokis Aufgabe erreichen, es sei denn die Vielfalt dieser Interpretationsansätze wird bereits als Ausdruck seiner spannungsvollen Persönlichkeit angesehen. Alle bisherigen Versuche, Loki in seiner Gesamtheit zu beschreiben, sind unbefriedigend, denn es gilt, in ihm folgende Bereiche zusamenzufassen, mit denen er in Verbindung steht:

1. mit dem Feuer (etymologische Verbindung zu *logi*).
2. mit Wasser (Lokis Aufenthalt in den Fránangrsfors, dem Wasserfall).
3. mit der Erde, denn er läßt sich als chthonische Gottheit erklären, was aus der Verbindung zu seiner Tochter Hel folgt. (Loki als Riese und/oder riesiger Leichendämon).
4. mit der Vegetation durch seinen doppelgeschlechtlichen Aspekt (Vegetationsgott).
5. mit der Fruchtbarkeit und weist zudem eine dem griechischen Prometheus ähnliche Entwicklung auf (Lorenz, S. 403).
6. Er kann als der „den Weltuntergang verursachende Gott" gedeutet werden (Ableitung von *lúka*; Lorenz, S.403).

Lokis Handlungen lassen sich unter zwei Gesichtspunkten betrachten. Einerseits handelt er aus eigenem Antrieb und richtet Schaden an (er verursacht Balders Tod, er schneidet Sif die Haare ab) oder er wird zu seinen Taten durch andere mißbräuchlich gezwungen (z. B. er wird von Thjatzi erpreßt, Idun zu entführen; oder die Asen verlangen in der Baumeistererzählung von ihm, den von ihm verschuldeten Schaden wieder abzuwenden).

Auch bei den Differenzierungsversuchen in den Handlungen Lokis finden sich ähnliche Schwierigkeiten wie bei der Interpretation seines Namens. Er kann weder mit den Kategorien Gut-Böse noch mit Feind-Nichtfeind befriedigend beschrieben werden. Obwohl er ein Sohn der Riesen ist, lebte er in Feindschaft mit ihnen. Demgegenüber ist sein Verhältnis zu den Asen meist positiv und bis zur Tötung Balders verzeihen ihm die Asen immer wieder seine Taten.

Dem Forscher Dumézil ist es gelungen, Loki in besonderer Weise zu erfassen. Er setzt Loki mit Hönir[3], einem Bruder

Odins, in Beziehung und beschreibt deren konträre Intelligenz. Hönir wird von ihm als der Nachdenkliche, Überlegende, scheinbar Zögernde, als Vertreter der „gesammelten Intelligenz" beschrieben. Demgegenüber wird Loki in seiner Radikalität, Lebhaftigkeit, Kreativität und Unbesonnenheit, der „impulsiven Intelligenz" zugeordnet.[4] Bei seiner Untersuchung der Gestalt Hönirs nennt er diesen einen „langsamen Geist". Die gesammelte Intelligenz ist Meister ihrer Impulse, gehört mehr zur Reflexion als zum Handeln, ist mehr darauf bedacht, ihren Weg zu sichern als schnell ans Ziel zu kommen. Außerdem bleibt sie innerhalb der moralischen Regeln, d.h. sie respektiert die Kraftlinien in der Gesellschaft, in der sie wirkt.[5] Demgegenüber kann Lokis impulsive Intelligenz folgendermaßen beschrieben werden: Er ist unbeständig in allem, Nutznießer und Opfer seiner übererregten Neugier. Immer ganz dem Genuß des Augenblicks hingegeben ist er niemals um Auswege verlegen, doch wenig imstande oder auch wenig darauf bedacht, die Folgen einer Tat vorauszusehen. Loki spiegelt die schnelle, mehr dem Bild und der Handlung als der Reflexion zugewandte, verspielte und leichtsinnige Art, die zwar für den Augenblick glänzt, aber auf lange Zeit verderblich wirken kann. Es ist eine besondere Form von Intelligenz, deren Dienste die Mächtigen, Starken und Reichen zur Erhaltung ihrer Macht und Stellung bei jedem Angriff des Unvorhergesehenen suchen und sich ihrer bedienen müssen. Ein gutes Beispiel sind hier die Persönlichkeiten, die in Krisensituationen, wie Geiselnahmen, als Vermittler gerufen werden. Gerade sie müssen über die Eigenschaften der impulsiven Intelligenz besonders verfügen. Je mehr sie auch die gesammelte Intelligenz in sich verwirklicht haben, um so weniger Komplikationen treten in der Folge auf. Die Kehrseite dieser befähigten

---

[3] Hönir war nach dem Wanenkrieg (s. dort) beim Friedensschluß zu diesen als Geisel gegeben worden. Zur Begleitung hatte man ihm den klugen Riesen Mimir mitgegeben.

[4] Lorenz, S. 401; Dumézil, Loki, S. 219-231

[5] Dumézil, Loki, S. 225

Persönlichkeiten besteht darin, auf welche Weise sie auch außerhalb ihrer Krisenfunktionen wirken. Vielleicht sind sie mit ihrer Tätigkeit im Hintergrund mehr zu fürchten als die weithin beobachtbaren „Macher".

Dumézil schreibt: „Ist Loki der Gesellschaftsordnung eingefügt und arbeitet er in ihr mit (als Schwurbruder und Weggenosse Odins, Führer und Diener Thors, als Spaßmacher mit dem Auftrag, Njörds Frau (Skadi) durch Lachen zu entwaffnen oder die auf Freya lastende Drohung zu beseitigen; als Ratgeber, Bote, Geschäftsträger, Faktotum der Asen), so bringt er in diese Gesellschaftsordnung ein Element der Phantasie, des Lebens, der Fruchtbarkeit, das nicht ohne Gefahr ist, doch im allgemeinen unschädlich und auf jeden Fall unersetzlich. Folgt er jedoch seinen eigenen Impulsen oder mischt sie in seine öffentliche Aufgaben hinein, so bringt er alles in Gefahr oder schafft Ärgernis, schickt Thor waffenlos zum Riesen Geirrödr, prügelt Thjazi, entführt Idun, schneidet Sif die Haare ab, verdirbt den Hammer, spottet des sexuellen Gesetzes und tötet schließlich Balder... Selbst abgesehen von jeder Frage der Moralität neigt eine solche Art von Gehirntätigkeiten in drei von vier Fällen zur Lüge und zwar schon, weil sie gern wirkt und spielt, weil sie schnell und eilig ist, weil sie nicht zögert zu zerstören, was sie eben gemacht hat und deshalb dem 'Wahren' nicht die Wichtigkeit und die Beständigkeit zuzumessen versteht wie die ernsten Leute; und auch deshalb, weil das Lügen für sie die praktischste Art ist, die eigene Überlegenheit über die Mittelmäßigkeit – Riesen und Götter, Feind und Freund – zu bestätigen und oft auch auszunützen. Lüge als Sport, 'um einmal zu sehen'; Lüge als Flucht vor der Wirklichkeit wie die des Dichters; Lüge im Krieg – das alles mündet ganz natürlich in die Lüge aus Gewohnheit, die Lüge zum Vergnügen, die Lüge des bloßen Lügners – *lokalygi* (Anmerkung: so wurden die Lokilügen von Olrik genannt)."[6] Ergänzend für eine solche Geistesart ist die unvermeidliche Eitelkeit und Verletzbarkeit, wie sie besonders für narzistische

---

[6] Dumézil, Loki, S. 223/224

Persönlichkeiten kennzeichnend ist. Dumézil drückt diesen Vorgang sehr präzise aus: „Das Wesen, das weiß, kann nicht an sich halten, schwätzt, läßt sein Wissen in einzelnen Raketen los, statt es für eines jener Kunstfeuerwerke zu horten, die den Menschen 'ernstzunehmend' machen und in Senate und Akademien führen".[7] Nun hat der Weg Lokis gewiß nicht in eine Akademie geführt, aber er hat in vielfacher Weise Akademien und Universitäten beschäftigt und wird dies sicher noch längere Zeit tun.

*

Es ist immer wieder versucht worden, Lokis Persönlichkeit in der Folge der christlichen Einflüsse zu beschreiben. Auch wenn sich viele Parallelen zum christlichen Luzifer ziehen lassen, worauf schon die Ähnlichkeit der Namen hinweist, so muß Loki doch als autochthone, alteingesessene Gestalt gesehen werden. Und wenn Loki und Odin gegenübergestellt und miteinander verglichen werden, lassen sich mehrere Bereiche finden, in denen Odin und Loki große Gemeinsamkeiten aufweisen, und dies besonders im Bereich der eben beschriebenen impulsiven Intelligenz. Beide zaubern und verwandeln sich gerne und unerwartet in verschiedene Gestalten. Sie lassen sich häufig in Konflikte mit ihrer Umwelt verwickeln. Doch Loki selbst tritt nie in persönlichen Gegensatz zu Odin, vielmehr läßt sich die Ähnlichkeit zwischen beiden noch steigern, denn Odins Intelligenz, Falschheit, Doppelspiel und Skrupellosigkeit gleicht der Lokis. Da im Vergleich zu Loki für Odin wenig Mythen, für Loki aber keine Kultstätten vorhanden sind, läßt sich annehmen, daß in Loki ein wichtiger Aspekt Odins lebt, um nicht zu sagen, daß Loki eine Hypostase von ihm ist. Loki könnte eine Stellvertreterfigur für Odin sein, die „mit einem Schatz anstößiger Mythen begabt worden" ist. Diese hätten die religiösen Gefühle verletzt, wenn sie sich auf den obersten Gott bezogen hätten.[8] Loki muß wie Odin selbst als ein notwendiger Bestandteil der Weltordnung

[7] Dumézil, Loki, S. 224
[8] Lorenz, S. 405

angesehen werden, die zu ihrer Aufrechterhaltung ihre Widersacher benötigt. Loki ist ein Teil Odins. Er ist der „Trickster", der göttliche Schelm, und das Symbol einer archaischen Vergangenheit, als es noch keine klaren Unterscheidungen zwischen Göttlichem und Nichtgöttlichem gab. Bei vielen nordamerikanischen Indianerstämmen ist der Trickster gleichzeitig Schöpfer und Zerstörer, Betrüger und Betrogener, weist neben seinen Funktionen als Heilbringer auch kosmische und schelmenhafte Züge auf.[9]

*

Als sich die Asen Loki, Odin und Hönir einmal auf einer Wanderung befinden und einen Ochsen braten wollen, stellen sie fest, daß dieser nicht gar wird. Merkwürdigerweise bietet ihnen ein Adler von einer Eiche herab an, daß das Fleisch gar werden wird, wenn sie ihm ein Stück von dem Ochsen abtreten. Selbstverständlich willigen die Götter ein und schnell wird das Fleisch nun gar. Als sich dann der Adler zwei große Schulterstücke schnappen will, wird Loki zornig und versucht, ihn mit einer Stange zu schlagen.

Der Adler jedoch erhebt sich schnell, packt die Stange und schleift damit Loki über Steine und Geröll. Schließlich bittet Loki den Adler um Erbarmen und Schonung, worauf dieser ihn unter der Bedingung freiläßt, daß er ihm die Asin Idun herbeischafft, um in den Genuß ihrer Äpfel zu gelangen. Loki erklärt sich unter diesen widrigen Umständen damit einverstanden, läßt aber die Gefährten von seinem Versprechen nichts wissen.

In Asgard lockt er Idun in den Wald und verspricht, ihr Äpfel zu zeigen, die ihr gewiß gefallen würden. Zum Vergleich soll sie ihre eigenen Äpfel mitnehmen. Kaum dort angekommen lauert ihr der Riese Thjazi in Adlergestalt auf und entführt Idun in raschem Flug zu seinem Gehöft.

Nun zeigt sich rasch die Abhängigkeit der Asen von den verjüngenden Äpfeln. Ihre Falten und Runzeln nehmen zu, die

---

[9] Radin, Paul, Kereny, Karl und Jung, C.G.: Der göttliche Schelm, Hildesheim 1979

Haut wird fahl und sie selbst grau und alt. Sie beraten deshalb auf dem Thing und identifizieren Loki schließlich als denjenigen, der Idun zuletzt gesehen hat. Erst als er versichert, die Verschwundene zu suchen, wozu er allerdings Freyas Falkengewand benötige, lassen die Asen von ihm ab. Loki fliegt nach Riesenheim und findet dort Idun alleine vor. Er verwandelt sie mit seinen Zauberkräften rasch in eine Nuß und trägt sie zwischen seinen Klauen davon. Mittlerweile kommt jedoch Thjazi von seinem Fischzug auf dem Meer zurück und beginnt alsbald in Adlergestalt die Verfolgungsjagd. Nur mit Mühe kann Loki, immer noch in Falkengestalt, mit der Nuß in den Krallen Asgard erreichen. Die Asen, die von Asgard aus die Jagd beobachten, streuen Hobelspäne vor der Burgmauer aus. Sofort nach Lokis Ankunft setzen sie die Späne in Brand. Der heranbrausende Adler kann nicht schnell genug ausweichen und sein Gefieder fängt Feuer. Jetzt haben die Asen leichtes Spiel und sie erschlagen den Riesen Thjazi. Als seine Tochter Skadi davon erfährt, zieht sie nach Asgard, um ihren Vater zu rächen. Die Asen bemühen sich um einen Vergleich und bieten Skadi an, unter den Asen einen Mann wählen zu dürfen. Allerdings darf sie bei ihrer Wahl nur die Füße der Asen sehen. Skadi, die ein Auge auf Balder geworfen hat, wählt versehentlich Njörd, den Fluß- und Meergott.

Doch auch Skadi hat eine Bedingung gestellt: Die Asen müssen sie zum Lachen bringen. Loki versucht hier sein Glück, indem er einer Ziege einen Strick um den Bart und sich selbst den anderen Teil um sein Genital bindet. Ziege und Loki ziehen hin und her und machen dabei ein fürchterliches Geschrei. Schließlich läßt Loki sich in den Schoß der Skadi fallen und sie lacht auf. Nachdem der Friedensvertrag mit ihr geschlossen ist, versetzt Odin die beiden Augen Thjazis als Sterne an den Himmel, um die Bußbereitschaft der Asen noch weiter zu unterstreichen.

*

Um eine Persönlichkeit ganzheitlich zu verstehen, bedarf es auch der Betrachtung der ihn umgebenden Partner, Freunde oder Gegenspieler. Odin hat treue Freunde, auf die er sich verlassen kann. Dazu gehören alle Asen und Asinnen. Nur einer, sein Blutsbruder Loki, bereitet ihm immer wieder Schwierigkeiten und Probleme.

Gegenüber der ungewöhnlichen Durchstrukturierung der Persönlichkeit dieser beiden Asen, bleibt Hönir blaß und farblos. Auf diese Weise stehen sich Odin und Loki in ihren polaren Strukturen gegenüber. Jeder besitzt und verfügt über Eigenschaften und Wesenszüge, die dem andern fremd sind und ihm fehlen. Doch haben sie auch vieles gemeinsam und ergänzen sich, ohne direkt darum zu wissen. Odin ist der Fürst – oder, um es mit dem lateinischen Terminus zu benennen – Odin ist der Jupiter, der Herzensgröße besitzt, dessen diplomatische Fähigkeiten jedoch weitgehend darniederliegen. Wenn wir Odin als „Jovi" bezeichnen, können wir aber Loki nicht als „Bovi" einstufen („Quod licet jovi, non licet bovi"). Loki ist der strategische Fuchs, der in seinem Denken voll entwickelt ist. Demgegenüber ist sein Fühlen als die inferiore, die minderwertig entwickelte Funktion anzusehen. Odin hingegen kann im Jungschen Sinne als intuitiv (als Hauptfunktion) angesehen werden. Dies hat zur Folge, daß der Realitätssinn, die reale Wahrnehmung, die wir bei Balder finden, seine inferiore Funktion ist.

Wenn Angst auftritt, wird diese meist direkt auf bereits bewährte – oder sollen wir sagen „bewehrte"? – Weise abgewehrt. Bewähren muß sich ein solcher Mechanismus schon früh im Leben eines jeden Individuums, damit die Angst in einem verträglichen Rahmen gehalten werden kann. Über Odins und Lokis frühe Abwehrmechanismen können wir nichts sagen, da der Mythos im Gegensatz zu den griechischen Mythen wie bei Zeus, Hermes, Herakles, etc. nichts übermittelt. Erst die relativ späten Ereignisse aus der Zeit der Söhne und Helden sind uns einigermaßen bekannt. Die Asenbrüder töten Ymir, den Ur-Riesen und erschaffen aus seinen Körperteilen die Welt. Sie laden damit um den Preis einer Schöpfung Schuld auf sich, die es nun zu verarbeiten gilt. Wie werden sie damit fertig?

Odin und Loki neigen beide zur Extraversion, wenn auch in unterschiedlicher Ausprägung. Sie handeln im „Außen" und brauchen diese Außenwelt, um sich selbst näher zu kommen. Beide werden auf dem Weg ihrer Individuation weitere Konflikte so inszenieren, daß ihre Umgebung mitbetroffen ist. Beide befinden sich auf einer Entwicklungsstufe, wie es auch heute noch für die meisten von uns zutrifft. Jeder betrachtet noch die Lebensweise und die damit verbundene Ideologie des anderen als für sich selbst unannehmbar. In der persönlichen Ideologie sind alle persönlichen Werte des Einzelnen enthalten, die das Heiligste des Individuums verkörpern. Jeder fühlt sich besonders den Werten seiner Vergangenheit verbunden und kämpft dafür. Odin identifiziert sich mit dem Liebling Balder und steht auf der Seite seiner Familie, während Loki nichts anderes tut, als den Status des ungeliebten Außenseiters und vor allem die für ihn darin enthaltene Kränkung durch „Agieren" zu verarbeiten. Er rächt sich, indem er geschickt einen Unfall inszeniert, wobei der Mistelpfeil des blinden Hödr Balder tötet. Psycho-logisch, wie zu erwarten, nehmen die Ereignisse ihren Lauf. Odin schreitet seinerseits zur Tat und Rache. Loki wird bestraft und so an einen Fels gekettet, daß der extreme Schmerzen verursachende Speichel einer Schlange auf ihn tropft. Aber auch Loki hat einen Menschen, der ihn liebt und zu ihm hält. Seine Frau Sigyn (zusammengesetzt aus altnordisch *sigr* = Sieg und *vena* = Freundin) pflegt und tröstet ihn. Sie wird als zuverlässige und treue Gattin dargestellt.

Zusammenfassend läßt sich an Lokis Verwandtschaft und mit seiner Zugehörigkeit zu den mythischen Bereichen seine komplexe Struktur aufzeigen: So gehören zum odinischen Umkreis seine Kinder Hel und Fenrir, der von ihm gezeugte Hengst Sleipnir und sein Bruder Helblindi; die von ihm gezeugte Midgardschlange ist ein Teil des kosmischen Systems. [10] Da Lokis Vater ein Riese ist, hat er auch dies mit Odin gemeinsam. Dämonische Züge tragen Angrboda (die Mutter seiner drei Ungeheuer), der Fenriswolf und Hel.

*

[10] de Vries, § 506

Das erste „Kind" von Loki und Angrboda ist der Fenriswolf. Sein Name gibt etwas Rätsel auf und bedeutet vielleicht Sumpf-, Meer- oder Seewolf.

Fenrir verkörpert eine der zentralen Gestalten der nordgermanischen Mythologie, denn mit seinem Losreißen von der Fessel beginnen die Ragnarök. Er ist der eigentliche Gegner Odins, den er schließlich verschlingt und tötet. Seine Existenz beruht allein auf dieser Funktion und Loki, sein Vater, bleibt unter diesen Gesichtspunkten nur ein mattes Abbild dieser bedeutsamen Figur.

In der nordischen Mythologie sind Wölfe ein wichtiges Verbindungsglied von der untersten Dämonenebene bis hin zu Odin als oberstem Herrscher, der von den Wölfen Geri und Freki begleitet wird. So heißt es, daß die Riesinnen im Eisenwald auf Wölfen reiten. Und Sonne und Mond werden von Wölfen verfolgt, bis sie schließlich bei den Ragnarök von diesen verschlungen werden. Der Fenriswolf ist die Zentralgestalt unter diesen Wölfen. Er ist so stark und kräftig, daß es aufwendiger und äußerst durchdachter Versuche bedarf, bis die Asen ihn fesseln können. Das Besondere des Wolfes läßt sich daran erkennen, daß er unmittelbar nach seiner Geburt nicht getötet, sondern, bezeichnenderweise auf Veranlassung Odins, nach Asgard gebracht und dort aufgezogen wird. Erst als das Tier zu bedrohlichen Ausmaßen heranwächst, versucht man es zu fesseln, erwägt aber merkwürdigerweise keine Tötung. „Die Götter schätzten ihre Heiligtümer und Friedensstätte so sehr, daß sie diese nicht mit dem Blut des Wolfes beschmutzen wollten, wenn auch die Prophezeihungen sagen, daß er Odins Mörder sein werde." [11]

Die verschlingende Funktion des Wolfes finden wir in verschiedenen europäischen Volksmärchen wieder, so bei „Rotkäppchen" und in „Der Wolf und die sieben Geißlein". [12] Er gehört zum Reich der Finsternis, verkörpert das Böse oder den verschlingenden Aspekt des Unbewußten. In vielen Kulturen er-

[11] Gylf., Kap. 34
[12] KMH Nr. 25 und 5

scheint er als Totentier (so bei den Etruskern und Althispa-
niern). Auch ist der Wolf der Begleiter des Apollon und Ahri-
mans. Hier könnte der dämonische Wolf die dunklen Seiten
der lichthaften Gottheit in Tiergestalt verkörpern, die auf solche Weise begleitet, ungetrübte Lichtgestalt bleiben kann. Ursprünglich galt er als leichenfressendes Tier und gehörte
schon deshalb zum unheimlichen Gefolge des Kriegs- und To-
tengottes Odin.

Der Höllenhund Garm, wie er in der Völuspa genannt wird,
scheint eine Nebenform Fenrirs zu sein, denn er ist der Toten-
hund und übt seine Wächterfunktion aus. In dieser Funktion
bellt er beim Anbruch der Ragnarök und kämpft in der letzten
Schlacht gegen Tyr, dem Fenrir bei seiner Fesselung die Hand
abgebissen hatte. Garm diente, in der Felsenhöhle angebunden, der Unterweltgöttin Hel.

Hel wurde von Odin als die dunkle Königin des Totenreiches
eingesetzt und herrschte dort über alle neun Welten. Später,
vermutlich unter dem Einfluß der Christianisierung, wurde sie
zur Tochter Lokis gemacht. In der etymologischen Ableitung
geht „Hel" auf das gotische *halja* „Hölle" zurück. Altenglisch
und althochdeutsch finden wir *hell* und *hella* und *helan* mit
der Bedeutung von „verbergen". Verwandt ist auch das altiri-
sche *cuile* „Keller". Hieraus kann geschlossen werden, daß
Hel mit Vorstellungen von einem Sippengrab verbunden war,
wie es aus den Megalithgräbern der Stein- und Bronzezeit bekannt ist. [13]

Es mag als Widerspruch erscheinen, daß Hels dunkle Totenwelt als goldene Halle beschrieben wird und der Weg zu ihr nur
über die goldene Gjöllbrücke zu erreichen ist, die über den
Jenseitsfluß führt. Auch die Halle der Meergöttin Ran wurde
als goldener Saal beschrieben. Allem Anschein nach bestand
ein Bedürfnis, diese Gottheiten nicht nur in ihrer Düsternis zu
beschreiben, sondern ihr auch freundliche Wesenszüge ange-
deihen zu lassen. Auch wird Hel in keiner Weise ausschließlich fressend oder verschlingend geschildert, vielmehr ist sie

---

[13] Simek, Lexikon der germ. Mythologie, S. 168

eine neutrale Totengottheit, deren Aufgabe es ist, über die Welt des Todes zu wachen und über den Eintritt und das Verlassen der Totenwelt zu bestimmen. Der Glaube der Germanen regelt ganz eindeutig, wer zu ihr darf und wer an diesem Ort kein Aufenthaltsrecht besitzt. Die im Kriege Gefallenen gehören zur Hälfte Odin und zur Hälfte Freya, die Ertrunkenen gehören der Meerriesin Ran, die „Strohtoten", also alle Menschen, deren Schicksal es ist, im Bett oder auf dem Krankenlager zu sterben, gehören zum Reich der Hel. Weiterhin haben auch solche Menschen hier ihren Aufenthalt, die verunglücken oder ermordet werden.

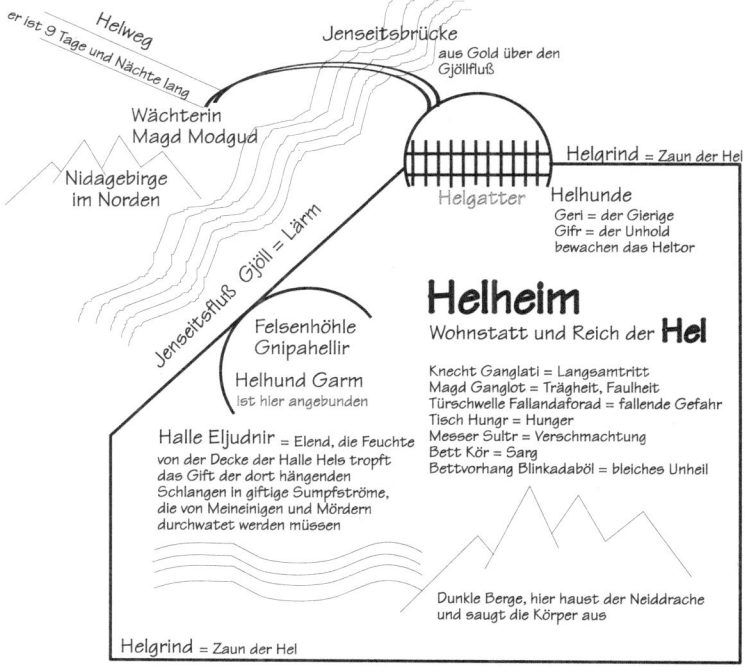

Hel und ihre Welt

Da es für Krieger eine Schande war, den Strohtod zu sterben, ließen sie sich auf dem Sterbebett mit einem Speer eine kleine Verletzung zufügen. Mit der „Wotanswunde" glaubte man, als von den Walküren gezeichnet, in Walhall Einlaß zu finden. [14]

Balder kam nach seiner Ermordung in das Reich der Hel, denn er starb nicht in einer Schlacht. Gerade am Umgang der Hel mit dem Götterboten Hermod, der von ihr die Freilassung Balders erwirken soll, läßt sich die neutral wachende Totengottheit erkennen, die klare und gerechte Bedingungen stellt. Gleichzeitig wird in der Forderung Hels ein Mysteriengeheimnis übermittelt. Auf der mythischen Ebene verlangte Hel, daß alle lebendigen und toten Dinge der Welten über Balders Tod weinen müssen. Wenn jedoch nur einer nicht dazu bereit war, oder Einspruch erhob, war die Rückkehr unmöglich. Leben und Tod verlangen vom Menschen alles, Halbheiten sind hier nicht möglich. Dieses Wissen erfordert umfassendes, ausschließliches und totales Bejahen, um den Tod aufzuwiegen. Befindet sich auch nur die geringste Trübung im System, so ist eine Rückkehr nicht mehr möglich. Hels Gewalt umfaßt alle neun bekannten Welten. Durch die mythische Bedeutung der Zahl Neun wird in der Mythe ihre Herrrschaft über die gesamte Welt ausgedrückt, denn in der Neun finden wir die „Unmessbarkeit, Unendlichkeit, das unteilbare Ganze, eine nicht definierbare lange Zeit". [15]

Hel ist Teil der kosmischen Ordnung, [16] was sie mit ihrer Schwester, der Midgardschlange (*jörmungandr, midgardzormr* = Weltschlange, Schlange der Menschenwelt [17]) verbindet. Diese lebt im Meer und schlingt ihren Körper um die Erde. Sie ist die Weltenschlange und auf diese Weise ebenfalls ein Teil der kosmischen Ordnung. Aus ihrem Namen läßt sich

[14] Bemmann, Klaus: „Der Glaube der Ahnen", Essen 1990

[15] Hahn, Werner: Die neun Welten der Edda; in: Archiv für das Studium der neueren Sprachen und Literaturen, 18. Jahrgang, Band 34, Braunschweig 1863, zit. nach Lorenz, S. 42

[16] de Vries, § 506

[17] Lorenz, S. 419 ff

die Zugehörigkeit zu einem heiligen göttlichen Bereich ableiten, denn *jörmunr*, germ. *ermena* bedeutet etwa „dem Gott zugehörig, von Gott stammend, göttlich, heilig", woraus später „gewaltig" geworden ist. [18] Indem sie sich um die Erde schlingt, ist sie so sehr mit ihr verbunden, daß die Erde in ihrem Bestand bedroht ist, wenn sich aus irgendwelchen Gründen an diesem uroborischen Ringschluß etwas ändern würde. Besonders Thor verfolgt sie und der Kontakt mit ihr findet in drei Stufen statt, wobei ihm bei den ersten beiden Begegnungen nicht bewußt ist, wer sein Gegner im Kampf ist. Zum ersten Mal begegnet Thor der Midgardschlange bei seiner Fahrt zum Riesen Utgard-Loki (nicht zu verwechseln mit Loki, der Thor auf dieser Reise begleitet!), als es zum Messen ihrer Kräfte kommt. Utgard-Loki sagte zu Thor: „Hier tun junge Burschen etwas, was eine geringe Sache scheint, nämlich eine Katze von der Erde hochzuheben." [19]
Thor faßte die graue und recht große Katze unter dem Bauch und begann, sie hochzuheben. Aber die Katze machte einen Buckel und es gelang Thor lediglich, ihr einen Fuß von der Erde zu nehmen. Anderntags wird er von Utgard-Loki aufgeklärt: „Eine nicht weniger große Leistung schien es mir zu sein, als du die Katze hochhobst; und um die Wahrheit zu sagen, da erschraken alle, die zusahen, als du eines ihrer Beine von der Erde hochhobst; aber diese Katze war nicht das, was sie dir schien, es war die Midgardschlange, die um das gesamte Landgebiet liegt, und ihre Länge reicht kaum aus, daß Schwanz und Kopf weiterhin die Erde berührten, und du strecktest dich so weit hinauf, daß es nicht mehr weit zum Himmel war. . . " [20]
Thor war hier den Zauberkünsten des Riesen unterlegen und hatte das Trugbild der Katze nicht durchschaut.
Zum zweiten Mal begegnete er ihr, als er mit dem Riesen Hymir ans Meer zum Angeln fuhr.

[18] Lorenz, S. 420
[19] Gylf., Kap. 45-47
[20] Gylf., Kap. 45-47 Loki

Als drittes und letztes wird er der Midgardschlange bei den Ragnarök begegnen, wobei sie sich gegenseitig töten werden. Sie stirbt durch seinen Hammer, er an dem von der sterbenden Schlange verspritzten Gift.

Der Kriegs- und Totengott

 In Walhall herrschte Odin als Totengott. Hel und Walhall dürften ursprünglich identisch gewesen sein. Vermutlich hat sich Hel erst unter moderneren religiösen Einflüssen von Walhall abgelöst. Die zunehmende Ausdifferenzierung Odins zu einer vielschichtigen Gottheit hatte auch die Verlagerung der Götterwelt von der Erde in den Himmel zur Folge. Der Aufenthaltsort der toten Krieger war von da an ein Ort im Himmel, der lichtvoll, paradiesisch und schlaraffenlandartig beschrieben wurde. [1]

Die Etymologie des Namens gibt uns beredt Auskunft über die Zusammenhänge: *valr* bezeichnet die auf dem Schlachtfeld liegenden Leichen, *höll* ist „die Halle", *val* bedeutet „tot, gefallen" und Walhall ist in der Übertragung „die Halle der Gefallenen". Die Walküren bestimmen nicht nur das Los des einzelnen Kriegers, wenn sie ihn für Walhall auswählen und damit seinen Tod festlegen, sondern sie haben auch Odins Entscheid über den Ausgang der Schlacht in die Tat umzusetzen.

Die Einherier zeigen in ihrer Lebensweise auf, wie das germanische Volksleben praktiziert wurde. In einer sehr persönlich auf den Führer ausgerichteten Gefolgschaft traten sie in einem unbedingten Gehorsam für diesen ein. Ein junger Mann bekam die Waffen erst nach harten Prüfungen. Diese Gesinnung war kennzeichnend für die odinische Welt. Die Gefolgschaft war bei den Germanen ein zweiseitiges Verhältnis, das den Gefolgsherrn ebenso verpflichtete wie die kriegerische Gemeinschaft. Dabei darf nicht übersehen werden, daß die Einherier wie willenlose Kampf- „Maschinen" wirken, die mehr mit den ekstatisch besessenen Berserkern in Verbindung gebracht werden müssen als mit ergebenen Gefolgsleuten. Im Grimnirlied heißt es:

[1] de Vries, Lorenz, S. 291

Schwertmüde Beute
soll der Schlachtengott haben:
dein Leben verlierst du nun;
unhold sind dir die Disen (Schicksalsfrauen),
jetzt kannst du Odin sehn:
nun komm, wenn du kannst! [2]

Odin zeichnete sich als kraftvoller, schrecklicher Kriegsgott mit großer Radikalität aus. Wenn eine Schlacht begonnen wurde, schleuderte der Anführer einen Speer über das gegnerische Heer und weihte es damit der Gottheit. Dies hatte zur Folge, daß alles was erobert wurde, von Vernichtung bedroht war. Das beschränkte sich nicht nur auf Menschen, sondern teilweise auch auf alle Beutestücke. So soll der Römer Orosios berichtet haben, wie im Jahre 105 v. Chr. die Kimbern ein römisches Heer an der Rhone besiegten und alle Feinde, alles Eroberte, alle Gewänder, alles Gold und Silber in den Fluß warfen. Die Pferde wurden im Strom ertränkt, die Männer mit Stricken an den Bäumen als Opfer für Wotan aufgehängt. [3] Diese Radikalität scheint zu den Eigenschaften der Kriegsgötter aller Kulturen zu gehören und kein ausschließlich germanisches Phänomen zu sein. Allerdings besitzen die Germanen drei gewaltige Götter, die sich gerne ins Kriegs- und Schlachtengetümmel stürzen. Es ist die Göttertrias Odin, Thor und Tyr, wie sie besonders bei den Sachsen verehrt wurde. Ihre Zusammengehörigkeit wird in den drei ihnen zugeordneten aufeinanderfolgenden Tagen Dienstag (ahd. *ziestac*), Mittwoch (engl. *wednesday*) und Donnerstag (Tag des Donnerers) deutlich. Sie zeichnen sich durch unterschiedliche Waffen aus, wobei die Waffen die Charaktere ihrer Träger widerspiegeln: Thor, der Harte, besitzt den Hammer, Tyr, der Tapfere und Unerschrockene, der auch wegen seiner Weisheit bewundert wird, kämpft mit dem Schwert, Odin, der Stürmische, Heftige, mit dem Speer.
Der Hammer, zum Schlagen und Härten bestens geeignet, ist

[2] Grm. 47, Genzmer, S. 49
[3] Bemman, S. 59

eine plumpe Waffe und verlangt große physische Kräfte, wie wir es am Bild des kraftstrotzenden Schmieds an seinem Amboß am besten wahrnehmen können. Das Schwert ist demgegenüber scharf durchstoßend, trennend und verlangt aufgrund der Körpernähe große Wucht, Kühnheit, Entschlossenheit und wird rasch zur mörderischen Waffe. Der Speer jedoch zielt weit in die Ferne und verlangt außer Geschicklichkeit und Kraft auch eine große körperliche Behendigkeit.

Die hier lediglich anhand der Waffen abgeleiteten Eigenschaften kennzeichnen bereits ihre Träger. So ist Thors Welt voller Begriffe, die von Kraft, Wut und Stärke künden (seine Söhne, seine Tochter, sein Haus gehören ganz diesem Sprachbereich an). Bezeichnenderweise waren die Mittelstützen des germanischen Hauses und die Eckpfeiler der Ehrenbank vornehmlich dem Thor heilig und häufig mit seinen Schnitzbildern geschmückt.

Während Thor seinerseits derb und grob aber gutmütig ist, zeichnet sich Odin als Weltenmann aus, aber auch als angriffslustiger Krieger und scharfsinniger Wortführer. Er kennt Zauber und Beschwörung in einem für Thor unerreichten Umfang. Dieser besitzt dafür Mutterwitz und Bauernhumor[4] und schart die Knechte um sich. Demgegenüber wird Odin im Laufe der Geschichte immer mehr zum Gott des Adels und des erstarkenden Königtums.

In welcher Weise beide Götter Einfluß hatten, zeigte sich bei den frühen Germanen, als die Stände kaum geschieden waren und sie meist Bauern und Wikinger zugleich waren. Nur zeitweilig brach Odins Geist in ihnen auf, erfaßte sie und entführte sie zu gewaltsamen, kriegerischen Fahrten. Einige Zeit später kehrten sie zu ihrem Donner- und Ackerbaugott Thor zurück und bestellten in geordneter Weise wieder Haus und Feld. Auch hierbei wird der besondere Geist Odins erkennbar, der sich nicht durch Kontinuität auszeichnet, sondern durch das Einbrechen in eine Alltagsrealität spürbar und erkennbar wird. Unter diesem Einfluß wird der Bauer zum Berserker, der

---

[4] Ninck, S. 119

in seiner Ekstase völlig hingegeben an die Gottheit deren Willen erfüllt, ohne sich im einzelnen von seiner Ergriffenheit und dem Getriebensein bewußt zu sein. Zweifellos sind in einem solchen Zustand ungewöhnliche Leistungen zu erbringen. Die Frage der Moral und des ethischen Bewußtseins kann in diesem Zusammenhang jedoch nicht gestellt werden, denn der Berserker ist identisch mit der Moral und der gesetzgebenden Gottheit. Er handelt in völligem Einklang mit ihr, auch wenn er mordet, brandschatzt oder ähnliche Grausamkeiten vollbringt.

Odin kämpft nicht ausschließlich mit Muskelkraft, sondern mit seiner magischen Kraft. Er zaubert und verwandelt. Er siegt ohne größere Anstrengung, denn er besitzt die bannende Kraft, mit der er durch Furcht lähmt und wie Uranos und Zeus fesselt und bindet er seine Gegner.[5]

Der Weg dahin war für Odin weit und lang. Zuerst mußte in Ymir das erste Ur-Chaos bewältigt werden, dann kamen die Bruderkämpfe und begleitend die Kämpfe mit den Riesen. Erst allmählich konnte er parallel dazu seine magischen Kräfte entwickeln und schulen. Besonders hilfreich dabei war ihm die Riesin Gullveig (altnord. = Goldtrank, Goldrausch oder Goldstärke) und die Riesin Völva (= Wahrsagerin, Seherin, eigentlich Stabträgerin), die ihn mit den Künsten des Rauschtrankes vertraut machten. Auch das Auge, das Mimir als Opfer fordert, gehört in diese Entwicklung. Als er später dann noch durch das Hängeopfer die Runen erwirbt und die magischen Kräfte zum Höhepunkt bringt, wird er der Schamane der Germanen. Seine rituellen Rauschtränke haben sich in Resten bis in die Gegenwart in den Studentenverbindungen erhalten, bei denen der Alkoholrausch noch heute initiatorischen Charakter besitzt. Der Volksmund weiß zu berichten: „Wer niemals einen Rausch gehabt, das ist kein rechter Mann!" Odin ist Lehrer der Krieger, der Skalden (Dichter), der Magier, der Ekstatiker und Mantiker. Seine Orakelkunst wurde nur durch die der Seherin Völva übertroffen.

---

[5] Eliade, Mircea, Die Religionen und das Heilige, S. 109

Odin war nur Herr der gefallenen Krieger, denn er verlor im Laufe seiner Entwicklung und des Aufstiegs zum Allvater und Himmelsgott die Herrschergewalt über die Unterwelt an Hel. Aus dieser Aufsplitterung der Herrschaftsbereiche läßt sich die zunehmende Differenzierung in der germanischen Bewußtseinsentwicklung erkennen. Auch in der christlichen Religion ist der Herrschaftsbereich Satans oder Luzifers aus Jahwes Kompetenz ausgeklammert. Eine Integration dieser Herrschaftsbereiche kann erst später auf einer sehr viel höheren Bewußtseinsstufe erfolgen.

Mit einem weiteren Beinamen „der Maskierte" (*Grimnir*) gibt sich Odin in seiner Verbindung zum nächtlichen Totenreich zu erkennen. Das altnordische *grima* besitzt die Bedeutung von „Helm, Gesichtsschirm, Maske, Gespenst, Nacht" oder auch „dunkler Streifen im Gesicht, Schmutzstrich, Ruß".[6] Er entrückt seine Krieger und schweift mit ihnen durch die Lande, er führt sie und zieht ihnen auch dann voran, wenn sie gefallen und tot sind. Hier entspricht der Mythos ganz den Gepflogenheiten der Germanen: Führer und Geführte setzen sich bedingungslos füreinander ein. Odin begleitet seine Anhänger im Leben und im Tode. Er besitzt eine starke Verbindung zur Nachtseite, die sich in vielen Einzelheiten belegen läßt. Eine Vielzahl seiner Namen und Beinamen weist auf diesen Bereich hin (Graubart, blinder Gast, der die Blindheit des Todes herbeiführt, der Schiffer, der Fährmann). Außerdem stehen auch seine Begleit- und Symboltiere (sein farbloses, aschfahles Pferd, seine Wölfe und Raben) intensiv mit dem Tod in Beziehung oder weisen auf das Lebensende hin.

Diese Zusammenhänge haben zur Sagenbildung beigetragen. Odin, gelegentlich auch Hel, wurde in den Berg entrückt, um dort zu schlafen. Die Kyffhäusersage (der Kyffhäuser ist ein Berg in Thüringen) und die Sage vom Untersberg bei Salzburg (hier ist es Kaiser Karl)[7] erzählt: Kaiser Friedrich legte sich

---

[6] Ninck, S. 132

[7] Ninck, S. 135 und Brüder Grimm: Deutsche Sagen Nr. 22, 23, 26, 27, 28, Reprint Berlin 1986

nach dem päpstlichen Bannspruch ein besonderes Zauberge-
wand an, das man ihm einst verehrt hatte und ritt mit seinem
Roß in die dunklen Wälder. Seinen Getreuen entschwand er
mit Hilfe seines Wunschfingers. Friedrich schläft seither im
Berg an einem steinernen Tisch. Vor ihm steht ein Goldbecher
und der Bart ist durch den Tisch gewachsen. Er ist von vielen
Waffen umgeben. Wenn er gelegentlich erwacht und ihn in diesem Zustand jemand antrifft, fragt Friedrich: „Fliegen die Raben noch um den Berg?" Er muß weitere 100 Jahre schlafen,
wenn diese Frage bejaht wird.

Unschwer ist hinter dem sagenhaften König das Motiv des
schlafenden Odin zu erkennen. Sein Geist ist abgesunken in
den Berg und wartet dort auf seine Wiederkehr. Dieses Bild
des schlafenden Geistes repräsentiert die große Macht des unbewußten Komplexes, der, sobald er aktiviert ist, zum Tages-
bewußtsein durchbricht und dieses gegebenenfalls über-
schwemmt. So gemahnen die den Berg umfliegenden Raben
ständig an das tief im Innern schlummernde Potential mächtiger Zauberkraft. Eine Kraft, wie sie von Odin verkörpert wird,
versinkt jedoch nicht einfach in anonymer Vergangenheit –
auch wenn es so aussieht. Vielmehr muß sie ernst genommen
werden, denn der Geist schläft, er ist nicht tot.

Odin besitzt einige Namen, die ihn als Sturm- oder Wettergott
kennzeichnen: So wird er der Wetterer (*vithrir*), der Beruhiger
des Sturms (*svthrir*) und der Stürmer (*hvitha*) genannt. Zu
ihm gehört auch die feurige Waberlohe (Wall aus Flammen),
die neben dem Feuer mit dem Wind in Verbindung steht. Er gebietet über das Wetter und wird deshalb von den Seefahrern
um günstigen Fahrtwind angerufen.

Odin weist einige Gemeinsamkeiten mit dem indischen Sturmgott Varuna auf, der als einer der ältesten vedischen Götter bekannt ist und – wie Odin – sich später zur obersten Gottheit entwickelt. Varunas Atem ist der Wind. Er läßt die Sonne aufgehen und nach seinem Gesetz leuchten Mond und Sterne.
Auch Varuna entstammt dem unteren Element (Wasser) und
erobert sich nach und nach das Feuer und den Luftraum. In
beiden Göttern spiegelt sich die indogermanische Entwick-

lung, auch wenn die Forschung ihre Identität noch nicht eindeutig belegen oder verwerfen konnte.

Um Fruchtbarkeit geht es nicht nur auf den Feldern, sondern natürlich auch in den Stämmen und Familien. Den Aufruf Jahwes im semitisch-hebräischen Teil der Welt „Wachset und mehret euch!" können wir deshalb als Ausdruck eines Zeitalters sehen, als die Götter noch Fruchtbarkeitsgötter waren: Indra, Rudra, Baal, Osiris, Zeus, Jupiter, Odin, Thor, sie alle besitzen als hervorragende Eigenschaft Potenz und Zeugungskraft. Eliade nennt sie „Epiphanie der Kraft und der Gewalt, die unentbehrliche Energiequelle des bio-kosmischen Gedeihens".[8] An der Entwicklung der Sturm-, Wetter- und Fruchtbarkeitsgottheiten läßt sich erkennen, daß sie immer Diener der Großen Göttin bleiben, wenn sie nicht eigenes Profil als Kampf- und Kriegsgötter erwerben. So dominiert über Osiris schließlich doch seine Schwester Isis, während er seinem Bruder Seth unterliegt und Isis, wenn auch trauernd, weiterlebt. Sein Körper wird über die ägyptischen Provinzen verteilt, um dem Land die Fruchtbarkeit zu sichern.

Odin entgeht diesem Schicksal. Zusammen mit seinem Sohn Thor – ja sogar mit seiner Gattin Frigg – ist er Himmelsgott, Sturmgott, Kriegs- und Totengott. Sein Spektrum ist so groß und ausdifferenziert, daß er durch große Zeiträume am Leben bleibt. Er übersteht sogar die Christianisierung, indem er im Untergrund heimlich weiterleben kann und bis in die jüngste Zeit verehrt wird. Odin, der Zauberer, hat das erreicht, was keinem seiner Kollegen in anderen Kulturen gelungen ist! Nur Jahwe, der hebräische Regen- und Befruchtungsgott, hat Autonomie und Souveränität entwickelt. Seine Offenbarungen auf Orakelbasis – sind zum Gesetz geworden. Auch Zeus und Jupiters Kräfte haben sich im griechisch-römischen Recht manifestiert.

Jetzt erstarren alle ihre Manifestationen, denn die Gottheiten leben nicht mehr in den von ihnen geschaffenen Formen. Sie haben sich auf eine andere Ebene zurückgezogen, weil der

---

[8] Eliade, M.: Die Religion und das Heilige, S. 115

Mensch glaubt, diese Funktion selbst erfüllen zu können. In Anbetracht dieser psychologischen Wahrheit bleibt die bange Frage, ob wir Menschen rasch genug begreifen, daß wir uns mit unseren eigenen Kräften entweder übernehmen, oder ob wir uns unter Einsatz aller unserer Energien auf eine kulturelle und zivilisatorische Aufgabe konzentrieren, die bisher einmalig in der Geschichte der menschlichen Evolution wäre. Zweifellos ist es ein Heldenkampf, der nur durchgestanden werden kann, wenn alle peripheren Vergnügungen und Verzettelungen der vorhandenen Energie wegfallen. Der Gegner in diesem Kampf ist der Mensch selbst in seinem Bedürfnis nach Macht und Dominanz über die Natur. Groß kann der Mensch jedoch nur sein, wenn er das tatsächliche Ausmaß seiner Größe bescheiden sehen kann und nicht nur die Illusion seiner Grandiosität vor Augen hat. Damit wären ehrliche Voraussetzungen für soziale, politische und technische Lösungen gegeben, die uns helfen, die ökologische Katastrophe zu meistern, die sich in den verwalterischen Strukturen der Gesellschaft ebenso ereignet, wie in den Kirchen, dem Erziehungswesen oder anderen Systemen.

Die Mythologie kann deutlich machen, mit welcher Vergangenheit wir in unserem Inneren leben und welche Auswirkungen diese auf unser Leben im Außen hat. Können wir z. B. sehen, daß wir seit zwei Jahrzehnten dabei sind, in eine völlig neue Dimension vorzustoßen, wie es durch die Computertechnologie geschieht. Immer schneller entwickeln, konstruieren, formen, zeugen, gebären, managen wir die Objekte unserer Welt und bemerken nur gelegentlich, was dabei auf unbewußte Weise auch mit uns selbst geschieht: Unsere philosophische und ethische Grundhaltung entwickelt sich nicht in gleicher Weise. In der Folge entstehen Lebensräume, die von geistigen Konzepten nicht mehr durchdrungen und gefährdet für inflationäre Entwicklungen sind.

In welcher Weise ein Sturmgott auf der psychischen Ebene positiv wirken kann, läßt sich beim Pfingstwunder erkennen, wenn der Heilige Geist als Sturm um den Versammlungsraum der Apostel braust und die Vielfalt der Sprachen verursacht. [9]

„Und es geschah plötzlich ein Brausen vom Himmel wie eines gewaltigen Windes und erfüllte das ganze Haus (. . .) Und es erschienen ihnen Zungen, zerteilt, wie von Feuer; und er (der Hl. Geist) setzte sich auf jeglichen unter ihnen, und sie wurden alle voll des heiligen Geistes und fingen an zu predigen in anderen Zungen, wie der Geist ihnen gab, auszusprechen."

Wenn eine Gottheit auf solche Art zu wirken beginnt, erfaßt sie alles und nichts kann sich ihr entziehen. Aus diesem Grunde ist es wichtig, den zu den Sturmgottheiten gehörenden Energien Aufmerksamkeit zu schenken und bei allen „stürmischen" Entwicklungen baldmöglichst die Reflexion folgen zu lassen.

[9] Apostelschichte 2, 2-13

Die Schicksalsfrauen

Der Geist Odins kommt besonders in den Walküren zum Ausdruck und ist untrennbar mit diesen verbunden. Doch sie besitzen einen Doppelaspekt: In Walhall sind sie die Schenkinnen, die für die Asen und Einherier den Met ausschenken, sie bei der täglichen Rückkehr vom Kriegszug empfangen und ihnen „die Sitzbänke bereiten". Andererseits sind sie die grausigen Weberinnen, die, so berichtet uns das Walkürenlied[10], in einem Gemach, das sich in einem Hügel befindet, an einem Webstuhl sitzen, an dem die Spannfäden aus Menschendärmen und die Webgewichte aus Menschenschädeln gemacht sind. Die Art, wie das Gewebe angefertigt wird, bestimmt gleichzeitig den Verlauf der von den Walküren geleiteten Schlacht. Sie befinden sich kraft ihrer Zauberwirkung gleichzeitig am Webstuhl und auf dem Schlachtfeld.

Es ist sicher von Bedeutung, daß sich unter den drei führenden Walküren auch Skuld befindet. Sie ist namensgleich, vielleicht auch identisch mit der dritten Norne am Urdbrunnen, die den Zukunftsaspekt verkörpert. Die Walküren sind gewissermaßen das Wirkprinzip, das für den Fortbestand der Entwicklung Sorge trägt. Sie sind auf der Ebene des Krieges und des Kampfes die Garanten für die Einhaltung der karmischen Bedingungen. Auf diese Weise erreichen sie kämpfend (Walküre → Gunnr) eine in die Zukunft wirkende (Walküre → Skuld) Umwälzung (Walküre → Rotta). Rotta erinnert an unser Wort „Rotte", das sowohl im Zusammenhang mit kriegerischem Zusammenrotten als auch mit den Prozessen beim Kompostieren (→ verrotten) zu sehen ist.

Diese drei Walküren stürmen im Schlachtengetümmel voran

---

[10] Es nennt sich Darratharljóth und ist ein Lied, in dem das Weben der Walküren der todbringenden Frauen beschrieben wird.

und bestimmen im Auftrag Odins über das „Heil" eines Stammesführers. Hierunter war das Wohlergehen, der Erfolg in der Schlacht, das Unversehrtbleiben zu verstehen. Wenn den Führer sein Heil verließ, war die Gruppe gezwungen, sich einen neuen „heilvolleren" Führer zu wählen. Nur ein solcher Gewährsmann brachte die Hoffnung, künftig wieder Schlachten und neues Land zu gewinnen, Beute zu machen.

Was aus diesen Vorstellungen geworden ist und in welcher Weise sie pervertierten, zeigt uns das Ideal des preußischen Soldatengehorsams, das nicht nur das Schicksal vieler Männer bestimmte, sondern ein politisches System beeinflußte und von vielen etwas zu klein geratenen Familienpatriarchen völlig mißbraucht wurde. Ganze Generationen wurden in ihrer Autonomieentwicklung gestört und es blieb ihnen nur der Ausweg, sich mit den elterlichen und gesellschaftlichen Überichforderungen völlig zu identifizieren, um diese schließlich genauso unreflektiert an ihre eigenen Kinder weiterzugeben. Daß so erzogene Menschen derart verbogene Ideale für ihre eigenen Machtzwecke mißbrauchten, ist eine natürliche Folge, wie uns die „heldenhaften" Einsätze im zweiten Weltkrieg gezeigt haben.

Die folgende Geschichte bringt zum Ausdruck, wie sehr das Schicksal der Krieger mit dem Auftrage der Walküren verknüpft war. Diese ihrerseits waren in das Gewebe von Ursache und Wirkung eingebunden.

Brünhilde war eine der Schild- oder Wunschmädchen, wie die Walküren auch genannt wurden. Als sie eines Tages mit acht ihrer Schwestern von Walhall fortflog, um zu baden, legten sie auf der Erde ihre Gefieder ab. König Agnar, der sie beobachtet hatte, ergriff die abgelegten Gefieder und verbarg alles unter einer Eiche. Damit waren ihm die Walküren ausgeliefert und er zwang sie, ihm Hilfe im Krieg gegen Hjalmgunnar zu gewähren. Odin jedoch hatte dem alten und besonders tapferen Hjalmgunnar den Sieg versprochen.

Nachdem Brünhilde so Odins Willen mißachtet hatte und Hjalmgunnar gefallen war, stach Odin sie zur Strafe mit einem Schlafdorn. Er schloß sie von allen ihren Aufgaben als Walküre aus und gebot ihr, sich zu vermählen. Brünhilde legte jedoch das Gelübde ab, sich mit keinem Mann zu vermählen, der sich fürchten könnte. Sie erbat sich als Schutz während ihres Schlafes eine von Flammen umgebene Burg (Waberlohe). Von nun an konnte sie nur noch ein irdisches Leben führen. Nur ein furchtloser Held, der es wagte, auf seinem Pferd den Flammenring zu überwinden, sollte sie zur Frau gewinnen können. Dieser Held war später Siegfried (oder Sigurd, wie er im Wölsungenlied genannt wird).

Wie Brünhilde als Walküre Odin getäuscht hatte, als sie – wenn auch unter einem Zwang – dem Falschen den Sieg verleihen wollte, so wurde sie später von Gunther und Siegfried getäuscht. Das Nibelungenlied berichtet uns eine lange Reihe an Verwicklungen, die schon früh beginnen und zunehmend tragischer werden:

Sigurd (Siegfried) ritt eines Tages mit seinen Hunden und Falken zur Jagd, als sich einer seiner Habichte auf einen hohen Turm an ein Fenster setzte. Sigurd stieg dem Vogel nach und sah in der Turmstube ein schönes Weib, in dem er Brünhilde erkannte. Sie war eben damit beschäftigt, am Webstuhl ein Gewebe aus Gold herzustellen, in dem sie Sigurds Heldentaten darstellte: den Tod des Wurms, die Eroberung des Hortes und den Tod Regins. Brünhilde wird hier von Sigurd bei ihrer geheimen Tätigkeit überrascht und wir wissen aus vielen Märchen, daß solches Tun dem Mann in der Regel Unglück bringt. Andererseits ist das Bemühen Brünhildes unverkennbar, auch auf der irdischen Ebene für ihren Geliebten zu wirken, der leider seine Liebe zu ihr vergessen hat.

Durch Brünhilde – bezeichnenderweise durch ihr Schwanendasein – kommt es zu einer neuen Begegnung und Durchdringung der göttlichen und der menschlichen Welt. Dies kann zunächst nur tragische Formen annehmen, denn es werden göttliche Gesetze verletzt, als König Agnar die Walküre zwingt, die kommende Schlacht zu seinen Gunsten zu entscheiden. Da sie Odins Willen nicht gehorcht, ist die göttliche Ordnung gebrochen. Eine solche Tat kann nicht ungesühnt bleiben.

Durch die Begegnung mit Siegfried/Sigurd erhält Brünhildes

Schicksal eine weitere Verdichtung. Er ist zwar furchtlos und heldenhaft, wenn er mit seinem Pferd zu ihr vordringt, ihr schlafend mit seinem scharfen Schwert die Brünne aufschneidet und sie erweckt, doch später vergißt er sie wieder, obwohl sie sich ewige Treue geschworen haben. Ein solches Vergessen kennen wir aus vielen Märchen. Es trennt die eben Vereinten, bis sie sich später, nach langen und schmerzenreichen Wirren wiederfinden. Auch Brünhilde und Sigurd treffen sich wieder, aber er erkennt sie nicht als seine Geliebte. Sein Bewußtsein ist nicht reif und genügend wach, um sich aus aller Verwirrung zu befreien, in die er durch die homophile Verquikkung mit König Gunther und dessen Brüder geraten ist.

Von der Faszination, die von den Walküren als Schwanenmädchen auf die Männer ausgeht, erzählt das Wölundlied. [11] Sie fliegen von Süden durch den Dunkelwald (*myrkwid*), lassen sich am Seestrand nieder und spinnen kostbares Linnen:

1.
Mädchen von Süden
durch den Myrkwid (Dunkelwald) flogen,
die schmucke Alwit,
Schicksal zu wirken.
Zu säumen am Seestrand
saßen sie nieder,
des Südens Kinder,
spannen kostbares Linnen.

2.
Eine von Ihnen,
Egil herzte,
die schöne Maid,
an schneeiger Brust.
Die andre war Schwanweiß,
trug Schwanenfedern;
(sie schlang um Schlagfider
schimmernde Arme).
Doch die dritte,
deren Schwester,
umwand Wölunds
weißen Hals.

3.
So saßen sie
sieben Winter,
aber den achten
immer in Sehnsucht,
aber im neunten
schied sie die Not:
Die Mädchen trieb es
durch den Myrkwid fort,
die schmucke Alwit,
Schicksal zu wirken. [12]

Hier handelt es sich ganz offensichtlich um Walküren, die ihre Schwanengewänder abgelegt hatten. Die drei jungen Männer hatten diese an sich genommen, wodurch die Schwanenjungfrauen an ihrer Rückkehr gehindert waren. Der psychologische Gehalt dieser Mythe scheint darin zu liegen, daß die Jungfrauen durch den Raub ihres Federkleides an der Erfüllung ihres eigentlichen Auftrages, Schicksalsfäden zu wirken, gehindert wurden.

Im Wölundlied ziehen zwei der Männer aus, um ihre Frauen wiederzufinden, Wölund, der dritte, uns auch bekannt unter dem Namen Wieland der Schmied, bleibt einsam zurück, hofft auf ihre Rückkehr und schmiedet Ringe (Symbol der Verbindung) für sie. Nebenbei sei erwähnt, daß Wieland in ziemliches Elend verfällt, denn seine Schmiedekunst ist dem König so wertvoll, daß er ihm die Sehnen an den Beinen durchschneiden läßt, um ihn an der Flucht zu hindern.

Die Suche nach der geliebten Frau führt zur Erfahrung einer neuen Dimension des Seelischen. Die Schwanenjungfrauen sind Symbole der Anima des Mannes, seiner weiblichen Seite. Doch sie läßt sich nicht auf rohe Weise zwingen und keinesfalls durch Gewalt oder entsprechende Kunstgriffe ans Tageslicht bringen. Ihr Wirken ist im Inneren des Mannes und bedarf sorgsamer Integrationsarbeit. Weibliche Eigenschaften, hier als seelische Qualitäten verstanden, können nicht mit männlichen Eigenschaften im „Kontrastverfahren" bezwungen werden. Die Wölund-Mythe beschreibt an dieser Stelle ein erstes Aufeinandertreffen der weiblichen und männlichen Qualitäten und es kommt zu ersten Kontakten, die jedoch nicht dauerhaft sein können, wenn sie von Gewalt bestimmt sind. Nach dem Verlust der eben – gewaltsam! – erworbenen Frau beginnt als neue Phase die Suche nach dem Verlorenen und Liebgewordenen.

Mit dem Raub des Schwanenkleides spaltet der Mann gewaltsam die Tierseite ab, ohne daß er auf die unverhüllte Begeg-

---

[11] Genzmer, Felix, „Die Edda", 4. Auflage, Köln 1983, S. 188
[12] aus: Wölundlied 1-3, Genzmer, S. 186

nung mit seiner weiblichen Seite, der Anima, vorbereitet ist. Weder kennt er ihre Herkunft, noch ihre Bestimmung. Er ist einfach überwältigt von der Begegnung mit dieser herrlichen Gestalt, die im Dämmerlicht des Tages stattfindet. In diesem Grenzbereich von Bewußtem und Unbewußtem reißt er die Anima an sich und veranlaßt damit eine Entwicklung, ohne sich dessen bewußt zu sein, die die weibliche Gestalt wieder zu ihrem Herkunftsort zurückleitet. Solange der Mann „in Besitz" dieser weiblichen Kräfte ist, verleiht sie ihm ein großes Ahnungsvermögen, eine starke Naturverbundenheit und eine entsprechend ausgeprägte Instinktsicherheit. Erst wenn die Frau wieder ihr Schwanenkleid zurückgewinnt und zum Ort ihrer Herkunft zurückkehren kann, wird ihm bewußt, wie wenig er aus eigenen Kräften heraus vermag. Dies macht den Verlust so schmerzlich und veranlaßt ihn, die weibliche Seite, die Anima zurückzugewinnen. Es ist die Halbnatur von Mensch und Tier, die hier die Mittlerfunktion zwischen Bewußtem und Unbewußtem übernimmt und deshalb die Männer, die in ihren Besitz gelangen zu sehr kreativen Handwerkern oder Künstlern macht. Aber, wie schon angedeutet, die Beziehung zur Schwanenjungfrau ist nicht von Dauer, denn im guten wie im schlechten Sinne ist sie selbst für den Mann unbewußt und deshalb nicht haltbar. Die Überlegenheit, die sie dem Mann verleiht, besitzt dieser noch nicht aus seinen eigenen Kräften heraus, er ist abhängig von der Gnade ihrer Anwesenheit. Hedwig von Beit beschreibt, wie eindrucksvoll es ist, wenn die Anima allen Leuten die Herzen auf eine Weise wegzaubert, „so daß sie weder tot noch lebendig" sind. Dies gehört zur „Animabesessenheit", die den Mann unmenschlich, das heißt ohne menschliches Herz sein läßt und jede spontane Bezogenheit auf die Mitmenschen und jedes lebendige Reagieren ist dann unterbunden. Der Mensch befindet sich in einem schwebenden, nicht ganz anwesenden Zustand. Er geht „fasziniert und gebannt vom Gaukelspiel seiner Anima durch das tägliche Leben."[13]

[13] Beit, von Hedwig, Band 1, S. 285

Der Raub des Schwanenkleides ist deshalb der Anfang einer neuen und meist beschwerlichen Suchwanderung zur neuen Bewußtheit. Die zwei Schwäne am Urdbrunnen sind das heile Bild eines paradiesischen Zustandes, der in sich die Ganzheit birgt, aber noch völlig unberührt, völlig unbewußt und fern vom Bewußtsein ruht. Doch gerade von dort, aus den Tiefen des Unbewußten gehen die Kräfte aus, die den Zustand verändern und zu einer neuen Entwicklung drängen. Diese Kräfte, hier die Schwäne selbst, sind es, die sich dem Menschen bemerkbar machen. Sie legen an einer entsprechenden Stelle, im Übergangsbereich zwischen Bewußtem und Unbewußtem, die dem Menschen zugänglich und seinem Alltagsleben doch fern ist, z. B. einem Weiher im Wald, ihr Schwanenkleid ab. Dort baden sie und werden dadurch für den Menschen sichtbar, ja greifbar. Es ist die Liebe der Anima, die sich dem Mann zu erkennen gibt, ihn aber auch wieder in schmerzlicher Weise verläßt, um ihn dazu zu bewegen, sich in neuer, bewußter Weise, jetzt selbst liebend, um sie zu bemühen.

Die Schwäne waren bei den Griechen die heiligen Tiere des Apollons, denn singende Schwäne umkreisen den Ort, an dem seine Mutter in Wehen lag. Später entführte er die schöne Kyrene mit seinem Gespann, das von Schwänen gezogen wurde. Aber nicht nur dieser Aspekt des Lebens gehört zu den Schwänen, vielmehr prophezeit der Schwan durch seinen Gesang auch den Tod.

Im Hinduismus finden wir im Schwan Hamsa eine ähnliche Bedeutung. Hier ist er das Tier Brahmas, das als göttlicher Vogel das Weltenei auf das Wasser legt, dem schließlich Brahma entsteigt. Gelegentlich erscheint Brahma mit einem von Schwänen gezogenen Wagen. Paramahamsa bedeutet der „Große Schwan" und ist der universale Grund, das Selbst. Hier ist der Schwan ein Symbol für den Atem des Allgottes. Der Name „ham-sa" bedeutet nicht nur „Schwan", sondern heißt auch „ich bin er", also Brahma selbst.

Der Schwan vereint symbolisch die beiden Elemente Luft und Wasser. Die Qualitäten des Wassers in seinem fließenden Gehalt und seinen veränderlichen Aggregatzuständen, von Eis bis zum Nebel, kommen im Symbol des Schwans zu einer einmaligen Vereinigung. So verkörpert der Schwan auch ein Symbol für das Selbst des Menschen, mit dem es sich zu verbinden gilt.

*

Besonders in seiner Frühzeit stand Odin in intensiver Verbindung zu den weiblichen Wesenheiten, vor allem den Großen Muttergöttinnen, deren germanische Namen uns leider nicht bekannt sind. Hierzu gehörten nicht nur die Nornen (Schicksalsfrauen), sondern auch die mit besonderen Fähigkeiten ausgestatteten Riesinnen, wie die Seherin Völva. Diese Frauen hatten Zugang zu den unbewußten Ebenen und damit Verbindung zum Urwissen, um das sich die Menschen bis heute bemühen.

In der Völuspa werden in den ersten sieben Versen die Götter in ihrem Wirken beschrieben, doch dann folgt der achte Vers, der von den Nornen kündet:

> Sie (die Asen) pflogen heiter
> im Hof des Brettspiels –
> nichts aus Golde
> den Göttern fehlte –,
> bis drei gewalt'ge
> Weiber kamen,
> Töchter der Riesen
> aus Thursenheim (Riesenheim). [14]

Sie besitzen ein ganz anderes Wesen als die Walküren und sind in gewisser Weise zeitlos, obwohl sie auf das Innigste mit der Zeit verbunden sind. Mit geheimnisvoller Weise wirken sie auf das Schicksal des einzelnen. Auch die Asen unterstanden der Macht dieser mächtigen Frauen, hinter denen das Urwissen aufscheint, das um die Bahnen kosmischen und menschlichen Lebens weiß.

Urd ist die Älteste der drei Nornen. Zu ihrem Wesen gehörte das Wissen um die Vergangenheit. Ihr war alles bekannt und

---

[14] Vsp. 8

vertraut, was sich in alten Zeiten ereignet hatte. Alles was irgendwann er- und entstanden oder geworden war, gehört zu ihr und bleibt auch zutiefst mit ihr verbunden. So ist Urd das Inbild der Großen Erdenmutter, ohne die es kein Leben gibt. *urdr* bedeutet eigentlich „Tod", „verderbliches Schicksal", „Schicksal". Etymologisch ist es mit dem indogermanischen *uert,* winden, flechten und mit *verda,* werden verwandt, das seinerseits urverwandt ist mit dem lateinischen *vertere,* drehen, wenden. [15] Im Mittelpunkt steht damit der Schicksalsfaden eines Menschen, der von den Nornen gewunden, geflochten und gedreht wird.

Ihre Schwester heißt Werdandi. Sie ist mit allem verbunden, was am Entstehen und Werden ist (*werdandi* = Werden) und darf so die Herrscherin der Gegenwart – oder wir können auch sagen: die Mutter des Augenblicks – genannt werden. Ihr gehört der Augenblick und alles, was sich in ihm vollzieht und ereignet.

Zu Urd und Werdandi gehört als Dritte die Norne Skuld. Ihr Name bedeutet Schuld. Sie wird in alten Schriften und in den Runenliedern als diejenige erwähnt, deren Name erst noch in den Holz-Runenstab „geritzt" werden muß. Sie ist also im gegenwärtigen Augenblick noch gar nicht vorhanden, weil es bekannterweise die Zukunft jetzt, nur indirekt gibt. Skuld ist zunächst nur latent anwesend. Sie ist erst noch am Werden! Ihre Gegenwart ist uns meist nicht bewußt, bereitet uns aber oft Angst und Unruhe. Skuld, die jüngste, ist das unabwendbar heranrückende Schicksal, die Schuld schlechthin, der man keinesfalls entrinnen kann. Die Walküre Skuld, die mit Odin in der Schlacht voranreitet und die Norne Skuld symbolisieren beide das Zukunftsprinzip, auch wenn sie möglicherweise nicht identisch sein sollten.

Nach de Vries lassen sich besonders zwei Quellen für die Mythen um die Nornen nennen: zum einen ist es die „ursprünglich namenlose und gestaltlose, aber später persönlich gedachte Schicksalsmacht", zum andern sind es Wesen aus

[15] de Vries, § 191, § 192

dem Bereich der Fruchtbarkeit, die sich schicksalsbestimmend zur Geburtsstunde einfinden und so eine Art Geburtshelferinnen gewesen zu sein scheinen. [16] Vermutlich waren die Nornen ursprünglich weissagende Wassergeister und repräsentierten die göttliche Ebene hinter den germanischen Priesterinnen und Seherinnen. Verschiedene Autoren nehmen christliche Einflüsse auf die Mythenbildung an. Hinter dem Übergießen der Esche (als Lebensbaum) mit heiligem Wasser durch die Nornen wird dabei nicht nur die Erhaltung des Baumes gesehen, sondern vor allem das Abwaschen von Schuld und die Erneuerung der Unschuld der Menschennatur. [17]

Diese drei Frauen, mit ihrem Wissen, ihrer Ahnung und Fürsorge für den Schicksalslauf der Menschen, Götter und ihren Welten, sorgten für das Wohl des Weltenbaumes. Die sich in ihrer Obhut befindende Urd-Quelle ergoß sich in einen im Wald liegenden See, in dessen klarem Wasser zwei Schwäne schwammen. Auf dieses Motiv gehen alte Sagen zurück, in denen immer wieder glaubhaft berichtet wird, daß Schwäne angeflogen kamen, das Schwanengewand ablegten, um als schöne und anmutige Jungfrauen in den einsamen und ruhigen Waldseen zu baden. Vermutlich waren es die Nornen, die sich hier zu ihrer Abwechslung und geistigen Erhebung in den Luftraum er- und enthoben. Das Wasser dieses Brunnens war das Wasser des Ur-Werdens.

Urd war wohl ursprünglich die einzige Norne und als Schicksalsgöttin eine Entscheidungsinstanz über Zeit und Ort des Todes. [18] Später, wohl auf literarische Ursprünge zurückgehend, kamen ihre beiden Schwestern hinzu. Ob die Germanen die Dreizahl aus der antiken Welt übernommen haben, läßt sich nicht belegen. Die Nornen repräsentieren durch ihre Namen die Zeit, die sie vertikal in Vergangenheit, Gegenwart und Zukunft auftrennen. Urd verkörpert die Vergangenheit und ist naturgemäß die älteste der drei weisen Frauen. Nach ihr ist eine

---

[16] de Vries, § 192
[17] Bugge, nach Lorenz, S. 266
[18] Holtsmark, nach Lorenz, S. 249

Wurzel der Weltesche benannt und sie ist gewissermaßen die Uressenz am Lebensfaden. Dort entspringt die Lebensquelle, die alles weiß, hell und heil macht. Das Wasser dieser Quelle ist das Lebenswasser, das uns in so vielen Märchen und Mythen auf unterschiedlichste Weise entgegenquillt. Dies gilt es in Zeiten von Not und Krankheit zu suchen und aus der Welt der Tiefe an die Oberfläche, in die Welt des Alltags hineinzutragen und dort wirken zu lassen.

Die skandinavische Sage von der Geburt des Helden Nornagest erzählt, [19] wie drei prophetisch begabte Frauen erschienen. Während die beiden ersten ihm Mut und Glück weissagten, geriet die dritte in Zorn, weil sie sich von den Anwesenden gestoßen gefühlt hatte. Sie bestimmte, „daß sein (Nornagests) Leben an dem Tag aufhören soll, an welchem die Kerze, die neben ihm steht, niedergebrannt ist." Um das Kind zu retten, rieten die beiden ersten Nornen der Mutter, die Kerze sofort zu ergreifen und auszulöschen und nie wieder anzuzünden. Das Kind wurde Nornagest genannt, denn das heißt „Gast, Schützling der Nornen". [20]

Aus den mythischen Nornen entwickelte sich die Vorstellung von Feen, wie wir sie heute in unseren Volksmärchen finden. Nach ähnlichem Muster verläuft das bekannte Märchen Dornröschen, in dem es die Feen sind, die dem neugeborenen Kind die Segenswünsche bringen. Hier ist es die nicht eingeladene Fee, die erscheint und den Fluch ausspricht. Immer wieder sind es die Kräfte im Widerstreit, wie sie lebensbejahend und lebensfeindlich miteinander ringen.

Etwas vom germanischen Schicksalsglauben hat sich besonders in unserem Begriff „Wirklichkeit" erhalten. Unverkennbar enthält die erste Silbe den Bezug zu wirken und weben. Im zusammengewirkten Gewebe oder Faden sind die Anteile der Vergangenheit „wirk"-sam. Es ist ein nahtloser Fluß, wie die Ereignisse ineinandergreifen, einander bedingen.

[19] P.Grappin: „Die Mythologie der Germanen" in Mythen der Völker, Hrsg. Pierre Grimal, Frankfurt a.M. 1967
[20] Grappin, S. 94

„Das Schicksal wächst von innen heraus wie ein Baum, der, in der Tiefe wurzelnd, langsam groß wird wie die Esche, die hoch und gewaltig aufgewachsen, in ein Steinalter zurückreicht und in der Tiefe neun Weltreiche mit ihren drei mächtigen Wurzeln umklammert."[21] So heißt es im Lied von Helgi, dem Hundingstöter (Helgakvitha Hundingsbana I):

1.
Urzeit war es,
Aare (Adler) schrien,
von Himmelsbergen
sank heiliges Naß:
da hatte Helgi,
den hochgemuten,
Borghild geboren
in Bralunds Schloß.

2.
Nacht war's im Hof,
Nornen kamen,
sie schufen das Schicksal
dem Schatzspender:
der Herrscher Hehrster
solle er heißen,
der ruhmreichste Recke werden.

3.
Sie schnürten mächtig
Schicksalsfäden
dem Burgenbrecher
in Bralunds Schloß;
goldnes Gespinst
spannten sie aus,
festend es mitten
im Mondes Saal.

4.
Sie bargen die Enden
in Ost und West,
des Fürsten Land
lag dazwischen;
nach Norden warf
Neris Tochter
eins der Bänder,
unzerreißbar.

5.
Eines schuf Angst
dem Ylfingensproß
und auch der Frau,
die Freude gebar:
der Rabe rief
zum Raben voll Gier –
er saß im Wipfel –:
„Ich weiß etwas!"[22]

Hier wird das Schicksalsgewebe der Nornen nicht nur im kos-

---

[21] Ninck, Wodan, S. 191
[22] „Das jüngere Lied von Helgi dem Hundingstöter", Genzmer, F: Die Edda, Köln 1983, S. 313

mischen Sinne riesenhaft gedacht, sondern auch im übertragenen Sinne weltumspannend vorgestellt. Die Enden des Gespinstes werden von Ost nach West gespannt, so daß das Fürstenland in der Mitte fest in unzerreißbare Bänder eingebunden und selbst der Mondsaal, wohl der Himmel, miteinbezogen ist. Dem künftigen König Helgi bereiten die Nornen glückhafte und tragfähige Fäden, die sein Leben günstig vorherbestimmen.

Eine Entsprechung zu den Nornen, die an Helgis Königshof kommen, berichtet Ninck in einem norwegischen Märchen von der „Hexe Pfarrerin", die, als sie verbrannt werden soll, ein graues Garnknäuel aus ihrem Kleid hervorzieht, das Ende gegen den Himmel wirft, um anschließend wie eine Katze an dem Faden in die Höhe zu klettern. Sie soll seit dieser Zeit verschwunden sein.[23]

In der Dreizahl der Nornen findet sich die häufig anzutreffende Dreiheit der Muttergestalten und Urmütter, wie in den römischen Parzen, den griechischen Graien, Grazien und Moiren. Die Drei ist eine sehr dynamische Zahl, der das „Ein"-deutige auf den andern Hinweisende der Zwei fehlt. In der Drei kann die Zweiheit in abwechselnden Konstellationen hergestellt werden. Ein Gleichgewicht kann es unter diesen Umständen nicht geben.

Gelegentlich findet sich in der Literatur die Drei als die Zahl der Vollständigkeit. Dies ist eine mißverständliche Interpretation, die aus der Verherrlichung des Dreifaltigkeitsgedanken abgeleitet werden kann. Die Drei drängt in ihrer Dynamik *nach* Vollständigkeit, die sie *erst* in der Vier erhält. Entsprechend selten ist die Vier in den Märchen und Mythen, entsprechend selten auch in den germanischen Mythen. Die Vier würde der Aufhebung aller verhängnisvollen Verflechtungen von Innen und Außen, Bewußtem und Unbewußtem entsprechen. Dieses ideale Ziel kann höchstens angedeutet, niemals im Bereich des Märchens oder des Mythos verwirklicht werden. Es ist die Aufgabe des Individuums, die Verwirklichung der Drei

---

[23] Ninck, Wodan, S. 285

zur Vier hin, zu leben. Deshalb finden sich immer drei Aufgaben, die gelöst werden müssen, während die nicht genannte vierte Aufgabe dann die Erfüllung und Verwirklichung dessen wäre, wofür die Aufgaben gestellt wurden.

In den drei Nornen verkörpert sich die Dynamik der Zeit in ganz besonderer Weise: Urd, die alte Frau, Werdandi, die reife Frau, und Skuld, das Mädchen, stellen die Reifungsstufen des Weiblichen dar. Als die Gottheiten der Zeit sind sie auch die Repräsentantinnen der Großen Mutter, die als Spinnerinnen des Schicksalsfadens das Eingebundensein des menschlichen Lebens in die Verflechtungen von Geburt, Reifung, Tod und Wiedergeburt verkörpern. Bei den Griechen findet sich das Dreigespann der Schicksalsfrauen in verschiedenen Ausprägungen. Besonders sind hier die Moirai (oder Moiren) zu nennen. Diese göttlichen Wesen bestimmten den Ablauf der Ereignisse im menschlichen Leben. In verschiedenen Funktionen führen sie einerseits den Willen der Götter aus, andererseits sind auch die Götter ihrem Spruch unterworfen. Die Moirai sind die Lose der Menschen im Leben. Kloto, die Spinnerin, hält den Spinnrocken, Lachesis, die „Zuteilerin der Lose", spinnt den Faden und hält das Lebenslos in der Hand, und Atropos schließlich schneidet den Lebensfaden auf die richtige Länge. Diese drei Schwestern werden einerseits als die Töchter der Nacht beschrieben, andererseits aber auch als Töchter des Zeus und der Themis und somit als Schwestern der Horai, den Jahreszeiten. Hierin drückt sich wie bei den Nornen ihre Verbindung mit Dynamik und Ablauf der Zeit besonders aus.

Da die Gespinste der Nornen nicht immer glückhaft und freundlich waren, führte dies zu einer gewissen fatalistischen Haltung der Germanen, der sie sich zwar unterwarfen, ohne dabei jedoch in eine Resignation zu verfallen. Der Spruch der Nornen galt als bindend, wenn man ihn durch Traum oder das Gesicht der Seherin übermittelt bekam.

Sehr wesentlich gehört zu den Nornen und Walküren die seherische Dimension. Die Germanen legten besonderen Wert auf Wahrträume und Zeichen, die den Schlachten und Kämpfen vorausgingen. Dabei war es eine Selbstverständlichkeit, alle

Träume aus der persönlichen Umgebung der Schlachtenführer, besonders die der Mütter, Schwestern und Ehefrauen sehr ernst und sehr direkt zu nehmen und auf künftige Ereignisse zu übertragen. Bei der Deutung der Träume und Zeichen wurden die Kämpfenden in der Regel mit den sich eventuell zeigenden Tiergestalten gleichgesetzt, etwa Wölfe, Eber, Adler oder Habichte. [24]

Das folgende Traumbeispiel berichtet Ninck aus den isländischen Familiensagas: Als Gunnar von Haldenende mit seinen beiden Brüdern einen Besuch machen möchte, geraten sie unterwegs in einen Hinterhalt. Kurz bevor der Überfall stattfindet wird Gunnar sehr schläfrig und legt sich ins Gras. Im Schlaf stöhnt er schwer, woran seine Brüder seine schweren Träume erkennen und ihn nach dem Aufwachen danach befragen. Er erzählt ihnen, wie sie in seinem Traum von Wölfen überfallen worden seien, die sie mit Schwert und Hellebarde in scharfem Kampf auseinandergetrieben hätten. Die Wölfe deutet er als Männer, die ihnen kurze Zeit später auflauern. Ein Bruder fällt, wie er es auch im Traum gesehen hat.

Eine solche Vorgehensweise in der Traumbetrachtung ist uns in etwas modifizierter Weise von Naturvölkern und besonders von den Schamanen bekannt. Inwieweit hier, entsprechend der Erkenntnisse der modernen Analyse, eine Wechselwirkung des Träumenden und seiner Umgebung in der Weise besteht, daß der Träumer die unbewußten Signale seiner Umgebung aufnimmt und diese in einer besonderen Traumsprache mit den dazu gehörenden Symbolen übersetzt, muß offenbleiben. Im alten Testament findet sich eine ähnlich direkte Trauminterpretation durch Joseph, als dieser die Träume des Pharao deuten muß. [25]

Aus dieser Art, Träume und Ereignisse zu betrachten, ergibt sich eine eigenartige Spannung. Der bereits erwähnte Fatalismus bringt ständig zum Ausdruck, daß es einen übergeordneten göttlichen Willen gibt, dem es sich zu fügen gilt. Merkwür-

[24] Ninck, S. 185
[25] 1. Mos. 41,1-36

digerweise führt dies zu keiner Resignation, vielmehr befähigen die Erkenntnisse aus Traum- und Wahrgesicht, sich mutig, ja heldenhaft in das Geschehen einzubringen. Besonders erkennbar wird diese Haltung bei den Asen, als sie Lokis Kinder, die Ungeheuer Fenrir, Midgardschlange und Hel, nicht töten, sondern als ihre künftigen Gegenspieler betrachten. Es ist in diesem Zusammenhang müßig, darüber nachzudenken, welche Entwicklung die germanische Welt genommen hätte, wenn Odin und seine Gefährten kurz entschlossen – wie bei der Tötung Ymirs - die Midgardschlange und Fenrir getötet hätten. So ist es verständlich, daß die Asen keinerlei Vorbereitungen zur Verhinderung der Ragnarök treffen, daß sie aber trotzdem mit großer Entschlossenheit und todesmutig in die Zweikämpfe gehen. Obwohl sie um ihren Untergang wissen, wenden sie alle Kräfte und Energien auf, um ihren Aufgaben gerecht zu werden.

Eine solche Einstellung hatte für die Ich-Entwicklung große Bedeutung. Den Menschen war allzeit bewußt, daß sie sich in ein kosmisches Ganzes eingebettet sehen und verstehen mußten, daß sie jedoch in den ihnen zugewiesenen Bereichen entschieden und verantwortungsbewußt für sich und die ihnen Anvertrauten, sei es Familie, Sippe oder Gefolgschaft, zu handeln hatten. Dieser Rahmen brachte optimale Voraussetzungen zur Entwicklung eines persönlichen Ichs, das in einem umschriebenen Raum, geleitet von einem übergeordneten Plan und Ziel bestimmt ist, wie es die Schicksalsfrauen vorgeben. In dem verbleibenden persönlichen Raum konnte sich freiheitlich ein Ich entwickeln, das, immer unter Anerkennung der übergeordneten Mächte, die persönlichen Kräfte einsetzte, erprobte und weiterentwickelte. Vor diesem Hintergrund ist es natürlich und selbstverständlich, daß unmittelbar aus dem germanischen Kulturkreis heraus die Zeit der Heldendichtungen mit all ihren hehren Idealen entstehen konnte. Umfassende Vorbilder entstanden, die über Jahrhunderte hinweg bildend auf die Menschen einwirkten.

Die Nornen waren wie Schicksalsgöttinnen, die aus der Stille und dem Verborgenen heraus kündeten. Im Schwedischen heißt norna „heimlich warnen, leise vermitteln". Damit ist angedeutet, daß dieses Wissen nicht für jedermann bestimmt ist. Es soll im lärmenden Alltagsbetrieb nicht zugänglich sein, sondern nur in der Stille der Meditation oder im zauberkundigen Ritual und Orakel wirken.

In den Nornen und ihrem schicksalhaften Wirken, gibt der Mythos eine Hilfe, die Verschiedenheit der Schicksale zu erklären und die Wirklichkeit, der sich Individuen ausgesetzt fühlen können, auf gute bzw. böse Nornen zurückzuführen. So bestimmen in der Vorstellung nicht mehr allein die moralischen oder gesellschaftlichen Kriterien die Ereignisse, sondern das außerhalb des Menschlichen angesiedelte Wirken und Weben der Nornen.

In der Vorstellung der Germanen war der Tod mit ausgleichender Gerechtigkeit verbunden. Sie fürchteten, die Geister der Toten könnten zurückkommen, um sich für erlittenes Unrecht zu rächen. Die Vorstellung, daß sich die Seelen der Toten in fernen Orten, in der Heide, im Wald oder auf Inseln versammelten und mit ihrem Anführer Odin (Wotan) als die „Wilde Jagd" durch die Lande stoben, beherrschte die Menschen und erklärte die für unsere Verhältnisse ungenügende Trennung der Germanen zwischen Leib und Seele. Sie glaubten an Folgegeister (die Fylgien), die sie als verwandlungsfähige Seele des Menschen mit dem Körper eng verbunden sahen. Im Traum und in traumverwandten Zuständen löste sich die Fylgia und es brauchte nur eine besondere Empfänglichkeit, „um ihrer wachend ansichtig zu werden, eine Art Trance, die mit offenen Augen träumt." [26]

Von seherisch begabten Menschen oder von Träumern konnten die Fylgien wahrgenommen werden. In Frauen- oder Tiergestalt erschienen sie den Menschen als eine Art Doppelgänger und traten zuweilen als ominöse Vorzeichen auf. Es sind „Folgegeister", was sich auch in der Ableitung *fylgia* „Folgen" erkennen läßt. In der Vorstellung der Germanen war dieser „Geist" des Menschen mit ihm verbunden und gelangte nur im

---

[26] Ninck, S. 200 und S. 203

Traumzustand zu einer gewissen Selbständigkeit, konnte jedoch nach dem Tode anderen, und hier besonders Sippenangehörigen, folgen. Damit war der Übergang zu Schutzgeistern gegeben. Doch was des einen Heil ist, kann des andern Unheil sein: Entsprechend konnten Fylgien positive wie negative Eigenschaften annehmen und in dieser Art auf die Menschen einwirken. Wer sich ihnen nächtens aussetzte, mußte mit dem Tod rechnen. Das Geöffnetsein für die Anderswelt war bei den Germanen noch sehr ausgeprägt, da sie nicht in der heutigen Weise gegen das Unbewußte und Nächtliche abgegrenzt waren. Sie verfügten nicht über die Sicherheit gebende rationale Klarheit, die in der Lage ist, bedrohlich erlebte Naturphänomene zu erklären.

Der nächtliche Jäger wird besiegt

Vornehmlich in der Zeit „zwischen Betglocke und Morgenläuten" wurde im Volksmund die „Wilde Jagd" angesiedelt. Sie erscheint besonders im Gewitter, aber auch an Vorabenden von Festtagen oder bestimmten Zeiten des Jahres, „hauptsächlich in der Zwölften, der großen mitternächtlichen Geisterstunde des Jahres, aber auch schon in der Niklaus- oder der Luciennacht, seltener an Fastnacht, der Mainacht oder an Johanni, ... in den sogenannten finsteren Nächten, wahrscheinlich weil die viermaligen Fronfastentage des Jahres immer an einem Mittwoch, d. h. an einem Wodanstage, beginnen..." [27]

Als Führer dieses Heeres wird „Wode" genannt, der je nach Landschaft als Wude, Wuote, Wuotan oder Wotan bezeichnet wird. In den Sagen ist es der nächtliche Jäger, der mit Gewand, Mantel und Ausrüstung den Zug führt und dabei entweder von zwei schwarzen Hunden oder von zwei Wölfen begleitet wird. Im Württembergischen soll er mit dem Namen „Breithut" gerufen worden sein. Zur Sage gehörte, daß der Anführer der wilden Jagd die Stiefel der Bauern mit Gold gefüllt habe und er Jagdfleisch in Silber verwandelt hätte, wenn man ihm von seinem Jagdtier angeboten habe. Der Jäger wird von einer Meute von Hunden begleitet, die als so grau und schwarz wie ihr Führer geschildert werden. Dabei dringt ihnen und dem Pferd ihres Herrn Feuer aus Nase und Augen. [28] Das vom wilden Jäger und von seiner Meute gehetzte Tier ist häufig der Eber oder der Hirsch. Auch ein weibliches Wesen wird gelegentlich gehetzt: in Bayern ist es das Holzweiblein, im Riesengebirge das Rüttelweibchen und in Tirol das Salgfräulein. Dabei soll das Verfolgen „ebenso oft ein stürmisches Freien wie

---

[27] Ninck, S. 80
[28] Ninck, S. 82

ein feindliches Erjagen" sein.[29] Naturmythologisch betrachtet scheint sich hinter dem wilden Heer ein Fruchtbarkeitsritus zu verbergen: Die das wilde Heer begleitenden Hunde mit ihrem Toben bringen Fruchtbarkeit, während die Jagd selbst mit ihrer Hexenverfolgung den Sinn hat, den Tod auszutreiben und das Leben zu befreien. Der Körper des Tieres oder der Hexe wird zu Tode gehetzt, denn – so zeigen einige Sagen und Märchen – plötzlich verwandelt sich das verfolgte oder gehetzte Tier bzw. das häßliche Hexenweib in eine schöne Jungfrau, die schließlich vom Jäger auf seinem Roß heimgeführt wird. So ist der Sturmgott gleichzeitig Töter und Befreier. Etwas von diesem Geheimnis der Hexe läßt sich in der Gestalt der Perchten (Frau Holle) erkennen, von der es eine schöne und eine häßliche Gestalt gibt.

Odins Wirkkreis war beachtlich: Neben seiner Zuständigkeit für Sturm, Krieg und Tod besaß er eine große Bedeutung für die Fruchtbarkeit. So verlangte es der Brauch in verschiedenen Landschaften Deutschlands (Bayern, Mecklenburg, Schaumburg),[30] daß nach der Ernte ein Ehrenbüschel für Wode (→ Wotan) und seinen Gaul stehengelassen wurde. Der Gott wurde dabei mit einem kleinen Ritual um Segen und Fruchtbarkeit für das nächste Jahr gebeten. Auch im Norden finden sich Korngaben für den Gott.

Odin ist „der Zwiefache", *tweggi*, wie einer seiner Namen lautet. Er verkörpert in polarer Weise Leben und Tod, Licht und Dunkel, Schaden und Heil, Alter und Jugend. Zusammen mit seinem Pferd ist er ein unruhiger Geist, der ganz in Zusammenhang mit seiner Bedeutung als Sturmgott zu sehen ist. Mit seinem wehenden Mantel wird er ein Symbol der rasch dahingepeitschten Regen- oder Gewitterwolke. Auch der Adler, in dessen Gestalt Odin den Dichtermet raubt, ist ein Ausdruck des Windes und Sturmes.

In der nordischen Vorstellung wird Wind oder Sturm vom Riesen Hräswelg, dem Leichenverschlinger, erzeugt, der dies in

---

[29] Ninck, S. 83-84
[30] Ninck, S. 143

Adlergestalt mit dem Flügelschlag seiner Schwingen bewirkt. Ein Sturm- und Wetterbaum ist auch die Eiche, die nicht nur dem Thor, sondern auch dem Odin heilig war. Gemäß einer Volksweisheit, daß bei einem Gewitter die Eiche zu meiden und dafür die Buche zu suchen sei, finden wir auch hier wieder den Gott in seinem Baum, in dem er erscheint und aus dem heraus er wirkt (siehe Völsungensage).

In naturmythologischer Deutung ist Odins Schlapphut die Nebelkappe der Berge, der die Spitze unsichtbar macht und damit die Wirkung einer Tarnkappe besitzt, wie sie von den Zwergen angefertigt wurde. Zu Odin gehört die besondere Fähigkeit, sich unsichtbar zu machen und plötzlich gegenwärtig zu sein. So abrupt, wie er erscheint, kann er wieder verschwinden. In seinem Verhalten spiegeln sich Naturprozesse wider, bei denen wie durch Zauberhand im Frühjahr die Kraft aus der Tiefe der Erde hervorbricht und im Herbst dorthin wieder zurückkehrt. Eine solche Eigenschaft ist besonders den in der Tiefe der Erde und in Felsen wohnenden Zwergen eigen, die wie Odin plötzlich erscheinen und ebenso rasch wieder verschwunden sind.

Mit der Eigenschaft als Sturmgott ist ein tiefer Wesenszug Odins verbunden, die Ninck „Schweifensnatur" nennt. Für ihn ist Odin (Wotan) ein Gott des Schweifens und zeigt Eigenschaften, die über Naturmythologisches hinausgehen und als seelischer Wesenszug verstanden werden müssen. Odin ist in seiner Natur ein Wanderer, der rastlos umherzieht, auf Fahrt ist und jagt, und auch ohne Sturm und Gewitter bei Menschen einkehrt und plötzlich wieder verschwindet. Dieser Wesenszug äußert sich nicht nur in einer manifesten äußeren motorischen Unruhe oder konkreter Wanderschaft, sondern auch in seiner Fähigkeit, in Trance oder Ekstase den Körper wie in tiefem Schlaf zu verlassen, was einem Teil der Berserkerrituale entsprach. Diese hatten ihren Ursprung in Odins Fähigkeit, seine Feinde in der Weise zu bannen und zu verzaubern. Er machte sie blind oder taub oder versetzte ihnen einen solchen Schrecken, daß sie wie gelähmt waren. Sie wurden kraftlos und konnten ihre Schwerter nicht mehr führen. Seine eigenen

Krieger jedoch wüteten wie Hunde und Wölfe mit den Kräften von Bären oder Stieren. Dabei bissen sie in ihre Schilde und waren rasend wie die Tiere, getrieben von Gewalttätigkeit, Mordlust und animalischer Wildheit. Diese Krieger wurden Berserker genannt, was Bärenhemd oder Bärenfell bedeutet. Den ekstatischen Bewußtseinszustand erreichten sie durch entsprechende magische Rituale, die sie im ekstatischen Zustand unempfindlich gegen Feuer und Schmerzen machte und zur Folge hatte, daß Verletzungen nur wenig bluteten. Hier handelt es sich zweifellos um Kriegerbünde, die einen ekstatischen Maskenkult (eingehüllt in Bärenfelle) betrieben.

Primär steht hinter der Berserkerpraxis das mystische Nachahmen und gelegentliche Einswerden mit der Tierseele. Mircea Eliade schreibt: „Das Fell eines erlegten Tieres anziehen bedeutet für den primitiven Menschen dieses Tier werden, sich in ein Tier verwandelt fühlen.... Wer den Gang eines Tieres nachahmte oder ein Fell anzog, erreichte eine übermenschliche Seinsweise. Es handelte sich nicht um ein Zurückfallen in reines 'animalisches Leben'; das Tier, mit dem man sich identifizierte, war schon Träger einer Mythologie, es war mythisches Tier, der Ahne oder Demiurg (Schöpfer). Indem der Mensch zu diesem mythischen Tier wurde, wurde er etwas viel Großartigeres und Mächtigeres als er selbst. Wir dürfen glauben, daß diese Projektion in ein mythisches Wesen, ein Zentrum des allgemeinen Lebens und seiner Erneuerung, das euphorische Erlebnis vermittelte, das den Menschen vor dem Einmünden in die Ekstase seine Stärke fühlen ließ und eine Vereinigung zwischen ihm und dem kosmischen Leben vollzog."[31] So vereint mit dem mythischen Tier verfügte der Krieger über alle Kräfte, die das Wesen dieses Tieres ausmachten. Die Vorstellung des wütenden Heeres läßt sich auf die wütenden Krieger zurückführen, die mit entsprechenden Tiermasken ausgestattet waren, um die Feinde mit ihrem fürchterlichen Aussehen zu erschrecken und ihre Kampfkraft

[31] Eliade, Mircea: Schamanismus und archaische Ekstasetechnik, S. 428, Frankfurt a.M. 1982

zu mindern. Besondere Bedeutung dabei besaß der Helm, der meist als Tierkopf, Wolf, Bär, Schlange, Eber oder Stier gestaltet war. Ein besonders berühmter Helm war der Ägirshelm des Meerriesen Ägir, was übersetzt „Schreckenshelm" heißt. Hinter den verschiedenen Tiergestalten, in die sich die Krieger versetzten, bzw. von Odin entrücken ließen, zeigen sich ähnliche und doch leicht verschiedene Qualitäten. Ninck schreibt in „Wodan" hierzu: „Von Tieren gingen wir aus und fanden wechselweise nebeneinander die Berserkermasken des Stiers, Ebers, Bären (später auch des Löwen), des Wolfs oder Hundes, des Flugdrachens, Adlers und Greifen. Der Berserker, hörten wir, glaubt sich in diese Tiere dämonisch verwandelt; die Verschiedenheit dieser Tiere kann darüber nicht täuschen, daß trotzdem nur ein und dasselbe Erlebnis entraffenden Taumels in ihnen zum Ausdruck kommt und die Masken nur immer andere Seiten dieses Erlebens betonen, so etwa Wolf und Hund die reißende Gier des Kampfaugenblicks, der Keiler (Eber) die sprengende Gewalt, der Bär die gewaltige Kraftvermehrung, der brüllende Stier den donnernden Aus-

Tabelle: Entsprechungen der Gottheiten mit ihren Symboltieren

Tier	→ Gott	→ Symbolbereich
Adler	→ Odin	→ Symbol des Himmelsgottes, Geist, Inspiration, Macht, Wissen etc.
Bär	→ Thor	→ Neues Leben, Initiation
Drache	→ Hel	→ Symbol der Großen Eltern, des Lebens und des Todes, Totendämon, das Böse
Eber	→ Freyr	→ Sonnen- und Mondtier, Uner-
	→ Freya	schrockenheit, Fruchtbarkeit der Erde
Hund	→ Hel	→ Wächter, Leichendämon
Rabe	→ Odin	→ Prophet, Geist, Symbol des Bösen, der Weisheit
Roß	→ Odin	→ Sonnensymbol, Weisheit, Anima, Dämon
Schwan	→ Urd	→ Seelenvogel
Stier	→ Thor	→ Fruchtbarkeit, Narturkraft, Trieb
	→ Freya	
Wolf	→ Odin	→ Totentier, Leichendämon

bruch von Schicksalsmächten, die Grautiere den Todesernst, Adler und Greif den zerkrallenden Grimm, der Drache das Lodern des Furienblicks, die Flugtiere zusammen aber den wildtobenden Sturm. Daß im Drachen und Greif die Elemente verschiedener Tiere in eins zusammengeworfen sind, erweist die dämonische Ballungskraft des ekstatischen Zustandes. Daß nicht nur die Vögel Adler, Rabe und Schwan eine wichtige Rolle spielen, sondern schließlich auch Roß, Drache und Greif geflügelt gedacht waren, stellt scharf die Macht des entrückenden Zuges vor Augen."[32]

Bei dieser Stufenfolge an Verwandlungen führt Ninck als letztes Stadium das des Schwans an, der die schwarzen Todesboten zum Lichtvogel transzendiert und als höchstes und krönendes Symbol das letzte Erfüllungsbild der Entrückung darstellt. Der Schwan besitzt schicksalhafte Bedeutung und weist auf finale Prozesse hin. Die Gebrüder Grimm berichten in ihren „Deutschen Sagen" von einem Schwan, der auf dem See eines hohen Berges schwimmend einen Ring im Schnabel hält. Wenn er diesen fallen läßt, wird die Erde untergehen. In dieser symbolhaften Darstellung wird der Schwan in unmittelbarer Nähe zum Lebenszentrum, dem SELBST gebracht. Damit kommt die Heiligkeit der Urdquelle an der Weltesche mit ihrer zentralen Bedeutung für das Heil und die Unversehrtheit der Seele zum Ausdruck. Der Schwan als die Verwandlungsform der Nixe-Walküre gehört zur unmittelbaren Sphäre Odins/Wotans, auch wenn hier die Verbindung nicht so deutlich und dominant ist, wie im Fall des griechischen Apollon, der sich seinen Wagen von zwei Schwänen ziehen läßt.

Die Schwanenmärchen und –sagen deuten einen wichtigen Zusammenhang zwischen der weißen Hinde und dem Schwan an: Bei der Jagd auf die Hinde gerät der verfolgende König in einen Wald und schließlich dort zur Nixe im Schwanenkleid. Die Verbindung Hinde – Schwan – Nixe (Walküre) läßt sich daraus erkennen und belegt die verschiedenen Tierformen als Wandlungsstufen (KHM Nr. 11, Brüderchen und

---

[32] Ninck, S. 256

Schwesterchen). Odin muß als ein Gott der Entrückung angesehen werden. Aber – und dies ist wichtig, um die besonderen Qualitäten Odins zu erfassen – Sturmgott und Gott der Entrükkung sind zwei Pole: Er ist als äußerer Pol der Sturmgott und zeigt sich hier vor allem als Gott des Rasens, des Schweifens, der Wut schlechthin. Als innerer Pol, auf der Ebene inneren Erlebens, ist er der *entfesselnde Dämon der Ekstase*, der kompromißlos und total erfaßt.

*

Es gibt noch einige Märchen, in denen die Gestalt Odins nachwirkt. Eines von ihnen ist „Die Prinzessin auf dem Baum", das zu den Grimmschen Märchen gehört. [33] Erst beim genauen Hinsehen ist Odin zu erkennen. Mit etwas launigen Worten soll das Märchen kurz zusammengefaßt werden:

Ein junger, gerade achtzehn Jahre alt gewordener Schweinehirte (in manchen Märchen ist es der oder die Jüngste und oft auch der scheinbar Dümmste von drei Königskindern), der mit den Tieren auf das Innigste vertraut ist, erklettert mühsam einen Wunderbaum, der plötzlich im Wald vor ihm auftaucht oder – was wahrscheinlicher ist – den er bis dahin nicht bemerkt hat. Er klettert immer weiter in die Höhe und kommt, nachdem er bei Bauern Brotzeit und eine Übernachtung beim Schulzen des Dorfes erhält, schließlich zu einem goldenen Schloß, in dem er eine Jungfrau antrifft. Diese, offensichtlich leicht vereinsamt, lädt ihn zum Bleiben ein, da es im Baum nicht weiter nach oben geht, und sie vergnügen sich miteinander, wie es so schön im Märchentext heißt. Das Rätsel dieser einsamen Jungfrau klärt sich bald: Sie ist eine Königstochter und von einem bösen Zauberer verwunschen, hier, weit weg von allem Leben, hoch oben im Baum zu leben und zu sterben.

Alles darf unser Lover tun, nur nicht in ein bestimmtes Zimmer treten. Da ihm die schöne Prinzessin jedoch den Grund dafür nicht verrät, treibt ihn die Neugier so sehr, daß er heim-

[33] Ewig, Ursula: Deutsche Volksmärchen, Frankfurt a.M. 1960

lich in diesen Raum geht, als sie schläft. Dort trifft er auf einen mit drei Nägeln an die Wand gehefteten Raben, der nach einem Tropfen Wasser lechzt. Es kommt, wie es kommen muß, denn mit jedem Tropfen fällt ein Nagel aus der Wand, der Rabe hat seine begehrte Freiheit wieder und entfliegt durchs Fenster.

Wir wissen, daß es der seinerseits an sein Opfer gefesselte Zauberer ist, der hier seine Freiheit erlangt und der sich wenig später die Prinzessin holen wird. Jetzt bleibt der Ex-Schweinehirte alleine zurück und, das gebieten Treue und Loyaltität, er muß sich auf den Weg machen, die Prinzessin zu suchen. Unterwegs findet er drei Tierhelfer, Wolf, Bär und Löwe, die ihm ihre Hilfe in der Gefahr anbieten und ihm den Weg zu seiner Geliebten weisen, die von einem Zauber-Jäger gefangen gehalten wird. Vor ihm kann man nicht fliehen, denn er besitzt einen dreibeinigen, allwissenden, windschnellen Schimmel. Erst als die Prinzessin dem Zauberer das Geheimnis entlockt, wie ein solches Zauberpferd zu erlangen ist, kann unser Hirte – er läuft mehr und mehr zu voller Heldengröße auf – sich bei einer in der Nachbarschaft wohnenden Hexe ebenfalls ein derartig fähiges Zauberpferd verdienen. Die Aufgabe besteht darin, die zwölf Fohlen dieser sehr an die russische Baba Yaga erinnernden Hexe zu hüten. Sie schlägt allen den Kopf ab, denen es nicht gelingt, ihre zwölf Fohlen zu hüten. Aus diesem Grund ist der Zaun an ihrem Grundstück mit den Köpfen der Menschen gespickt, die vergebens diesen Versuch unternommen haben. Schwer ist diese Aufgabe, denn die Hexe bereitet für ihn jeweils einschläfernde Mahlzeiten, so daß ihm die Fohlen entweichen. Nur mit Hilfe seiner Tierfreunde Wolf, Bär und Löwe gelingt es ihm, sie wieder zusammenzutreiben, obwohl sie jedes Mal weiter und schneller weglaufen. Er bekommt schließlich seinen verdienten Lohn und sucht sich aus den Pferden der Hexe mit Hilfe der Hexentochter ein besonders mageres Tier aus und zusätzlich, dieses Detail ist wichtig, zwölf Lämmer, die er später braucht, um zwölf anstürmende Wölfe zu sättigen, die sein Pferd fressen wollen. Das Pferd erweist sich erwartungsgemäß als das Wunderpferd, denn es

182

weiß alles, kann alles und ist schneller als alle anderen Pferde. Auf ihm flieht er zusammen mit seiner Prinzessin, verfolgt vom Zauberer mit seinem dreibeinigen Pferd, dessen viertes Bein vormals von den zwölf Wölfen gefressen worden war. Doch trickreich wie Zauberpferde in den Märchen nun einmal sind, gelingt es diesen, sich gegen den Zauberer zu verbünden und sie stampfen ihn zu Tode.

Ende gut alles gut, heißt es in den Märchen, doch weit gefehlt, die Geschichte geht noch weiter: Nachdem der junge Mann vom Schweinehirt zum König avanciert ist, erinnert er sich seiner beiden hilfreichen Pferde, doch die verlangen jetzt Unglaubliches von ihm, denn sie wollen enthauptet werden. Widerstrebend muß er, um weiteres Unheil zu verhindern, diesem Wunsch entsprechen. Ein Prinz und eine Prinzessin stehen – auf solche Weise befreit – vor ihm. Auch sie sind Opfer des bösen Zauberers gewesen, der nicht nur diese beiden, sondern auch ganze Städte und Dörfer in Wälder verzaubert hat. Nun ist das Glück vollkommen, alle sind erlöst, und wenn sie nicht gestorben sind, dann leben sie noch heute.

Der Schweinehirte ist als einfacher, tiernaher Mann anzusehen. Möglicherweise kennzeichnet ihn das Hüten der Schweine auf der Symbolebene als einen zum Bereich der matriarchalen Muttergöttin gehörenden, dienenden Mann. Sein früher Ichzustand ist kein Thema im Märchen, das mit seiner Adoleszenz einsetzt und ihn bei seinem täglichen Hüten unvermittelt mit dem bis dahin nicht bemerkten Baum konfrontiert. Neugierig und abenteuerbereit wie er ist, nimmt er die Herausforderung seines Unbewußten an und beginnt das Wagnis, den Baum zu erklettern, der hier als Lebensbaum, Weltenbaum, Weltenpfahl oder Weltenzentrum betrachtet werden kann. Er erinnert sehr an die Weltenesche Yggdrasil, in der die neun Welten enthalten sind.

Über die zentrale Stellung in der Weltmitte gelingt der Durchbruch zur Anderswelt, aber auch zu anderen Bewußtseinsebenen. Auf diese Weise gelangen die Schamanen, die in ihren Kulturen schon immer die etwas weiter entwickelten Individuen waren, durch das Hochklettern am Stamm nicht nur in die

Himmel, sondern können durch die Wurzeln auch in die tiefer liegenden Unterwelten gelangen.

Unser Junker hat den freundlicheren Teil gewählt und gelangt auf seinem Weg weiter zum Wipfel, der bekanntlich als der Ort gilt, an dem die Sonne geboren wird.

Zu diesem Ort drängt es ihn hin und er findet dort die Jungfrau, die sich bald als Prinzessin entpuppt und den eigentlichen Grund seines Abenteuers verkörpert: Sie ist nicht die Sonne, sondern ein in dieser seltsamen Abgeschiedenheit viel bedeutsamerer Teil seiner eigenen Möglichkeit und seines eigenen Bewußtseins, das abgetrennt vom Alltagsbewußtsein hier auf ihn wartet. Hier scheint die Schöpfung, obwohl weit oben im Wipfel des Baumes angesiedelt, wieder abgesunken zu sein in das Unbewußte eines paradiesischen Zustandes. Nur noch das Hiersein und miteinander Vergnügen bleibt als Möglichkeit. Jung hat immer wieder darauf hingewiesen, wie sehr der Antrieb zu Veränderung und Erneuerung aus dem eigenen Unbewußten erfolgt. So auch hier, denn nicht lange ist ein solcher Spaß interessant und durch das unfreiwillige Befreien des festgenagelten Raben bringt der Schweinehirte den Prozeß erneut in Bewegung, als er das unerlaubte Zimmer, diesen nicht verstandenen, nicht bewältigten Lebensraum, betritt und dem Raben Wasser gibt. Der chthonische Zaubergeist und Vaterdrache bekommt wieder Kraft, holt sich die Prinzessin und der Schweinehirt ist wieder allein.

C.G. Jung betrachtet den Raben als einen zu Wotan gehörenden Vogel, der sich hier in seiner negativen, widergöttlichen Gestalt zeigt und nicht wie sonst der helfende Weisheitskünder ist. Und Hedwig v. Beit schreibt in Anlehnung an C.G. Jung: „Doch ist der Versuch des Dunklen, sich das Licht anzueignen, zugleich ein Bemühen, sich der Menschenwelt zu nähern, in der menschlichen Seele Raum zu finden und durch sie, sich der anderen Hälfte der Ureinheit wieder anzunähern, um die Ganzheit wiederherzustellen."[34]

Die jetzt beginnende Suche ist objekt- und personenorientiert.

[34] Beit, von Hedwig, Gegensatz und Erneuerung im Märchen, Bd.II, S. 495

Es ist nicht mehr das diffus-neugierige Getriebensein. Jetzt registriert er bewußt das Fehlen seiner Hälfte und das Leid daraus gibt ihm die Kraft, eine beschwerliche Suche mit Stationen der Gefahren und der Angst auf sich zu nehmen (wobei wir wenig Hinweise auf magische Angstabwehr finden).

Drei Tiere, vor denen er sich zunächst sehr fürchtet, bieten ihm ihre Hilfe bei eventuellen Gefahren an, woraus zu erkennen ist, wieweit er bereits in einem freundlichen Verhältnis zu seiner Triebseite steht und sich auf diese helfende Seite in sich verlassen kann. Dies ist eine wichtige Voraussetzung, um die Gegensatzspannung in sich zu beantworten und mit ihr zurecht zu kommen.

So kann er sich der Heldenaufgabe stellen und seine Prinzessin aus den Fängen des Zauberers befreien, der uns auch als Jäger beschrieben wird und in dem die Gestalt Odins zu spüren ist, der ebenfalls als nächtlicher Jäger Lüfte und Wälder durchstreifte. Es ist der männlich, väterliche Geist des Zauberers, der zum Licht strebt, aber nur durch die Bemächtigung des menschlichen Wesens dorthin gelangen kann. Der Mensch ist hier gewissermaßen der Transformator der göttlichen Entwicklung. Als Jäger und Zauberer repräsentiert er aber außer den Geistkräften, die hier dem Menschen mit den Einflüssen aus der magischen Stufe begegnen und die unserem Hirten die Bewußtwerdung erschweren, auch den Geist, der auf eine höhere Stufe hinweist.

Doch zunächst muß der Hirte noch tiefer in die Gefahren eintreten. Die windschnellen Fohlen der Hexe muß er hüten und dabei sein Leben auf's Spiel setzen, um so ein tüchtiges Pferd zu erwerben, mit dem er die Flucht vor dem Zauberer wagen kann. Dies ist ohne Zweifel die Ebene des Helden-Ichs, auf der alle Kraft erforderlich ist, um den Elterndrachen zu bezwingen. Er benötigt dazu ein Pferd, das es mit dem dreibeinigen Pferd des Zauber-Jägers aufnimmt. [35] Die Gefahren, denen der Schweinehirte begegnen muß, entstammen dem Reich

---

[35] So ist im dänischen Volksglauben bewahrt, daß Hel auf einem scheußlichen dreibeinigen Roß reitet. Herzog, S. 78

ten und dem Bereich der Großen Mutter in ihrem verschlingenden, das Leben zurückfordernden Aspekt.

Es gelingt dem Helden, doch droht ihm eine weitere Gefahr durch die Wölfe, die seinem gerade erworbenen Zauberpferd „ans Bein" wollen. Nur seinem vorausschauenden Handeln ist es zu verdanken, daß er für die zwölf anstürmenden Wölfe zwölf Lämmer als Fraß und Opfer gleichermaßen mitführt und der Rückweg möglich ist.

Die zwölf Wölfe verkörpern die Qualität des Mutterdrachens, der seine ganze Wucht aufbietet, um die zum Bewußtsein hinstrebenden Kräfte zu hindern. Zwei konträre Aspekte des Wolfes sind in unserem Märchen festzustellen: Der eine ist der „Tierhelfer", der dem Helden beim ersten Mal ermöglicht, die ausgerissenen Fohlen einzufangen, der andere findet sich in den zwölf Wölfen und ist der dunkle, gefräßige Aspekt der verschlingenden Mutter, mit dem er noch nicht ganz fertig ist, mit dem er jedoch umzugehen weiß (sie greifen an, wenn der Bereich der Großen Mutter verlassen wird).

Die Zwölfzahl, die auch die Multiplikation der 3 mit der 4 ist, trägt die Ganzheit in sich. Hinter ihr steht die zahlensymbolische Vereinigung der männlichen Drei und weiblichen Vier, ja der göttlichen und menschlichen Kräfte in sich. Im Märchen ist die Zwölfzahl das Symbol für diese Ganzheit, denn diese ist noch nicht erreicht und sie gilt es zu verwirklichen.

Auf der befreienden Flucht mit seinem unterernährten Schinder, der wiederum allen Regeln der Wandlung folgt und sich bald zum erstklassigen Pferd, Berater und Nothelfer in diesem gefährlichen Unternehmen entwickelt, finden sich die bereits erworbenen und erarbeiteten Ichfunktionen zusammen, wenn sich die einander verfolgenden Pferde gegen den Zauberer verbünden und diesen zertrampeln. Jetzt ist der Dämon besiegt und der Schattenbereich assimiliert. [36]

Die folgende Vermählung und die verliehene Königswürde zeichnen unseren Helden aus. Es sind zwei schöne Symbole, die uns hier angeboten werden: Die Vermählung symbolisiert

---

[36] Beit, von Hedwig, Bd.II, S. 209

die Vereinigung der Gegensätze, die eine Entwicklung krönt –
der König ist das Zentrum seines Reiches, Abgesandter der
ihn mit der Königswürde beauftragenden Gottheit und so ein
Symbol des SELBST.

Jetzt hat er die Heldenstufe bewältigt und ist auf der Ebene
des integrierenden Ichs angekommen. Nun muß er noch zeigen, ob er die eben mit seinem Pferd geschlossene Freundschaft auch wieder sterben lassen kann – eine „Auf-gabe“,
wie sie im Buddhismus als Arbeit an der Anhaftung beschrieben wird. Er bewältigt auch diese Forderung und mit der Ent-
hauptung der beiden Pferde findet auch diese noch verbliebe-
ne Tierstufe ihre Erlösung. Das Ich ist nun frei für seine inte-
grierende Funktion und in der Lage, alle Weisheit zu verwirklichen, wie dies einem Menschen mit derartig reichen Lebenserfahrungen möglich ist: Er hat gearbeitet, hat Abenteuer in lufti-
ger Höhe gewagt, hat geliebt, hat verloren, hat erneut gewagt
und dabei sogar sein Leben für einen anderen Menschen riskiert, hat Vater- und Mutterdrachen besiegt, ist erfolgreich zu-
rückgekehrt und in der Lage, eben lieb und teuer Gewordenes
wieder loszulassen. Der damit erworbene Umgang mit Le-
bens- und Sterbeprozessen zeichnet ihn für eine neue Bewußt-
seinsebene aus.

Ein Gott wird zum Dichter

Der Kult und Ritus um Odin muß sehr von Reimen und Hymnen durchdrungen gewesen sein, denn seine Priester wurden als „Liederschmiede" bezeichnet. Doch bevor Odin neben seinen anderen Kompetenzbereichen auch zum Gott der Dichtung werden konnte, mußte er selbst die Fähigkeit zu dieser Kunst erst erwerben. Den Weg dorthin beschreibt uns die Mythe vom Skaldenmet, die für die Asen eine schmerzhafte Vorgeschichte besitzt.

Die Wanen waren ein nordisches Göttergeschlecht, deren Angehörige Fruchtbarkeitsgötter waren. Sie herrschten über Wind, Wetter, Meer und wurden mit der Bitte um günstige Witterung, gute Ernte und erfolgreichen Fang bei der Jagd angerufen.

Über den Krieg zwischen den Geschlechtern der Asen und Wanen erzählt der Ase Bragi, der Gott der Muse und Dichtkunst, bei einem Gastmahl dem Riesen Ägir. Dieser Krieg, der vermutlich wegen des Goldes oder wegen religiöser Streitigkeiten ausgebrochen war, zog sich lange hin und verheerte das Land. Als endlich der Friedensvertrag geschlossen werden konnte, wurde der Austausch von Geiseln vereinbart und zur rituellen Bekräftigung traten beide Parteien vor eine Schüssel und spien ihren Auswurf hinein (siehe schamanische Praxis der Beachtung der Exkremente und des Sputums). Aus dem Inhalt der Schüssel schufen die Götter einen Menschen, den sie Kwasir nannten. Dieser war so klug, daß es keine Frage gab, die er nicht zu beantworten wußte.

Beim Friedensssschluß mit den Wanen kam es zu einem Austausch von Geiseln. Während die Wanen Njörd, Freyr und Freya zu den Asen kamen, wurde Odins Bruder Hönir als Geisel zu den Wanen gegeben. Zu seiner Unterstützung kam der Riese Mimir als geistiger Helfer mit. Die Wanen setzten Hönir wegen seiner Größe und Schönheit zu ihrem Häuptling ein. Als sie jedoch bemerken, daß er sich in allen Dingen von Mimir beraten ließ, enthaupteten sie Mimir und schickten sein Haupt nach Asgard. [1] Odin gelang es mit Hilfe von Kräutern und Zaubersprüchen den Kopf vor der Verwesung zu bewahren und konnte sich auf diese Weise auch weiterhin die Beratung und Weissagung Mimirs sichern.

Der Ursprung der Wanen ist unbekannt. Sie existierten als zweites Göttergeschlecht neben den Asen und liebten die schönen und fruchtbaren Landschaften. Hinter ihnen stand eine völlig andere mythische Tradition. Im Gegensatz zu den Asen, die sich nach außen hin eher kriegerisch gaben und Kampf und Abenteuer liebten, betrieben die Wanen mehr Akkerbau und Handel. Der Gegensatz der beiden Götterfamilien ist nicht ausschließlich auf die nordische Kultur beschränkt. Ähnliche Parallelen befinden sich auch bei anderen indogermanischen Kulturen. Im Tempel von Upsalla wurde die Göttertrias Odin, Thor und Frikko verehrt. In diesem überall mit Gold geschmückten Tempel befand sich ein Standbild, bei dem Thor als der mächtigste in der Mitte sitzt, ihm zur Rechten Odin und zur Linken Frikko. Dazu wurde folgende Bedeutung übermittelt: Thor herrscht über die Luft und regiert Donner und Blitz, Wind, Regen, das klare Wetter und die Ernte; Odin führt die Kriege und verleiht den Männern Tapferkeit gegen die Feinde; Frikko jedoch schenkt den sterblichen Menschen Frieden und Lust.

Frikko ist hier identisch mit dem von den Wanen zu den Asen gekommenen Freyr. Der Sinn einer aus solch unterschiedlichen und zunächst sich feindselig gesonnenen Götterfamilien zusammengesetzten Göttertrias ist nicht ohne weiteres zu bestimmen. Phänomenologisch gesehen kommt dadurch eine gewisse Vollständigkeit zustande und deckt so alle Schichten und Stände einer Gesellschaft ab. Sie finden ihre Götter und können auf diese Weise ähnlich geeint und zur Zusammenarbeit und zum Zusammenhalt zu bewegen sein, wie es ihnen die Götter vorleben. Und obwohl es nur männliche Gottheiten sind, die hier die Trias bilden, werden durch die Verteilung der

---

[1] Heimskringla I, 12-13, nach de Vries 510

Aufgaben auch weibliche Eigenschaften, hier durch Freyr = Frikko, aufgenommen.

Auf eine glückliche Weise wären damit die Ziele und Vorstellungen der ackerbauenden Wanen mit denjenigen der kriegerischen und viehzüchtenden Asen vereint. Der ethnisch politische Krieg, den wir hier historisch vermuten können und der im Mythos die Erinnerung an die politischen Kämpfe zwischen den Anhängern zweier verschiedener Kulte bewahrt, dürfte demnach ein Stück realer nordgermanischer Religionsgeschichte sein. [2]

Die historischen Gründe für den Krieg zwischen Asen und Wanen sind unbekannt, doch läßt sich vermuten, daß entweder Gebietskämpfe der Ausschlag waren oder daß es zu kriegerischen Auseinandersetzungen im Rahmen von religiös-kultischen Entwicklungen gekommen ist. Die Religion der ackerbauenden Wanen läßt sich eher als mutterrechtliche Kultur beschreiben, während sich bei den kriegerischen Germanen mehr und mehr patriarchale Strukturen entwickelten. Die aus dem Friedensschluß resultierende Synthese bedeutete eine neue Entwicklungsdimension. Kwasir, der bei der Friedenszeremonie von Asen und Wanen gemeinsam aus Met und Sputum gemacht wurde, trägt in sich die Zauberkraft als Basis seines Werdens, gleichzeitig entpuppt er sich als der intelligenteste Mensch, den es bis dahin gegeben hatte. Keine Frage gab es, die er nicht zu beantworten wußte. Dies resultierte aus der Vereinigung der wanischen Kunst in der Zubereitung von Zaubertränken und der Kunst der Asen, den Wortzauber zu benützen.

Kwasir zieht durch die Welt, lehrt die Menschen das Wissen und erinnert in dieser Eigenschaft an den nächtens aus dem Wasser steigenden Oannes der Sumerer. Eine ähnliche Funktion üben die Göttinnen aus, die in ihrer Not und ihrem Schmerz um den Verlust lieber Angehöriger zu den Menschen kommen: die griechische Demeter, als sie ihre entführte Tochter Persephone sucht; die ägyptische Isis und die germani-

---

2 Weinhold nach Lorenz, S. 330

sche Freya wirken auf der Suche nach ihren Gatten als Erzieherinnen, bringen eine neue Kultur und lehren hilfreiche Techniken zur Lebensbewältigung.

Bevor es zum Krieg und der Erschaffung Kwasirs kam, hatte sich die Welt der Asen verändert: Als „nichts aus Golde den Göttern fehlte" – heißt es in der Völuspa, die bezeichnenderweise gerade diese Zeit das Goldzeitalter nennt – beendete das Erscheinen der drei Riesentöchter (Nornen) jäh diesen paradiesischen Zustand. Sie brachten das Schicksal in die Welt. Über die Wanen war außerdem reales Gold ins Spiel gekommen und der auch für heutige Zeiten typische Kampf um Ressourcen und die daraus resultierenden Machtprobleme bestimmten die Geschicke der Götter.

Gullweig, die Zauberin der Wanen, besaß viel Gold, das sie auf zauberische Weise herstellen konnte. Die Asen hatten davon erfahren und die Gier nach Gold war in ihnen erwacht. Sie verbrannten Gullweig, um in den Besitz ihres Goldes gelangen zu können. Selbstverständlich wollten die Wanen diesen Zugriff auf ihre Goldreserven nicht einfach hinnehmen. Es kam zum Krieg und Odin schleudert zum ersten Mal seinen Speer über ein gegnerisches Heer. Der erste Krieg war zu den Asen gekommen, und das „goldene Zeitalter", das eigentlich ein goldloses war, ging mit dem Erscheinen der Nornen und dem Einzug des Goldes zu Ende. Die Götter waren dadurch endgültig in die Welt des Schicksalhaften eingebunden. Jetzt hatten auch sie eine zeitliche Begrenzung in ihrem Wirken zugeteilt bekommen.

Gullweig heißt „Goldtrank", „Goldrausch" oder auch „Goldstärke". So steht sie für etwas, das in den Asen die Gier auslösen konnte, die zu Gewalt und Krieg führte. Gullweig wurde auch mit dem „Seid" in Verbindung gebracht, das ist ein magischer Rauschtrank, den die Wanen zubereiten konnten und der über die Geisel Freya zu den Asen gebracht wurde. Mit dem „Seidtrank" ließ sich die Zukunft voraussagen, aber durch schwarzmagische Praktiken konnten auch Krankheit und Tod beschworen werden. Der Gegensatz zur Praxis des „Seid" ist die Wortbeschwörung, die auch „Gald" genannt wurde. *galdr* waren die Zaubergesänge, von denen uns leider nichts mehr überliefert werden konnte. Wahrscheinlich war es eine Strophe mit besonders strenger Stabreimbindung und parallelistischem Versaufbau.[3] Vermutlich wurde der „Gald" gesungen und in anderer Weise auch gemurmelt.

Von Odin wird berichtet, daß er beide Zauberverfahren beherrschte, daß er aber wie kein anderer die Kunst der Weissagung besaß. Indem er den Seidzauber mit Hilfe eines magischen Tranks ausübte, konnte er nicht nur Ereignisse vorhersehen, sondern auch anderen Unheil, Krankheit, ja Tod bescheren. Andererseits soll er besonders Gehenkte vom Tod auferweckt haben. Von den Männern wurde der Seidzauber als weibisch abgetan, da er vornehmlich eine Kunst der Frauen und hier besonders bei den Seherinnen entsprechend entwickelt war. Bei allen wichtigen Entscheidungen wurden sie befragt und alle ihre prophetischen Aussagen wurden sehr ernst genommen. Odin brachte es in dieser „weibischen Kunst" zu größter Meisterschaft . Seine Lehrerinnen waren Freya, die den Seidzauber zu den Asen brachte, und Gullweig, die berühmteste Zauberin der Wanen.

Aus dem wenigen, was wir über Gullweig wissen, läßt sich vermuten, daß sie eine Magierin war, die große Schätze besaß und die es verstand, Gold herzustellen oder es in der Natur aufzuspüren. Die von den Asen bedrohten Wanen versprachen sich wohl etwas davon, wenn sie die Aufmerksamkeit der Asen von ihrer kriegerischen Aktivität auf die Leidenschaft für Gold umzulenken versuchten. Gullweig beeindruckte die Asen jedoch derartig, daß sie ihre Geheimnisse wissen wollten und als dies nicht gelang, sie dreimal zu verbrennen versuchten. Die Zauberkraft Gullweigs war jedoch so stark, daß dies erfolglos war. Die Wanen verlangten Wiedergutmachung für die der Zauberin zugefügten Qualen, was die Asen durch Ratschluß im Thing jedoch ablehnten und lieber die Waffen sprechen ließen.

*

[3] Simek, Lexikon der germanischen Mythologie, S. 116

C.G. Jung berichtet in „Das Wandlungssymbol in der Messe"[4] von einem magischen Opferbrauch aus dem Jahre 765 in Mesopotamien bei dem ein Mann zum Opfer bestimmt wurde. „Ein Mann mit blondem Haar und dunkelblauen Augen wird in ein Tempelgemach gelockt, wo er in einen Behälter, gefüllt mit Sesamöl, gesteckt wird. Er wird so in das Gefäß eingeschlossen, daß nur noch der Kopf herausschaut. Darin bleibt er 40 Tage lang und wird während dieser Zeit nur mit Feigen, die in Sesamöl eingeweicht sind, ernährt. Wasser erhält er keines. Durch diese Prozedur werde der Körper so mazeriert, daß er weich wie Wachs werde. Der Gefangene wird öfters beweihräuchert, und es werden magische Formeln über ihm gesprochen. Schließlich wird ihm der Kopf am ersten Halswirbel abgetrennt, während der Körper im Öl bleibt. Dann wird der Kopf in einer Nische auf einen Aschehaufen von verbrannten Oliven gesetzt und mit Baumwolle umgeben. Er wird wiederum beweihräuchert und gäbe dann Offenbarungen über Teuerungen oder gute Ernte, über den Wechsel der Dynastien und über zukünftige Ereignisse. Seine Augen könnten sehen, aber die Lider könnten sich nicht mehr bewegen. Der Kopf offenbare ihnen auch ihre inneren Gedanken. Auch würden wissenschaftliche und das Handwerk betreffende Fragen an ihn gestellt."[5]
Ferner berichtet eine Legende über Papst Sylvester den II., daß er von einem goldenen Kopf Orakel erteilt bekommen habe. Auch in der altjüdischen Tradition, so berichtet M.I. Bin Gorion in „Die Sagen der Juden", kannte man den sprechenden Menschenkopf. „Die Teraphim, das waren Götzen, die man auf folgende Weise herstellte. Man hieb einem Menschen, der ein Erstgeborener sein mußte, den Kopf ab und rupfte ihm die Haare aus. Der Kopf wurde darauf mit Salz bestreut und mit Öl gesalbt. Alsdann nahm man eine kleine Tafel in Kupfer oder Gold, schrieb darauf den Namen eines Abgottes und steckte sie unter die Zunge des abgehauenen Kop-

[4] C.G. Jung, GSW Band 11, 4. Auflage 1983, S. 262
[5] Fußnote 73 bei C.G. Jung, GSW Band 11, 4. Auflage 1983, S. 263

fes. Der Kopf wurde in einem Gemach aufgestellt, man zündete Kerzen vor ihm an und bückte sich vor ihm. Und es geschah, daß der Kopf, wenn man vor ihm niederfiel, zu sprechen anfing und alle Fragen beantwortete, die man an ihn richtete." [6]

Hinter diesen magischen Praktiken steht das verzweifelte Bemühen, Zugang zu den Ebenen zu bekommen, auf denen der Mensch das Wissen um die Geheimnisse des Lebens vermutet. Mimirs Wasser, Mimirs Haupt, Seidzauber, wie ihn Gullweig gelehrt hatte, mantrischer Zauber o. ä. sind Bemühungen, die Grenzen des menschlichen Bewußtseins zu überschreiten und sind Hilfsmittel, die der magisch-schamanischen Bewußtseinsstufe entsprechen. Hinter der Praktik, den Körper des Opfers zu eliminieren und nur sein Haupt zu erhalten, steht die Vorstellung, die störenden Ebenen des Triebbereiches weitgehend zu entfernen und den rein mentalen Bereich bestehen zu lassen. Die Möglichkeit der Integration dieser Bereiche war den Menschen zu jenen Zeiten nicht gegeben oder nur ganz wenigen Individuen vorbehalten, die einen entsprechenden Bewußtseinsstand erreicht hatten. Odin gehörte nicht zu ihnen; er war noch auf entsprechende Zauberpraxis mit Seid, Gald oder Mimirs Haupt angewiesen.

Ähnliche Motive finden wir im Keltischen und sogar noch im Grimmschen Märchen „Die Gänsemagd", [7] in dem die Königstochter nunmehr unfreiwillig als Gänsemagd am Kopf ihres enthaupteten Pferdes vorbeigeht. „Oh Fallada, da du hangest", spricht sie ihn an, und der Pferdekopf antwortet: „Oh du Jungfer Königin, da du gangest, wenn das deine Mutter wüßte, ihr Herz tät ihr zerspringen."

Odin und sein Gefolge hatte sich zwar das Gold aneignen können, hatte aber durch den Krieg erfahren müssen, daß auch der Götterhimmel schmerzhaften Begrenzungen unterworfen ist. Doch haben Kriege trotz ihrer zerstörerischen Dimension in aller Regel auch positive Konsequenzen. Dies war beim Wa-

[6] Joseph Bin Gorion, Die Sagen der Juden, 1935, S. 325
[7] KMH Nr. 89

nenkrieg der kluge Kwasir, der den Asen und den Menschen unschätzbare Dienste leistete. Es dauerte deshalb nicht sehr lange, bis der Neid die beiden Zwerge Fjalar und Galar dazu trieb, ihm nach dem Leben zu trachten. Als er sie eines Tages besuchte, erschlugen sie ihn, und fingen sein Blut in zwei Schüsseln und in einem Kessel auf. Das Blut wurde mit Honig vermischt und Met daraus hergestellt. Jeder der davon trank, wurde zum Skalden (Liederdichter) oder Gelehrten. Um sich vor dem Zorn der Asen zu schützen, erzählten die Zwerge, Kwasir sei in der Menge seines eigenen Verstandes ertrunken, weil niemand auf der Welt in der Lage gewesen sei, dieses Wissen von ihm abzufragen.

Die Bosheit der beiden Zwerge hatte jedoch noch kein Ende. Sie luden den Riesen Gilling zusammen mit seiner Frau zu sich ein. Durch eine List gelang es ihnen, Gilling zu überreden, sie aufs Meer hinauszurudern. Dort brachten sie geschickt das Boot zum Kentern und Gilling, der nicht schwimmen konnte, ertrank. Der Frau berichteten sie von dem Unglück, lockten sie vor das Haus und ließen ihr einen Mühlstein auf den Kopf fallen. Dieser in seinem Motiv nicht leicht zu durchschauende Mord an dem Riesenpaar hatte zur Folge, daß Gillings Sohn Suttung zur Rache die beiden Zwerge auf einer Insel vor der Küste aussetzte und festband. Den Zwergen gelang es, sich freizukaufen, indem sie ihm als Buße für den Mord an Suttungs Vater den wunderbaren Met aushändigten. Suttung schloß diesen in einer Höhle ein und ließ ihn von seiner Tochter Gunnlöd bewachen.

Für Odin war es offensichtlich unerträglich, daß es einen so wertvollen Met gab, der nicht zu seinem Besitz gehörte. Er machte sich in seiner Beharrlichkeit auf, diesen zu erwerben. Zunächst versuchte er, sich hierzu beim Riesen Baugi, einem Bruder des Suttung, als Knecht zu verdingen. In seiner List tat er dies nicht direkt, sondern wandte sich an dessen Knechte, die er beim Mähen auf einer Wiese antraf. Er wetzte ihre Sensen mit solcher Meisterschaft, daß sie von der Schärfe begeistert waren. Odin warf geschickt den Wetzstein hoch, damit ihn der Tüchtigste erwerben konnte. Die Knechte prügelten sich dabei zu Tode und Odin hatte die Gelegenheit, sich bei Baugi unter dem Namen Bölwerk („böse Tat") zu verdingen. Als Lohn für seine Arbeit verlangte er einen Trunk vom Suttungenmet. Baugi konnte ihm jedoch nur versichern, sich bei seinem Bruder für Odins Anliegen zu verwenden. Odin (Bölwerk) leistete bis zum Winteranfang die Arbeit von neun Männern und schließlich verlangte er seinen Sold. Doch Suttung verweigerte ihm entschieden jeden Tropfen dieses kostbaren Getränkes. Odin versuchte nun durch einen Trick an den Met heranzukommen. Mit Hilfe seines Bohrers Rati („Bohrer") ließ er Baugi den Felsen anbohren, hinter dem der Met vermutet wurde. Als endlich der dritte Bohrversuch gelang, kroch Odin in Gestalt einer Schlange durch das Loch in die Höhle, in der das kostbare Getränk verborgen und von Suttungs Tochter bewacht wurde. Bei Gunnlöd schlief er drei Nächte und sie versprach ihm drei Züge von dem Met. Jetzt kam der große Augenblick für den Zauberer Odin, der im ersten Schluck den Kessel Odrörir (= der zur Ekstase Anregende) leertrank, beim zweiten Schluck die Schüssel Bodn (= Gefäß) und mit dem dritten Schluck die Schüssel Son (= Versöhnung). Damit hatte er den ganzen Met getrunken, nahm blitzschnell Adlergestalt an und flog rasch davon. Doch Suttung bemerkte bald den Raub und verfolgte ihn ebenfalls in Adlergestalt. Wie die Asen Odin kommen sahen, stellten sie rasch Schüsseln im Hof von Asgard auf und Odin spie aus der Luft den Met in die Schüsseln. Inzwischen war Suttung so nah herangekommen, daß er Odin fast eingeholt hatte. Da ließ Odin etwas Met nach hinten fahren und lenkte Suttungs Aufmerksamkeit auf diese Weise auf das Wenige, das er noch hatte. Diesen Teil, auf den in der Regel niemand achtgibt, und den jeder haben kann, wird von alters her „Teil der Dichterlinge" genannt. So verschaffte sich Odin den Suttungenmet. Er verschenkte ihn jetzt weiter an die Asen und allen Menschen, die sich mit Dichtung beschäftigten.[8]

*

---

[8] Skáldskaparmál, Kap.1 , Diederichs, Germ.Götterlehre, S. 178

Die Ereignisse, die zum Erwerb des Skaldenmet führen, sind vielschichtig und immer wieder von der Auseinandersetzung der Asen mit den Riesen durchdrungen. Kwasir, der klügste aller Menschen, entsteht aus den Essenzen Speichel, Blut und Honig. Und, wie das sein Name ausdrückt, ist seine Grundlage „ein aus Beeren gegorener Trank" (norw. *kvase*; russ. *kvas*; altn. *kvase*, „zerdrücken, zerquetschen", „den Saft aus den Früchten drücken"). Ein solches Verfahren ist noch bei Naturvölkern der Gegenwart üblich. Der Speichel hat im wesentlichen eine fermentierende Wirkung, durch die eine Gärung ausgelöst wird. So bringt der rauschauslösende Trank eine neue Dimension hervor, die sich auch im indischen Mythos findet. Dort hatte sich der Asket Maya gebildet, ein gigantisches Wesen, dessen Name „Trunkenheit" bedeutet. Es drohte, zur Strafe die Welt zu verschlingen, weil Indra sich geweigert hatte, zwei andere Götter in ihre Gemeinschaft aufzunehmen. Erst als Indra nachgibt, wird der Riese zerstückelt und aufgeteilt. Kwasirs Schicksal verläuft ähnlich. Zwei Zwerge, Fjalar und Gjalar lauern ihm auf und erschlagen ihn. Sie mischen sein Blut mit Honig und seither heißt diese Flüssigkeit Met.

Die Mythe gibt keinen Aufschluß, welches tiefere Motiv hinter der Tötung Kwasirs durch die Zwerge steht. Auch die Ausdeutung ihrer beider Namen, der „Verberger" und der „Lärmer" führen nicht weiter. Wenn wir jedoch die Zwerge als die Erdkräfte interpretieren, die zum Bereich des mütterlichen Unbewußten gehören, so bietet sich der Gedanke an, daß Kwasir in seiner einsamen und fast hybride erscheinenden Größe durch die Tötung zurückgenommen wird. Erst dadurch kann seine einseitige Verstandesorientierung auf eine andere Ebene gebracht werden, denn nach seiner Tötung wandeln die Zwerge sein Blut mit Honig zu Met um.

Jetzt verfügt Kwasir nicht mehr ausschließlich selbst über sein Wissen. Über den Met wird eine inspirierende Dimension freigesetzt, die denjenigen, der davon trinkt, befähigt, Skalde (Dichter) oder Weiser (Gelehrter) zu sein. Dies allerdings nur, wenn der Met in Maßen genossen wird, andernfalls droht ihm

Gefahr, wie es der indische Mythos von Maya zeigt.

Mit ziemlicher Sicherheit läßt sich hinter Kwasirs Tötung ein kultisches Opfer vermuten, bei dem Kwasir als personifizierte mythische Gestalt eines gegorenen Rauschtrankes zu sehen ist. [9] Dabei muß es sich wohl um eine Kornfrucht und bei Kwasir möglicherweise um den Korngeist gehandelt haben. Met ist der „Gerstensaft", der dem Korngeist geopfert wird.

Odin zeichnet sich in diesem letzten Teil der Mythe zweifellos als Kulturheros aus, der durch große Widrigkeiten und einen heldenhaften Kampf seiner Gemeinschaft neues Kulturgut zugänglich macht. Der Skaldenmet repräsentiert die Fähigkeiten, durch die Kraft des Wortes, die Skala menschlicher Gefühle und Empfindungen auszudrücken und in literarische Formen einzufangen. Entsprechende Ähnlichkeiten weist der Raub des Rauschtranks Soma durch den indischen Gott Indra auf, denn auch Soma ist ein kultischer Dichtertrank. Indra raubte ihn mit Hilfe eines Vogels (oder selbst in Vogelgestalt) aus einem Versteck im Berg und kann ebenfalls nur knapp entkommen. [10] Hier symbolisiert der Berg das Hindernis und die „kompakte Undurchdringlichkeit des Unbewußten, die sich nur einer leidenschaftlichen geistigen Anstrengung öffnet." [11]

Die vordergründig aufblitzende sexuelle Symbolik, die sich im Anbohren des Berges und dem Versuch, wurmartig in den Schoß der Gunnlöd zu gelangen, zeigen könnte, ist lediglich Ausdruck der elementar vorwärtsdrängenden Lebenskraft, wie es die Sexualität ist. Ihre Energien gilt es nicht nur im Sinne der Fortpflanzung und Triebbefriedigung zu leben, sondern in beharrlicher und doch elastischer Weise in eine andere Schwingung zu bringen, wie es Odin versucht.

Der Berg (*Hnitbjörg* = Schlagberg) bekommt die Funktion des Weltenberges, auf dem die Weltachse den Himmel trägt. Von dieser Stelle aus ist es möglich, in das Reich des Magischen vorzudringen und mit den tiefen Schichten des Schöpfe-

---

[9] de Vries, 388
[10] Simek, S. 357
[11] Beit von, Band 1, S. 509

rischen Kontakt aufzunehmen. Da der Berg zum Herrschaftsbereich eines Riesen gehört, läßt sich daraus der Herrschafts-
anspruch des Unbewußten erkennen. Das Eindringen in eine
solche Sphäre verlangt eine aufwendige Vorbereitung, die uns
die Mythe erzählt: Odin muß sich in mehreren Etappen an Suttung heranarbeiten und sich sogar über eine längere Zeit – bis
zum Winteranfang – verdingen. Jetzt hat er die Voraussetzungen geschaffen, sich der Begegnung mit dem in den Tiefen
des Berges gefangenen Kräften zu stellen. Jetzt, nach dem in-
tensiven dreitägigen Regressionsprozeß, den er mit Gunnlöd
verbringt, kann er schließlich als Adler den Dichtermet aus
den Tiefen der Berge in die Höhe des Luftraumes erheben und
seine Kultur einbringen.
Mit dem Erwerb des Skaldenmets hat Odin eine Initiation für
einen neuen Lebensbereich erhalten. Durch die Liebesnächte
mit Gunnlöd in der Felsenhöhle, die bezeichnenderweise drei
Nächte dauern und durch diese Symbolik einen initiatorischen Charakter verraten, bringt Odin aus dem Reich des riesenhaften Unbewußten die Fähigkeit mit, der Inspiration
durch die Muse einen Zugang in das Alltagsleben zu verschaf-
fen. Es ist dabei entscheidend, daß hier eine Animafigur einen
bedeutsamen Stellenwert besitzt. Der Met ist zwar im Besitz
des Suttung, aber bewacht wird er von seiner Tochter Gunnlöd. Ihr Name bedeutet „Einladung zum Kampf" und zeigt hier
die Qualitäten eines bewachenden Drachens, auf den es sich
einzulassen gilt und der gerade dadurch die Verbindung zu
den tiefen Kräften möglich macht. Deshalb findet die Liebes-
nacht in der Tiefe der Erde statt, zu der man nur durch einen
nadelöhrartigen Weg gelangen kann. Hier sind die entsprechenden initiatorischen Vorbereitungen und die entsprechenden Hindernisse angedeutet, die überwunden werden müssen
und ohne die kein Zugang zu den Kräften des Unbewußten zu
gewinnen ist. Erst wenn der Durchbruch gelungen ist, hier
durch die Gewinnung des Skaldenmets, kann auch in anderen
Lebenslagen und Lebensbereichen darüber verfügt werden.
Immer aber braucht es hierzu den Kulturheros, der sich in diese gefährlichen Situationen hineinwagt, sein Leben riskiert

und dabei zunächst etwas für sich holt, was erst anschließend für das Kollektiv Bedeutung und Gültigkeit gewinnt.

Odin ist ein ausgezeichnetes Beispiel für die Lernfähigkeit eines Individuums. Durch seine Reisen, die er meist alleine unternimmt, kommt er mit unterschiedlichsten Menschen zusammern. Da er sich für alles interessiert, nimmt er vieles auf, das er in sich verarbeitet und weiterführt. Zweifellos eine eindrucksvolle Erscheinung, wie Odin uns in der Skaldendichtung übermittelt wird. Aber man wird den Eindruck nicht ganz los, daß es sich bei diesem obersten Gott doch wohl eher um einen Einzelgänger handelt, der zwar seinen Führungsaufgaben nachkommt, sonst aber lieber alleine handelt, kämpft, entscheidet. Sein wichtigster Lehrer ist jedoch der Ur-Riese Mimir, dessen Brunnen ein Wasser enthält, das weise macht. Mimir wachte über diesen Brunnen und dessen bedeutsames Wasser besonders sorgfältig. Als ihn Odin mit seiner großen Wißbegier bat, nur einen Schluck von diesem Wasser, das auch das Wasser des Gedächtnisses genannt wurde, trinken zu dürfen, wurde ihm das verweigert. Erst als er sich entschloß, das von Mimir dafür geforderte Opfer zu erbringen, wurde es ihm gestattet. Odin opfert sein Auge, weil er weiß, was er dafür erwerben kann. Jetzt hat er Zugang zu einer Dimension, die der äußeren, materiellen Wahrnehmung verschlossen ist und kann in die innere Tiefe schauen. So wird er zum Seher und Propheten.

Das Runenlied

Eng verbunden mit dem Zaubergesang sind die Runen, die sich in ihrer klaren und einfachen Silbensprache bestens eignen, eindringliche Sprachformen zu schaffen. Wenig ist uns überliefert, deshalb sei der zweite Merseburger Zauberspruch aus dem 10. Jahrhundert, sicher aber älter, hier zitiert:

„Phol und Wodan ritten in den Wald
da wurde der Fuß von Balders Fohlen verenkt;
da besang es Sintgunt und Sunna,
ihre Schwester,
da besang es Friia und Volla, ihre Schwester,
da besang es Wodan, der dies gut konnte:
Sei es Beinrenkung, sei es Blutrenkung,
sei es Gliedrenkung:
Bein zu Bein, Blut zu Blut, Glied zu Gliedern,
als wenn sie geleimt wären!
(oder: daß sie gelenkig sind!)“. [1]

Dieser Text erinnert sehr an den Zauber, den Thor anwandte, um seine Böcke am anderen Morgen wieder zu neuem Leben zurückzurufen, nachdem sie am Abend als Mahlzeit gedient hatten. Für diesen Zauber legte Thor alle Knochen wohlgeordnet auf ein Fell, segnete sie mit seinem Hammer und gab so beiden Böcken neues Leben. Die eigentliche magische Praxis hier, ist das „Besingen", also der Gald-Zauber, der mit Hilfe mantrischer Formeln Einfluß zu nehmen versucht. Odin beherrschte noch andere magische Fertigkeiten und seine Fähigkeit und Kraft zur Zauberei muß eindrucksvoll gewesen sein. Der Totenzauber, Gehenkte wieder zum Leben zu erwecken und sie wieder zum Sprechen zu bringen, [2] war für Odin typisch und geschah durch den Runenzauber, der bis in die heutige Zeit nicht ausgestorben ist. Menschen der Gegenwart, denen die Überwindung der Magie noch nicht gelungen ist, be-

[1] Simek, Lexikon der germanischen Mythologie, S. 477
[2] Háv 157 und Ynglinga saga 7

schäftigen sich vermehrt als Magier mit Runenpraktiken, um Einfluß auf sich und ihre Umwelt zu nehmen.

Bevor Odin jedoch über die Runen verfügen konnte, mußte er sie erwerben. Dies geschah durch das Hängeopfer und ist nach der Opferung seines Auges und dem Erlangen des Skaldenmets das dritte Opfer, das Odin auf sich nahm. Von diesen Initiationen wissen wir aus einigen Stabreimen, wie sie das Lied des Hohen (Havamal) enthält. Leider ist diese Mythe nur in Versform übermittelt und weitere Einzelheiten fehlen völlig. Trotzdem beinhalten diese wenigen Zeilen ein aufs äußerste verdichtetes Ereignis, dem sich wichtige Inhalte entringen lassen.

1
Ich weiß, daß ich hing
am windigen Baum
neun Nächte lang,
mit dem Ger verwundet,
geweiht dem Odin,
ich selbst mir selbst,
an jenem Baum,
da jedem fremd,
aus welcher Wurzel er wächst.

2
Sie spendeten mir
nicht Speise nicht Trank;
nieder neigt ich mich,
nahm auf die Runen,
nahm sie rufend auf;
nieder dann neigt ich mich.

3
Neun Hauptlieder
lernt ich vom hehren Bruder (Mimir)
der Bestla, dem Bölthornsohn;
von Odrörir,
dem edelsten Met
tat ich einen Trunk.

4
Zu wachsen begann ich
und wohl zu gedeihn,
weise ward ich da;
Wort mich von Wort
zu Wort führte,
Werk mich von Werk
zu Werk führte.

5
Nun sind Hars (Odins) Reden
in seiner Halle gesagt,
gar rätlich Reckensöhnen,
nicht rätlich Riesensöhnen.
Heil, der sie wies!
Heil, der sie weiß!
Er wahre sie wohl!
Heil, die sie hörten! [3]

[3] übersetzt von Felix Genzmer, Die Edda, S. 164

Ich weiß

Zunächst beginnt die Darstellung mit einer Bewußtseinsbezeugung „ich weiß" und drückt aus, daß der Im-Baum-Hängende nicht träumt, sondern mit vollem Bewußtsein und Wachheit der Sinne ein Ereignis durchlebt, das zunächst im Hängen besteht.

Ich hing im windigen Baum

Kopfunter hängt Odin an einem Ast Yggdrasils. Von der Erde abgetrennt, nur die Äste und Zweige der Weltesche um sich, ist die Welt für Odin auf den Kopf gestellt. Was bisher unten war, ist nun oben und umgekehrt. Die Füße sind gewissermaßen am Himmel festgemacht, und die Hände, die sonst zum Himmel zeigen können, sind zur Erde gerichtet. Der umgekehrte Baum, der Arbor inversa, wie wir ihn vom Baum Asvattha aus der indischen Mythologie kennen, wächst mit den Wurzeln nach oben in den Himmel. Damit richten sich die Lebenskräfte des Baumes hin zur Erde und ihren Lebewesen. Die kosmischen Energien fließen über den Baum zur Erde. Auch erinnert diese Haltung an den Kopfstand beim Hatha-Yoga, der für die geistige Entwicklung besonders förderlich sein soll.

Odin ist in seiner Bewegungsfreiheit sehr eingeschränkt, da die ganze Körperlast nach unten zieht. Es liegt auf der Hand, daß eine solche Körperhaltung ungewöhnlicher Vorbereitungsmaßnahmen bedarf, damit es nicht zu körperlichen Schäden kommt. Doch Odin ist vorbereitet, wie der zweiten Strophe zu entnehmen ist. „Sie spendeten mir nicht Speise noch Trank..." heißt es dort, woraus sich entnehmen läßt, daß er sowohl durch eine entsprechende Fastenzeit vorbereitet war und auch während des Hängens nicht mit Nahrung und Getränk versorgt wurde.

Neun Nächte lang

Neun Nächte lang hängt Odin im Baum, was zunächst als ungewöhnlich lange Zeit erscheint. Wir sollten uns jedoch daran erinnern, daß die Zahl Neun im germanischen Kulturraum als heilige Zahl betrachtet wurde und etwas Großes, Unermeßliches, Heiliges ausdrücken sollte. Hier gilt nicht die konkrete Zahl, sondern ihre symbolische Aussage. „Neun Nächte" bedeutet, daß er tief in einen göttlich kosmischen Raum eingedrungen ist und dort für eine gewisse Zeit verbleibt. Er „steht", aus menschlicher Sicht umgekehrt, mit beiden Beinen auf göttlichem Boden. Von dort aus kann er gedeihen und mit den irdischen, materiellen und menschlichen Bereichen in Verbindung treten.

Mit dem Speer verwundet
Die Verwundung mit dem Speer entspricht dem bei vielen Initiationen der Naturvölker praktizierten Ritual, den Initianten mit bestimmten Instrumenten zu zeichnen, die zum Bereich der mysterienweisenden Gottheit gehören. Der Speer, Odins wichtigstes Attribut, war bestens geeignet, den Initianten durch die Verletzung dem Eigentum der Gottheit zu überstellen. Hierzu gehört auch das Ertragen von körperlichen Schmerzen und, wie beim Hängeopfer, das Aufgehängtwerden im Baum. De Vries berichtet von einem Aufnahmebrauch der Faktorei der Deutschen Hanse in Bergen (um die Jahrhundertwende), bei der ein Neuling an einen Strick gebunden in die Höhe gezogen, zugleich beräuchert und schließlich noch bis aufs Blut gepeitscht wird.[4]
Das Besondere an Odins Hängeopfer ist, daß er selbst die Gottheit verkörpert, der er sich weiht. Damit kann nur gemeint sein, daß er sich für seine eigenen Ziele aus der Welt zurücknimmt, partiell entsagt und das Wagnis einer ungewöhnlichen Initiation auf sich nimmt. Es ist ein Risiko, denn nicht alle Einweihungen gelingen und dem Initianten bleibt der Übergang in einen neuen Daseinszustand versagt.

Entscheidend für jede Initiation sind folgende Schritte:
1. Der Initiant muß sich von seiner bisherigen Umgebung trennen und lösen.
2. Er wird entweder der Mysteriengemeinschaft übergeben

[4] de Vries § 336

210

oder wird vom Mysterienmeister gesondert auf seine Prüfungen vorbereitet.

3. Wenn der Initiant soweit ist, daß er in die eigentliche Initiationsprozedur eintreten kann, unterwirft er sich einem Scheintod bzw. mehrtägigen Schlaf, der in der Regel drei Tage dauert.

4. Während des Mysterientodes steigt er in die Welt der Toten ab und wird anschließend neu geboren.

5. Er wird nach dieser zweiten Geburt neu eingekleidet, erhält einen neuen Namen, wird in die weiteren Geheimnisse der Mysteriengemeinschaft eingeführt und bekommt deren Wissen, das zu dieser Initiationsstufe gehört, übermittelt. Dies geschieht in der Regel in einem Unterricht über die mythische Geschichte des Stammes, die Götter, die Erschaffung der Welt, die moralischen und rechtlichen Probleme des Stammes einschließlich aller Tabus.

6. Und als letztes ist die Verpflichtung zur Geheimhaltung damit verbunden.

Ein Großteil dieser genannten Bedingungen lassen sich aus den Versen der Runenlehre erkennen. So hängt er im Baum, von dem es heißt, daß er jedem fremd ist und niemand weiß, aus welcher Wurzel er wächst. Ganz offensichtlich tritt Odin auf allen Ebenen in völlig neue Bereiche ein, wobei ihm kein hilfreicher, wegweisender Lehrer beistehen kann. Damit ist er als sein eigener Initiant bei vollem Bewußtsein der Einsamkeit, den Schmerzen und Qualen, die das Hängen und die fehlende Ernährung mit sich bringen, ausgeliefert.

Als Erfolg oder Gewinn dieses Abenteuers findet Odin unter sich die Runen, d.h. mit der aus der kosmischen, auf ihn herabgekommenen Erkenntnis, kann er sich mit neuem Bewußtsein der chthonischen Dimension zuwenden und ihr die Runenstäbe abgewinnen.

Wenn Odin sich mit dem Speer verwundet, ergibt sich noch eine ganz andere Bedeutung: Er öffnet mit der Verletzung seiner Haut die schützende Grenze des Körpers, was ihn zwar einerseits gefährdet, andererseits aber einer anderen Schwingung öffnet. Jetzt ist er in besonderer Weise empfänglich und für die Schwingungen der höheren Welt zugänglich. Durch die Minderung seiner Körperkräfte, wie dies bei jeder noch so kleinen Verwundung erfolgt, und die Schwächung der körperlichen Abwehr erreicht er eine Verschiebung auf die psychische Ebene. Es läßt sich bei jeder körperlichen Erkrankung unschwer erkennen, wie der/die Kranke für psychische und geistige Ebenen offener ist, was sich gelegentlich auch in vermehrter Religiosität ausdrückt. Odin öffnet seinen Körper und weiht ihn einer Sphäre, die hinter der Banalität des Alltags verborgen ist.

Zunächst aber schreit er auf
Mit einem Aufschrei, der die Geburt dieses neuen Geistes begleitet, ist das Leid beendet und die Matrix der Erde vom Geist des Gottes durchlichtet. Verzweifelt muß Odin erkennen, daß Erkenntnis mit Schmerz verbunden ist. Einsamkeit und Isolierung drückt und droht zu erdrücken. „Sie boten mir nicht Brot noch Horn" heißt, daß er sich mit seinem Hunger, Durst und seinem Bedürfnis nach Kontakt vergessen glaubt . Weiter berichtet das Lied, daß er schreiend die Stäbe aufnimmt und auch hier wieder den im Wahrnehmen der zu erkennenden Inhalte auftretenden Schmerz erleben muß. Aber – und das ist das Entscheidende – er verleugnet dies alles nicht, sondern erlebt bewußt, nimmt aufmerksam wahr, was sich in ihm vollzieht und kann es danach verarbeiten.
Als Archetypus Baum und Gottheit zwingt Yggr, der Schrekker, der Fürchterliche, wie ein wichtiger Name Odins lautet, hier gleichermaßen zur Begegnung. An ihm kann man nicht achtlos vorübergehen, ohne neues Karma zu erwirken. Die Begegnung mit ihm führt – soweit sie angenommen wird – als erstes zu einer erweiterten Wahrnehmung der Ichposition und als weiteres zur sich vollziehenden Ganzwerdung. Außer seiner eigenen Mitte kann Odin, da er sich auch im Baum befindet, natürlich ebenso dessen Mitte wahrnehmen. Was ihm bis dahin noch fehlt, ergänzt der Baum: Was ihm an Kräften mangelt, erhält er aus dessen zirkulierenden Energien. So ist

Yggdrasil der Repräsentant der göttlichen Energie und Odin kann aus ihr den Teil oder das Energiespektrum aufnehmen, für das er vorbereitet oder für das er aus seiner Entwicklungsposition heraus aufnahmefähig ist. Der Baum gibt nicht nur Leben (Adonis, Osiris, Zarathustra, Brahma, Laotse) sondern er fordert es auch wieder zurück (Christus, Odin). Gleichzeitig resultiert daraus Unsterblichkeit, wenn der Baum das in ihm Hängende am unsterblichen Himmel aufgehen läßt. Umgekehrt leben in den Bäumen die Toten weiter und nehmen von dort aus weiterhin Einfluß auf die Geschicke der Menschen: Aschenputtel, Machandelboom, etc. Das Hängeopfer bringt die Gefahr eines möglichen Todes mit sich. Odin kann dieses Risiko auf sich nehmen und alles Egoistische abweisen und sich völlig selbstlos ins Unbewußte versenken.

In der menschlichen Natur läßt sich eine „ausgesprochene Scheu vor der Bewußtwerdung" [5] beobachten. Aber es ist das SELBST, das den Menschen dazu treibt und das Opfer verlangt. Durch unsere Sehnsucht nach Ganzheit werden wir selbst unser eigenes Opfer. Das Ich sieht sich zur Bewußtwerdung gedrängt. Gleichzeitig aber ist es das spontane Hervortreten des Selbst, das jenseits aller Grenzen immer existent war und sich durch die Träume, Handlungen usw. bemerkbar macht. Das Selbst ist die Wurzel all der Kräfte, die vorwärts und zur Ganzheit drängen und auf diese Weise das Ich zum Selbstopfer veranlassen.

Über das Selbstopfer des Gottes Yama berichtet die indische Mythologie im Rigveda: „(...)was deine höchsten Stätten, was die tiefsten, was die mittleren sind, oh Allschöpfer, zeige es den Freunden beim Opfer, Selbstherrlicher. Opfere dich selbst, indem du deinen Leib ausstreckst. Allschöpfer, der du durch das Opfer gestärkt wirst, opfere dich selbst, die Erde und Himmel." [6] Yama wird auf diese Weise als geopferter Gott

[5] C.G. Jung: Wandlungssymbolik in der Messe, GSW Bd. 11, S. 144

[6] zit. nach von Beit, Hedwig, Symbolik des Märchens, Band 1, S. 748, Bern, 1971

der jeweils unsichtbare Herrscher des entstandenen jenseitigen Landes. Dieser Prozeß entspricht den Vorgängen in den Märchen, wenn der magische Tierhelfer durch das Opfer des Helden die menschliche Gestalt erringt. Auf der symbolischen Ebene wird so ein Teil der unbewußten Psyche in den bewußten Bereich integriert. Dabei bleibt jedoch immer ein Seelenteil unbewußt und ist der Mittler und Ausdruck des SELBST. Für die Helden ist es in aller Regel schwer, ihre Tierhelfer am Schluß zu opfern, nachdem ihnen der ganze Wert ihrer übernatürlichen Hilfe zum Erlebnis geworden ist. Dies macht verständlich, warum sich die Helden jeweils weigern oder Widerstände zeigen, das Opfer zu vollziehen. Im Opfer wird ein schmerzliches Aufgeben verlangt, durch das erst eine höhere Form des Geopferten entstehen kann: aus dem häßlichen Pferd wird kein besseres Pferd, sondern aus einem Tier wird ein Mensch. Dabei ist das Opfer nicht immer ein gewollter sittlicher Akt der Selbstbesinnung, sondern kann auch ein ungewolltes und vom Schatten veranlaßtes Geschehen sein, das zur Verwirklichung drängt. [7] Die Bhagavad-Gita nennt dies so: „Das Selbst ist ja sein eigener Freund, das Selbst ist auch sein eigener Feind." [8]
Bedenkt man die Übersetzungsmöglichkeit der Weltenesche als „Yggrs Pferd", so klingen dabei alte indogermanische Mythen an, in denen von der Erneuerung der Welt durch das Roßopfer berichtet wird. Sibirische Schamanen opferten bis in dieses Jahrhundert ein Pferd, um auf ihren Trancereisen in die Jenseitswelt zu gelangen und von dort die entsprechenden Reichtümer zurückzubringen. In unserem Kulturraum halten sich diese Weisheiten in bestimmten Märchen, in denen ein meist unscheinbares bis häßliches Pferd sich zum Wunderpferd entwickelt, den Helden führt, schließlich aber zur Erfüllung geopfert werden muß. Der symbolische Tod im Baum als Repräsentantin der Mutter und das Opfern des Pferdes scheinen bei Odins Hängeopfer in symbolischer Weise zu ver-

---

[7] von Beit, Hedwig, Band 1, S. 557
[8] Bhagavad-Gita VI, 5

schmelzen, wodurch die Einzigartigkeit dieses Selbstopfers in seiner Vielschichtigkeit und Bedeutsamkeit erkennbar wird. Odin verzichtet nicht nur auf sein Pferd und die entsprechenden in ihm zur Seite stehenden Potenzen, sondern er wagt es, freiwillig in den Tod am Baum zu gehen. Der Baum ist hier Weltenbaum und bedeutet die Urmaterie. [9] Er symbolisiert die Überwindung des Bildes der Mutter und die Verwandlung des inneren Wesens und die zunehmende Selbstverwirklichung. Der Baum als Symbol des Mütterlichen, der Urmaterie, des Grundstoffs der Welt, ist das unbewußte Wachstum und die unbewußte geistige Entwicklung und ein lebensspendendes wie auch todbringendes Prinzip. Yggdrasil ist jedoch ein Baum, der mit seinen Wurzeln in die tiefsten Abgründe ebenso hineinreicht, wie mit seinen Zweigen in die Luft- und Lichtreiche des Himmels. Durch seinen Stamm sind die oberen und unteren Bereiche verbunden. An ihm kann in die Krone des Baumes hinauf- und wieder abgestiegen werden, auch wenn dies unter Umständen viele Tage dauern kann, wie uns das Märchen vom Schweinehirten im Baum zeigt. [10] Auch das Eichhörnchen zwischen Adler und Neiddrache gehört in diesen Zusammenhang.

Erich Neumann vermutet, daß Yggdrasil eine Nachahmung des Kreuzesbaumes (Kreuz Christi) ist, weil der Mythos um Yggdrasil erst in der Wikingerzeit entstanden sei. Er meint, daß es die scheinbare Ähnlichkeit ihres Hängegottes (Odin) mit dem Kruzifix ist, die den Germanen den Übertritt zum Christentum erleichtert und die Goten veranlaßt haben könnte, in ihrer Sprache das Wort „Kreuz" mit „Galgen" zu übersetzen. Er schreibt: „Auch Christi Kreuz heißt in einem englischen Gedicht des 14. Jahrh. (. . .) Christi Pferd (. . .). Das Kreuz wurde in den bekanntesten christlichen Hymnen als ein Baum besungen, der seine Lebenskraft aus einer Quelle an seiner Wurzel sog, als ein Baum mit Laub und Früchten. So lautet auch ein mittelhochdeutsches Rätsel, dessen Lösung der Kreuzes-

[9] von Beit, Hedwig, Band 1, S. 159
[10] Märchen „Die Prinzessin auf dem Baum"

baum ist: Ein edler Baum ist in einem Garten gewachsen, der mit großer Kunst angelegt ist. Seine Wurzel reicht zum Grund der Hölle, sein Wipfel berührt Gottes Thron, seine breiten Zweige halten die ganze Welt umfaßt. Dieser Baum steht in voller Pracht und herrlich im Laub." [11]

Es ist eindrucksvoll, wie hier der Baum verherrlicht wird. Natürlich wäre denkbar, daß die Germanen sich an die christliche Mythologie angelehnt haben. Es ist allerdings auch zu vermuten, daß das Hängeopfer ein indogermanisches Motiv sein könnte, wie sich noch anderweitig belegen läßt. Ja, man sollte vielleicht auch daran denken, den Kreuztod Christi in eine archetypische Reihe zu stellen, was heißt, daß die Kreuzigung Christi bereits ein archetypisches Ereignis darstellt und dementsprechend mythische Vorgänger besitzt: z. B. Dionysos, der griechische Gott, der am Mastbaum eines Schiffes angebunden war.

Auch dem vedischen Krishna widerfuhr ähnliches. „Die westafrikanischen Yoruben glauben heute noch, daß sich ihr Blitzgott dadurch geopfert habe, daß er sich an einem Baum erhängte. An zwei Ketten, die dann aus seinem Grabe wuchsen, sei er zum Himmel gestiegen." [12] Immer aber geht es dabei um Initiationen, durch die eine neue Entwicklungsposition erlangt wird.

Im Baum stirbt der diesseitige Odin, um nach neun Nächten als Wissender und mit der Erkenntnis der Kraft Ausgestatteter wiedergeboren zu werden.

Die Opferung und Selbstopferung (so auch z. B. Opferung des Rosses in den Mythen, besonders bei Odin) kommt einer Introversionsphase gleich. Durch die Opferung erfolgt eine entsprechende Zurücknahme der nach außen drängenden Libido. Dieser Zustand ist mit der Weltschöpfung vergleichbar. Eine ähnliche Bedeutung dürfte die Opferung des Stiers haben, dessen fruchtbare, sexuellen Energien geopfert werden, um der äußeren und inneren Natur neues Leben zu geben.

[11] Erich Neumann: Die Große Mutter, S. 239
[12] Bernatzky, S. 30

Mircea Eliade glaubt, [13] den Ursprung von Odins Selbstopfer in einer den Schamanen ähnlichen Initiation sehen zu können. In seinen Darstellungen zu den altaischen Initiationen und schamanischen Riten zeigt er auf, daß es bei verschiedenen Volksstämmen umfangreiche Rituale gibt, bei denen eine Birke in der Mitte der Jurte aufgestellt und mit 9 bis 12 Kerben versehen ist. An diesen Kerben erklettert der Schamane den Stamm, wenn er darauf sorgsam vorbereitet ist und einen bestimmten Trancezustand erlangt hat. Über den Baum, der hier die Mitte der Welt und des Kosmos als Weltachse verkörpert, um die sich alles zentriert und dreht (siehe Polarstern), erreicht der Schamane den Zugang zu einer Anderswelt. Eine andere, neue und erweiterte Bewußtseinsschicht wird zugänglich. Möglich wird sie allerdings nur durch den Baum, der in die verschiedenen Dimensionen hineinreicht oder sie gar durchschneidet. So ist er der Mittelpunkt, das Zentrum. Es verwundert nicht, wenn der Baum für die Tiefenpsychologen ein wesentliches Symbol des SELBST verkörpert, da das SELBST seinerseits das Zentrum der menschlichen Psyche ist. In vielen Mythen der Völker ist der Baum ein Symbol der Mutter und ein Archetyp des Selbst. „Aus einem (Ganzheits)-Kern hervorwachsend, breitet er sich in alle Dimensionen aus, 'verzweigt' sich, um die Selbstverwirklichung der Frucht hervorzubringen. Zugleich ist er Grund und die Umhüllung des Ichs, das nur im Schoße des Selbst gründen und zu seiner Bestimmung, der Individuation, gelangen kann." [14]
Damit ist in einer einfachen und klaren Weise das Werden der Frucht aus der Welt des Archetypischen heraus beschrieben. Heißt es doch im Johannesevangelium „Am Anfang war das Wort..." und drückt damit genau diesen Sachverhalt aus, der uns so wenig bewußt ist: Zuerst bedarf es der Gründung einer (wo auch immer anzusiedelnden) schöpferischen Intelligenz, die wir je nach Aspekt Gott, Archetypus oder Selbst nennen

---

[13] Eliade, Mircea: Schamanismus und archaische Ekstasetechnik, Frankfurt a.M. 1982; Simek, Rudolf: Lexikon der germ. Mythologie, S. 304
[14] Schwarzenau, Paul: Das göttliche Kind, S. 136

können. Damit soll keinesfalls eingeschränkt sein, daß wir selbst es gelegentlich sein können, die diese göttlich-schöpferische Funktion ausüben.

Leider nehmen wir mit unserem Ich die Beziehung zu unserem Selbst meist gar nicht oder viel zu wenig wahr und versagen uns damit die daraus resultierende, bewußt sich vollziehende, Ganzwerdung.

Das führt uns zurück zu Odin. Er ist während seines Opfers voll bewußt. Er bereitet sich auf den Weg in die Zweige der Weltesche vor und tritt ein in die Weltachse, die ihn mit der Unterwelt ebenso verbindet wie mit der oberen Welt.

Er entgeht so dem Vorwurf, den sich Sigmund Freud gefallen lassen mußte, daß er sich nur mit den „unteren Göttern" in Verbindung gesetzt und diesen gedient habe; nur Unbewußtes allein entspricht nicht dem vollen Umfang der Psyche, zu ihr gehört auch die „obere Welt" mit dem bestehenden Überbewußtsein, auch wenn die Psychoanalyse diesen Ausdruck zu meiden scheint.

Für Odin sind beide Welten zugänglich, da er sich respektvoll ins Zentrum des Kosmos begibt und dort in der Weltachse meditiert.

Meditieren weist vermutlich etymologisch u. a. eine Stammverwandtschaft zu dem Wort „Mitte" auf. Weiterhin besteht eine gewisse Verbindung zu dem aus dem Lateinischen kommenden „medeor", in dem die Bedeutung von „heilen" steckt. Damit haben wir einen großen und bedeutsamen Sinnzusammenhang aufgedeckt. In die Mitte gehen, aus der Mitte kommen, was dem Meditieren, dem „meditari" = nachsinnen, nachdenken, ermessen, sinnen – und was noch an Bedeutungen im Wort „meditieren" stecken mag – entspricht, bedeutet also, sich in einen heilsamen, heilenden Prozeß zu begeben. Und genau das tut Odin.

Nahm auf die Runen

Nach dem die Runen erworben waren, galt es, sie anzuwenden:

Runen sollst du lernen
und rätliche Stäbe,
Stäbe gar stark
Zeichen voll Zauberkraft,
wie sie zog der Zauber Herr,
wie sie wirkten Weihgötter,
wie sie ritzte der Ratesfürst. [15]

Für alle Lebenslagen gab es Anleitungen, die Runen einzusetzen und zu verwenden. Bei der Runenpraxis wurden unter bestimmten rituellen Begebenheiten und dem Gebrauch von Zaubersprüchen die Stäbe geschnitten, die Runen in die Stäbe geritzt und diese dann rituell auf einem Tuch ausgeworfen. Aus der Lage der Runen konnte der oder die Wissende wichtige Hinweise zum Beratungsgegenstand erhalten. Diese einfache Praxis, wird noch heute von Schamanen und Medizinmännern benutzt, um Ursachen und Heilungschancen von Krankheiten zu erkennen.

Es werden noch eine ganze Reihe besonderer Runen aufgezählt, die gebraucht werden sollten: Siegrunen, Älrunen (um Not abzuwenden), Gebärrunen, Brandungsrunen, Astrunen, Rederunen, Denkrunen, usw. Auch gibt es Anweisungen, wohin die Runen zur Entfaltung ihrer Zauberwirkung geritzt werden sollten: auf den Schild, auf Ohren, Zähne und Hufe des Pferdes, auf Adlerschnäbel, Wagenräder, Kleinode, Trinkhörner, Bier- oder Weingläser. Besonders durch Runen gekennzeichnet waren Odins Speer, Sleipnirs Gebiß, Bragis Zunge, und die segnenden magischen Kräfte konnten auf sie ein- und durch sie hindurchwirken.

Die in Runenstäbe geritzten und dann eingefärbten Runen gehörten eng zusammen mit dem Galgen Odins, wie die Weltesche häufig genannt wurde. Nachdem Odin die Runen erworben hat, fällt er aus dem Baum zur Erde, erleichtert, daß sich die Mühen und Strapazen gelohnt haben. Und nun folgt in der dritten Strophe der Hinweis auf das, was Odin nach seiner Initiation an weiteren Geheimnissen übermittelt bekommt. Der

[15] aus: „Die Ausarbeitung der Runen", in „Die Edda", Genzmer, S. 165

weise Mimir lehrt ihn neun Hauptlieder, in denen weitere Runengeheimnisse, vor allem über die Anwendung enthalten sind. Ferner wird auf den Skaldenmet Bezug genommen, der ihm mit der Fähigkeit zu Dichtung und Poesie zusätzlichen persönlichen Entwicklungsreichtum beschert. Dies wird in der nächsten Strophe noch weiter gesteigert, in der er sein weiteres Wachsen und Reifen beschreibt. Der Erfolg seiner Initiation ist Weisheit und Ausdifferenzierung der verbalen Intelligenz („Wort mich von Wort zu Wort führte") und eine wesentlich erweiterte Handlungsbefähigung („Werk mich von Werk zu Werk führte").

An dieser Stelle sei eine kleine Exkursion zu den Runen erlaubt. Wer sich mit Runen auseinandersetzt, muß sich ähnlich den germanischen Dialekten auch mit verschiedenen Runenreihen, wie die Runenalphabete genannt werden, beschäftigen. Da sich Runen erst relativ spät nachweisen lassen und über die magische Praxis wenig bekannt ist, bleibt nur ihre exoterische Verwendung als Forschungsobjekt übrig. Hinzu kommt, daß die an Steinen, Schwert und Schwertscheiden geritzten Runen nicht sehr zahlreich gefunden wurden. Derzeitig werden hauptsächlich fünf Runenreihen unterschieden. Dies ist die gemeingermanische Runenreihe, die aus 24 Runen besteht und etwa in der Zeit von 150 v. Chr. bis 800 n.Chr. verbreitet war. Die angelsächsische Runenreihe fand ihre Verwendung vom 8. bis 12. Jh. und besaß zwischen 24 und 33 Zeichen. Die nordische Runenreihe war in Skandinavien verbreitet und enthielt 16 Runen, die ihre Blütezeit von 800 bis 1050 (Wikingerzeit) fanden. Im letzten Jahrhundert wurde während der Romantik die nordischen Runenreihe durch Guido von List (Armanensystem) von 16 auf 18 Zeichen erweitert, nachdem er sie mit den 18 Runenliedern Odins aus der Edda in Verbindung gebracht hatte. Schließlich sind noch die Wikingerrunen zu erwähnen, die aus 18 Zeichen bestanden und sich nur in der letzten Rune von denen der Armanenreihe unterschieden. Die gemeingermanischen und Wikingerrunen wurden nach der Stellung der ersten sechs Zeichen FUDARK genannt (FA, UR, DORN, AS, RIT, KAN; siehe Lesezeichen).

Auf den ersten Blick erscheinen die Runen wie abstrakte Liniengebilde. Ihren eigentlichen Gehalt enthüllen sie erst, wenn die Bedeutungen der germanischen Silben bekannt sind, mit denen sie benannt wurden. Auch der Geburtsort der Runen, nämlich der Weltenbaum, läßt sich unschwer in ihren Gestalten wiederfinden. Es mag zunächst wie eine esoterische Spielerei aussehen, wenn diese Runen ihrer inneren Verwandtschaft gemäß geordnet und zusammengestellt werden. Doch lassen sich dann, wie Zoltán Szabó im „Buch der Runen" gezeigt hat, verschiedene Runenfamilien im FUDARK-Alphabeth finden, die zueinander psychologisch in Beziehung stehen. [16]

Die neun Hauptlieder der Runen, die Odin von Mimir gelehrt bekommt, beinhalten je ein Runenpaar. Sie sind jeweils von einer tiefgründigen Polarität durchzogen. Nicht nur der Inhalt einer Runeninschrift besaß magische Kraft, sondern auch das Zeichen an sich enthielt selbst einen speziell magischen Wert. Dies wird ganz deutlich bei der Tyr-Rune. Sie ist ein senkrechter Strich mit einem kleinen Pfeil oben und könnte ein Schwert oder einen Speer symbolisieren. Sie weist nicht nur auf den Gott Tyr hin, sondern trägt selbst die ganze Macht des Gottes Tyr immanent in sich. So genügte es, die Tyr-Rune zweimal nebeneinander zu ritzen, um sie als Siegrune wirken zu lassen.

Eine der bekanntesten Runen, die sich besonders in der Gegenwart einer großen Beliebtheit erfreut, ist die YR-Rune.

---

[16] Die Schriftforscher scheinen sich bis heute noch nicht eindeutig darüber im klaren zu sein, woher die Runen tatsächlich kommen oder woraus sie abgeleitet sind. Die verschiedensten Quellen dafür wurden geprüft: griechische, römische und etruskische Schriften weisen Ähnlichkeiten auf. Wahrscheinlich entspringen sie unter gallischen Einflüssen der nordetruskischen oder alpinen Schrift (Földes-Papp: „Vom Felsbild zum Alphabet", Belser-Verlag, Stuttgart 1984). Eine frühere Entstehungszeit als der Beginn unserer Zeitrechnung kommt kaum in Frage, da es keine Funde gibt, die sich davor datieren lassen. Der eigentliche Höhepunkt der Runen als Alphabet war erst im 10. und 11. Jahrhundert im Norden Europas, um dann völlig von der lateinischen Schrift verdrängt zu werden.

Sie ist das Zeichen der Atomkraftgegner, und die wenigsten sind sich bewußt, daß sie es hier mit einer Rune zu tun haben. Ihre polare Entsprechung ist die Rune MAN, die das Symbol für den Mensch oder den Lebensbaum ist. YR hingegen weist auf Prüfungen und Gefahr, Täuschungen und Verwirrungen hin.

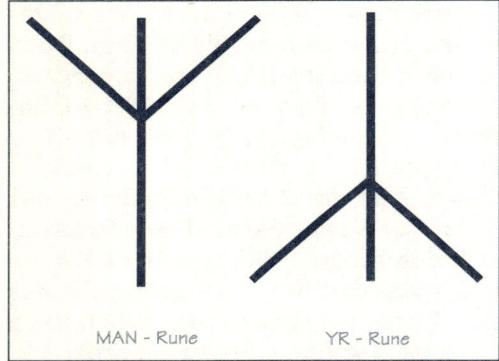

MAN - Rune YR - Rune

Diese beiden Runen zeigen die polare Struktur sehr deutlich. Aus der Umkehrung eines Zustandes entsteht Neues, oder wie es Sheldon Kopp mit seinem Buchtitel ausdrückt: „Kopfunter hängend sehe ich alles anders". [17] Für unsere Zwecke genügt es vorerst, daß wir einmal versuchen, uns ganz nah in einen Baum oder Busch zu stellen und einfach die Zweige, Verzweigungen und Verästelungen auf uns wirken zu lassen. Ganz sicher werden wir den Ergebnissen, die Odin dort hängend gewonnen hat, sehr nahekommen, auch wenn die inhaltliche Bedeutung der Runen dabei so rasch sicherlich nicht erkannt werden kann. Die Formen und Gestalten lassen sich jedoch unschwer wiederfinden.

Das Wahrnehmen der Runengestalten war die erste Stufe eines Erkenntnisprozesses. Die zweite jedoch konnte Odin nur durch das erbrachte Opfer der neuntägigen Entsagung zugänglich werden: Er „erkannte" die Bedeutung, den Sinngehalt und die Tiefe der Runen. Jetzt erst war es möglich, durch ihre Zauberkraft „zu ritzen" und „zu raten".

Rune bedeutet, vom gotischen Wort runa abgeleitet, das Geheimnis. Altsächsisch ist *runa* = „heimliches Flüstern". Und mittelhochdeutsch kommt *rune* die Bedeutung von „Geheim-

---

[17] siehe Kopp, Sheldon: Kopfunter hängend sehe ich alles anders, Köln 1982

nis" oder „Geflüster" zu. Der etymologische Inhalt drückt aus, daß wir es mit etwas „Heimlichem" zu tun haben. Es ist nicht für die Öffentlichkeit gedacht, sondern eher für die Eingeweihten. Das wiederum heißt für die damaligen Verhältnisse, daß die Runen zu magisch-rituellen Praktiken gebraucht wurden und nicht als Schriftzeichen für den Informationsfluß gedacht waren.

Weise ward ich da
Die für den Erwerb der Runen erforderliche Zurücknahme der Libido leistet Odin dadurch, daß er sich gegenteilig zu seinen bekannten Eigenschaften verhält. Der überaus aktive und kriegerische Gott macht sich völlig rezeptiv. Durch das Aufhängen schafft er die Umkehrung der herrschenden Prinzipien. Erst die freiwillig herbeigeführte Passivität steigert seine Aufnahmefähigkeit und Empfänglichkeit. Damit dieser auf der äußeren Ebene alles bezwingende Gott das erreichen konnte, mußte er sich zuvor mit seiner Triebnatur auseinandersetzen. Durch sie ist der Mensch an die Außenwelt und in regressive Prozesse gebunden, so daß er immer wieder der „Anhaftung" verfällt, wie dieser Vorgang im Buddhismus genannt wird. Das Opfer Odins gehört in die Reihe der Opfer, wie sie schon immer von den Avataren, den großen Kündern einer neuen Ära, erbracht wurden: Krishna, Buddha, Christus. Odin kann jetzt intensiver – begonnen hat diese Entwicklung bereits mit der Opferung seines Auges – nach innen, im Inneren sehen und in der Folge mit gewandeltem, erneuertem Blick nach Außen schauen. Hinter Alltäglichem kann er den tieferen Sinn wahrnehmen, und so werden gewöhnliche Zweige, Astgabelungen zu zauberkräftigen Symbolen, die auf seiner Stufe der Bewußtseinsentwicklung eine wichtige Bedeutung haben.
Das Hängeopfer Odins zeigt gewisse strukturelle Verwandtschaften mit dem Weg Moses auf den Berg Sinai. [18] Moses erhielt von Gott den Befehl, sein Volk drei Tage enthaltsam le-

18 2 Mos. 19,20

ben zu lassen, bis er am dritten Tage auf dem Berg Sinai erscheinen werde. Während es sich jedoch bei Moses, der hier dem Volk Israel die 10 Gebote mitbrachte, mehr um eine ethisch-moralische Dimension handelt, erwirbt Odin neues Wissen und vergrößert damit die Macht der Magie. Durch sein Hängen am Weltenbaum gelingt es Odin, einen überbewußten Bewußtseinszustand zu erlangen. Erst dadurch ließ sich die Entwicklung, die mit der Eroberung des Skaldenmets eine weitere Steigerung erfahren hatte, weiterführen. Mit den Runen wurden Sprachgestalt und Wortgestalt als Schrift miteinander verbunden, in einer Weise wie wertvolle Flüssigkeit auch ein angemessen schönes Gefäß bekommt.

Werk mich von Werk zu Werk führte

Um dieses Gefäß zu entwickeln und zu formen, war für Odin eine Reihe von Initiationen erforderlich. Erst durch sie konnte er zu den Kräften und Energien der Elemente den Zugang bekommen, der ihn zur magischen Praxis befähigte. In der Mysterienpraxis, wie sie bis in die Gegenwart esoterische Orden (Rosenkreuzer, Freimaurer) durchführen, durchschreiten die Initianten eine Prüfung, wenn sie die hierzu erforderliche Vorbereitungen abgeschlossen haben. Das erste Element ist die Erde, wobei das damit verbundene unterirdische Reich meist durch eine dunkle Kammer symbolisiert wird. Bei der Prüfung wird der Initiant eingeschlossen und verbleibt dort drei Tage. Die Probe absolvierte Odin während der drei Nächte, die er bei der Mysterienmeisterin Gunnlöd in der Berghöhle verbrachte. Die „Wasserprobe" hatte Odin bereits bestanden, als er am Mimisbrunnen sein Auge opferte.
Wenn es heißt „im windigen Baum", so ist schon in der zweiten Zeile des Liedes die Zuordnung zum Element Luft angedeutet. Dies weist auf eine Initiation für die Energien des Luftelementes hin. Die noch ausstehende „Feuerprobe" bestand er am Hof von König Geirröd, als er acht Nächte am Feuer saß: Odin war unerkannt an den Hof seines Schützlings Geirröd gekommen, um ihn zu prüfen. Er hatte sich unter dem Namen Grimnir vorgestellt und war von Geirröd für einen bösen Zau-

berer gehalten worden, weil sich kein Hund in die Nähe des Fremden gewagt hatte. Um ihn zum Reden zu zwingen, hatte er ihn zwischen zwei Feuer setzen lassen. Dort saß Odin ohne Speise und Trank. Nur Geirröds Sohn versorgte ihn mit dem Nötigsten und klagte seinen Vater für die grundlose Pein an, die er dem Fremden zufügte. Am neunten Tage spricht Odin endlich:

Heiß bist du, Feuer,
und viel zu hoch;
weich, Flamme, fort!
Es glimmt mein Pelz,
heb ich gleich ihn hoch;
es brennt der Mantel mir.

Acht Nächte
saß ich nah den Feuern,
da mir niemand Nahrung bot,
als einzig Agnar,
der Erbe Geirröds,
der das Heervolk beherrschen
soll.[19]

Wieder ist es die Neun-Zahl, die uns hier begegnet. Acht Nächte verbringt Odin am Feuer, am neunten Tage berichtet er, was geschehen ist. In einer außerordentlichen Belastungsprobe ist er den Kräften des Feuers ausgesetzt, um die Feuerprobe zu bestehen. De Vries berichtet von dem Aufnahmeritus in einen Männerbund, bei dem die Hitze eines Feuers durchquert werden muß.[20] Auch eine Ähnlichkeit zu einer dem indischen Somaopfer vorangehende Weihe läßt sich erkennen, denn dort muß der Initiant hungernd und wachend in ein Antilopenfell gehüllt neben dem Opferfeuer sitzen. Dabei soll bezweckt werden, daß der sich zum Opfer Vorbereitende in eine geistige Erregung versetzt wird, die ihn befähigt, mit den Göttern in Beziehung zu treten. Bei Odin bekommt die Feuerprobe noch die zusätzliche Qualität, daß er, im Gegensatz zu den ihn umgebenden Sterblichen, der Vernichtung und der gewaltigen Kraft des Feuers widerstehen kann und damit einen Beweis für die Gegenwart göttlicher Wundermacht gibt. Im Grimnirlied berichtet Odin, als er das Feuer überwunden hatte, visionsartig vom Zustand der Welten und Wohnstätten, die in

[19] Grimnirlied 1,2, Genzmer, S. 44
[20] de Vries, S. 310, § 337

der Weltesche enthalten sind. Dabei fällt auf, daß weder vom Mimisbrunnen, noch vom Hängeopfer gesprochen wird. Daraus läßt sich annehmen, daß es sich hierbei um einen Initiationsgrad vor der Wasser- und Luftprobe handelt.

Odin, der Mysterienmeister und Initiant gleichzeitig zu sein scheint, schließt die Belehrungen mit den dichterischen Worten ab:

Ich wies dir vieles,
doch wenig verstandest du:
dich läßt fallen dein Freund;
liegen seh ich,
besudelt im Blut,
meines Schützlings Schwert.

Schwertmüde Beute
soll der Schlachtengott haben:
dein Leben verlierst du nun;
unhold sind dir die Disen (Schicksalsfrauen),
jetzt kannst du Odin sehen:
nun komm, wenn du kannst! [21]

An diesen beschwörenden und unheilkündenden Worten erkennt König Geirröd, daß er die Initiation des Odin nicht bestanden hat und deshalb sterben muß. Er versucht das Unglück abzuwenden und beeilt sich, Odin vom Feuer wegzuziehen. Dabei stolpert er und stürzt in sein Schwert.

Die Schuld Geirröds bestand auf der gesellschaftlichen Ebene lediglich darin, daß er sich Odins Kult nicht in gefordertem Maße angeschlossen hatte und eigene Wege gegangen war – ein Verhalten, das dem germanischen Ehrenkodex widersprach und nicht ungesühnt bleiben durfte. Im Sinne der spirituellen Entwicklung hat er die notwendige Reife noch nicht entwickelt: Er verdächtigt den Unbekannten der bösen Zauberei, quält ihn mit dem Feuer und verschließt sich gegenüber dessen Leid. Mit einem solchen Verhalten bleibt der König jedoch unter seinen Möglichkeiten, Anteilnahme zu zeigen und Hilfe zu leisten. Dies darf sich ein Gastgeber nicht leisten, besonders wenn er zum Schützling der Gottheit geworden ist. Dabei geht es nicht um „Bravsein" in einem äußeren Sinn, sondern ob ethische und moralische Werte ausreichend entwickelt und verinnerlicht worden sind.

[21] Griminirlied 46, 47, Genzmer, S. 49

Wenn wir uns die kleine intellektuelle Spielerei erlauben und die Rollen Odins und Geirröd tauschen, wird die Dynamik rasch deutlich: Geirröd sitzt als Initiant am Feuer, Odin ist der Mysterienmeister. Der Initiant wird einer Probe unterzogen, um seine Fähigkeit unter Beweis zustellen, ob er seine Bedürfnisse nach Triebabfuhr, Leidenschaft, Macht, Anerkennung usw. schon ausreichend kontrollieren, beherrschen und zugunsten von höheren Interessen zurückstellen oder opfern kann. Die Kraft des reinigenden und läuternden Feuers soll dies zeigen. Wenn sich der Initiant dieser Belastungsprobe nicht gewachsen zeigt, riskiert er dabei, wie bei allen echten Initiationsriten, sein Leben. Das Feuer repräsentiert hier das Licht und die Kraft der Sonne, in der sich das Geheimnis der Gottheit manifestiert. Es ist eine doppeldeutige Kraft, denn sie reinigt, verbrennt und zerstört das Unreine, das Unbeständige, das zur ursprünglichen Einheit zurückkehren muß und zu einer weiteren Existenz kein Anrecht mehr besitzt.

Geirröds Verhalten weist die im Mysterium geforderte Reife nicht auf. Das von ihm selbst entfachte Feuer fordert seinen Tribut: Er will den wahren Geist des Fremden durch die Kraft des Feuers, der er selbst noch nicht gewachsen ist, zum Vorschein bringen. Tatsächlich jedoch zwingt er unfreiwillig die Wahrheit seines eigenen Wesen in das erhellende Licht, in dem es keinen Bestand hat.

In einer subjektstufigen Betrachtung dieser Mythe zeigt sich Odin auf den verschiedensten Ebenen: Er ist Fremder, Gast, König, Sohn des Königs und das Feuer. Unter dem Begriff „Subjektstufe" wird in der jungianischen Psychologie die Auffassung verstanden, alle in Träumen oder Phantasien auftauchenden Personen oder Gegenstände ganz auf die eigene Psyche zu beziehen. Das Gegenteil ist die „Objektstufe". Bei dieser Betrachtungsweise wird alles in der Außenwelt belassen und auf diese bezogen. Wenn wir bereit und fähig sind, diese Gestalten und Kräfte als unsere eigenen anzuerkennen, so können wir uns wiederfinden und eigene Anteile durchlichten. Wir selbst sind es, die uns – meist unbewußt – prüfen. Wir selbst sind Schützlinge, die weitere Reifungsschritte machen und nicht immer erfolgreich sind. Unsere Ängste hemmen unseren kritischen Blick auf uns selbst oder lassen ihn nicht freundlich und wohlwollend genug überprüfen. Wie es Geirröds Mißtrauen ist, das seine Zerstörung einleitet, sind es unsere eigenen negativen Projektionen auf unsere Umgebung, die uns zum Stolpern bringen und im eigenen Schwert, dem Symbol der Trennung und Unterscheidung, umkommen lassen. Es ist tröstlich zu wissen, daß in der Natur und bei den psychischen Prozessen häufige Wiederholungen mit einem Neubeginn möglich sind.

Odins Attribute
und seine Symbole

Wir haben Odin als den einäugigen Mann kennengelernt, der mit Schlapphut und blauem Mantel gekleidet ist, an seiner Hand den Ring Draupnir trägt, einen Speer bei sich hat, auf dem grauen Hengst Sleipnir reitet und von zwei Raben und zwei Wölfen begleitet wird. Gelegentlich verwandelt er sich auch in einen Adler. Ein vorsichtiger Versuch, aus dieser mythischen Komposition und entlang seiner Symbole ein Psychogramm der Gottheit zu entwerfen, könnte folgendermaßen aussehen:

Mit Hut und Mantel bekleidet stellt sich Odin als eine Wesenheit in Königswürden und mit Zauberkräften ausgestattet dar, dem es gelungen ist, „alles unter einen Hut zu bringen", wie es der Volksmund ausdrückt. Mit dem breitkrempigen Hut und dem meist als blau beschriebenen Mantel verhüllt er sich in düsterer Weise, nebelgleich, und bringt damit Assoziationen an Herbsttage und die Zeit des Sterbens. Diese für ihn kennzeichnenden Kleidungsstücke gestatten es ihm, sich mit einer gewissen Anonymität unter das Volk zu mischen und in der Weise, wie es später der keltische Merlin getan hat, sein zauberisches Wirken durchzuführen.

Odin wurde bei seinem unruhigen Leben und der häufigen Wanderschaft – wenn auch meist zu spät – an seiner Kleidung erkannt. Sie ist Teil seiner Persona, denjenigen Persönlichkeitsanteilen, mit der er sich seiner Umgebung zeigt. Die Kleidung ist gewissermaßen sein Markenzeichen. Daß er sich mit dieser Verhüllung in seiner Individualität auch selbst schützt, ist offenkundig, doch ist sie nicht nur Tarnung seines Ichs. Vielmehr sind seine Kleidungsstücke und Symbole gleichsam die Insignien für den Status des Zauberers, der aus seiner magischen Kraft heraus zum Gestaltwandel fähig ist.

Mannhardt berichtet in „Wald- und Feldkulte"[22] von einem

[22] Mannhardt, Wald- und Feldkulte, Bd. 2, Berlin 1904 – 1905, S. 85

deutschen Volksglauben, daß sich der durch den Hexenbesen verursachte Wirbelwind alsbald unterbrechen ließe, wenn man den Hut hinwerfe. Hinter diesem Glauben steckt die Ansicht, daß der Hut die Oberherrschaft über die Dämonen begründet. [23] So ist es auch die Zauberkraft im Märchen „Die Gänsemagd", [24] mit der die als Gänsemagd arbeitende Königstochter dem Kürtchen sein Hütchen wegbläst und ihn dadurch in Verwirrung versetzt. Bei Odin ist der Hut nicht nur einfacher Schutz gegen Hitze oder Kälte, vielmehr ist er verräterisches Dach für die unter ihm angesammelten und vereinten Potenzen.

Odins Mantel gilt als rauh, gefleckt, blau, seltener auch grau und erinnert an König Drosselbart, [25] der gelegentlich mit Odin identifiziert wurde. Es ist der tarnende Wunschmantel, der im Sinne einer Tarnkappe unsichtbar macht, [26] und ein weiteres Symbol von Odins Verwandlungsfähigkeit. Da Odin später unter dem Christentum verteufelt wurde, trägt auch der Teufel einen dunklen Mantel.

Der Mantel als Symbol enthält noch eine weitere Bedeutung: Nur wer einen Mantel besitzt, kann ihn wie der heilige Martin mit anderen teilen, d. h. hinter dem Mantel kann sich Reichtum und Wohlstand verbergen.

Ein weiteres wichtiges Symbol ist der Ring Draupnir, „der Träufler", von dem in jeder neunten Nacht acht ebenso kostbare Ringe tropfen. Dieser goldene Ring ist ein Symbol der zyklischen Zeit, die ihrerseits Ausdruck der kosmischen Ordnung ist. Er gehört in den magischen Bereich, denn an ihm haften die Qualitäten eines Wunschringes, mit dem sich der Besitzer unsichtbar machen und Wünsche erfüllen lassen kann. Aber dieser Ring ist auch ein Ausdruck für Odins Macht, die ihm aus dem Zwergenreich zugewachsen ist und nun unter seiner

[23] von Beit, Hedwig, Bd.1, S. 526
[24] KHM Nr. 89
[25] KHM Nr. 52
[26] Diese Eigenschaft findet sich wie in vielen Märchen auch im Grimms Märchen „Der Trommler". KHM Nr. 71

232

Verantwortung in Form eines ewigen Prinzips, vollendet geformt, in der Welt wirkt. In sich selbst voll-kommen und doch nach Veränderung strebend, ist es das paradoxe Mysterium der Gottheit.

Beim germanischen Stamm der Chatten, so Tacitus, [27] wurde ein eiserner Fingerring als eine Art Fessel getragen. Von Wotan/Odin durch ekstatische Rituale in der „Berserkerwut" gebunden, wurden sie von diesem Ring erst wieder befreit, wenn sie entweder den Feind besiegt hatten oder als erwählte Helden von den Walküren nach Walhall berufen wurden. Die Eigenschaften des Tröpfelns im Rahmen einer zyklischen Zeitvorgabe von neun Nächten weist den Ring auch als Fruchtbarkeitssymbol aus.

Zu den Insignien Odins gehört besonders der Speer Gungnir, der in seinem Stoß nie innehielt und nie sein Ziel verfehlte. Wenn Odin ihn über das gegnerische Heer warf, waren alle Feinde, über die der Speer flog, dem Tode geweiht. Mit ihm verwundete Odin sich selbst bei seinem Hängeopfer im Baum Yggdrasil. „Odin hat euch alle" wurde gerufen, wenn der Speer über die Feinde flog. Auch wurde gesagt, daß Gungnir von selbst die Feinde niedermähte. [28] So war dieser Speer nicht einfach nur Waffe, sondern Zauberwaffe und Zauberstab, der als Attribut des Himmelsgottes die Weltachse symbolisiert und den Kosmos zentriert. Über die kriegerische Ebene hinaus drückte sich auch die lebensspendende und Fruchtbarkeit gebende Kraft aus. Er war gleichzeitig Sonnenstrahl und Phallus der Gottheit. Der römische Gott Mars und die griechische Athene trugen ebenfalls den Speer und bei den Germanen war der kultisch verehrte Speer in der Mitte des Thingplatzes als Rechtssymbol aufgerichtet.

Lanze und Speer besaßen bei den frühen Germanen eine größere Bedeutung als das Schwert, was sich nur teilweise auf den Eisenmangel im germanischen Sprachraum zurückführen läßt. Der germanische Weihespeer hat sich bis in christli-

27 Tacitus, Germaniae, c. 31
28 von Beit, Hedwig, Bd. 1, S. 401

che Zeit erhalten. Es wird berichtet, daß Otto I. in der Schlacht auf dem Lechfeld den Speer des Erzengels Michael vorantragen ließ. Besondere Legenden bildeten sich im Mittelalter um die Lanze des Soldaten Longinus, der damit Christus am Kreuz die Seite geöffnet haben soll.

Vielschichtiger als bei den eben genannten Symbolen wird die Bedeutung von Odins Pferd Sleipnir. Der Name kann als „der rasch dahin Gleitende" übersetzt werden und durch seine achtbeinige Gestalt mit Wind und Sturm in Verbindung gebracht werden. Sleipnir ist in besonderer Weise fähig, in kürzester Zeit ungewöhnlich große Räume und Strecken zu durcheilen. Dabei kann er mühelos über hohe Zäune springen und leicht über das Wasser dahingleiten, eine Eigenschaft, die sich besonders in Sagen und Märchen erhalten hat (s. Fausts Pferd). Das Bild des Mächtigen steigert sich deutlich, wenn Odin auf seinem Pferd Sleipnir sitzt. Odin wird damit ausgezeichnet als der Herrscher, der mit wahrer Meisterschaft die Triebwelt und das animalisch körperliche Leben steuern und lenken kann. Das achtfüßige Pferd ist nicht nur der Inbegriff der Bewegung und Geschwindigkeit, es verweist durch die Verdoppelung der Vier auf die Ganzheit und das Selbst. Das bedeutet, daß der eigentliche Doppelaspekt des Pferdes, durch das es sowohl Lebens- als auch Todessymbol ist, unter den besonderen Bedingungen über die Dualität hinaus auf die Ganzheit verweist.

Das Pferd, das Roß besitzt in der Vorstellung der Germanen besondere Wichtigkeit. Es ist nicht nur Begleiter der obersten Gottheit und in dieser Weise untrennbar mit ihm verbunden, es ist Repräsentant des Windes und des Sturmes, ja des Himmels. Darüber hinaus wirkt es als Schutzgeist, wie dies die in Holz geschnitzten, gekreuzten Pferdeköpfe auf den Dächern norddeutscher Bauernhäuser auch heute noch bezeugen. Der Pferdephallus (Völsi) war Fruchtbarkeitssymbol und erfuhr bei der bäuerlichen Bevölkerung besondere Verehrung.

Eine der wichtigsten Grabbeigaben für den Toten war das Pferd. Es trug den Toten auf seinem Rücken und glich in dieser Funktion dem „Totenschiff", das die Verstorbenen über den Jenseitsfluß brachte. Deshalb wurde das Pferd des Toten entweder zu ihm ins Grab gelegt oder mit ihm verbrannt, wie dies im Mythos von Balders Tod geschieht.

Es gibt viele Geschichten und Märchen, die davon berichten, wie Raben oder Krähen über dem Gehängten sitzen, gewissermaßen als Geist des Toten und von Ereignissen sprechen und künden, die demjenigen, der sie wahrnehmen und interpretieren kann, die Zukunft weisen. So ist der Rabe zauberkundiger Seelenvogel, als solcher klug und die finsteren, wie auch die lichtvollen Aspekte des Lebens verkörpernd. Zwei Raben sind es, die Odin umkreisen und die von ihm als Schicksalsbringer, Sieges- oder Todesboten ausgesandt werden. Huginn ("das Denken"), Muninn ("das Gedächtnis"), wie die beiden heißen, zeigen mit ihren Namen die Zugehörigkeit Odins zum Luftbereich und der damit verbundenen intellektuellen und geistigen Dimension. „Caput corve", das Rabenhaupt, nennt sich in der Alchemie der Prozeß des Nigredo, der Vorgang der Tötung, Auslösung, Sündenschwärze, Melancholie. Dies unterstreicht die Todesnähe des Raben. [29]

Auch in anderen Kulturkreisen werden Götter von Raben begleitet, so der iranische Mithras und der griechische Apoll, der selbst gelegentlich in Rabengestalt erscheinen konnte. Raben, bekannt als kluge und gelehrige Vögel, können vom Menschen das Sprechen lernen und kennen die Quellen des Lebenswassers. Durch das Studium zahlreicher Märchen läßt sich der Geist des Raben als der Geist des Vaters identifizieren, der in dieser Gestalt auftritt und wirkt.

Demgegenüber finden wir in den ihn beiden Wölfen Geri („der Gierige") und Freki („der Gefräßige") die Aspekte der Großen Mutter in ihrer fressenden und verschlingenden Seite. Graue Wölfe verkörpern die dunkle Gier, die verschlingende Triebhaftigkeit des Unbewußten, wobei besonders die Unerbittlichkeit und Grausamkeit dieser Gier gesehen werden muß. So war auch der graue Wolf ein Begleiter der russischen Baba Yaga. Der Wolf galt als Unterweltsdämon, womit wieder die Verwandtschaft mit Odin deutlich wird: Wie der griechische Cha-

---

[29] von Beit, Hedwig, Bd. 1, S. 713

ron, der als Fährmann die Verstorbenen mit seinem Nachen zum Hades geleitete, mit Wolfsohren beschrieben wird, so heißt es auch von Odin, er sei Fährmann in die Totenwelt. Die Wölfe, auch als Reittiere der Riesinnen im Eisenwald bekannt, verkörpern die Affekte in ihrer aggressiven und gefährlichen Form. Sie besitzen aber auch sehr positive Aspekte, denn im griechischen heißt der Wolf Lykos, was „Licht" bedeutet und so wird es verständlich, daß sie die Begleiter des Lichtgottes Apoll sind. Der Widerspruch zwischen den dunklen und lichten Aspekten des Wolfes ist unter Gesichtspunkten der Bewußtseinsentwicklung zu verstehen. Aus dem Bereich der Großen Mutter drängen die Bewußtseinskräfte hervor, die sich zunächst nur sehr schwach bemerkbar machen können und mit Affekten, auch in wölfischer Dimension, einhergehen. Sobald in der Entwicklung mehr Bewußtheit, mehr Ichpositionen zur Verfügung stehen, wandeln sich dieselben Kräfte und werden zu Repräsentanten lichtvollerer Positionen.

In eine solche Lichtwelt steigt Odin auf, als er in der Höhle Gunnlöds den Skaldenmet geschluckt hat und sich als Adler flüchtend in die Lüfte erhebt. Zu diesem Gott, der sich lichtvoll an den Himmel schwingen kann und in wahrhaft königlicher Würde seine Herrschaft ausübt, kann Odin nur nach einer langen Bewußtseinsentwicklung gelangen. Ein wichtiger Schritt auf diesem Weg war das Opfer seines Auges am Mimisbrunnen, durch das er das nach außen gewandte Erkenntnisvermögen zu Gunsten der Weisheit einer inneren Welt opfert. Opfern konnte er jedoch nur, weil er es sich vorher in einem langen Weg erworben hatte, jetzt aber erkannte, daß er zugunsten seiner Ganzheit einen weiteren Schritt tun mußte. Durch den Schluck aus Mimirs Brunnen war es ihm möglich, Vorder- und Hintergründiges, Inneres und Äußeres, bewußte und unbewußte Aspekte, profane und magische Welt gleichermaßen miteinander zu verbinden. Jetzt ist er Geistgott mit einer naturhaften Gestalt, der nun in neuer Weise einäugig ist.

Odin besitzt im ägyptischen Seth eine Entsprechung. Dieser war einäugig, weil er sein wiedergewonnenes Auge zur Wiederbelebung seines eigenen Vaters opferte. Hier handelt es sich

nicht um das undifferenzierte Auge des griechischen Poly-
phem, den Odysseus überwinden mußte, denn Odins „Ein-
Auge" ist ein Symbol des ganzheitlichen Sehens. Es beinhaltet das realistische äußere Sehen und Erkennen ebenso wie
das intuitives Erschauen der inneren Gestalt, des inneren
Wirkprinzips und des eigentlichen Sinns. Erst dadurch wird
Odin zum Archetypus des alten Weisen.

Die drei Ebenen Odins

Betrachtet man die nachstehende Abbildung, so fällt Odins
Durchdringung mit der Drei auf. In verschiedenen Ebenen finden sich paarige Kombinationen, die jeweils von Odin zentriert werden: Die beiden Wölfe befinden sich auf der Erde und
sind Symbole der Fühlfunktion, die es zur weiteren Ausdifferenzierung dringend bedarf. Speer und Ring drücken den Bereich des Handelns aus, der als Grundlage das Element Feuer
benötigt. Der Luftraum, repräsentiert durch die beiden Raben,
steht für das umsichtige und abstrahierende Denken. Gerade
durch diese Vielfalt der Symbole – auch Hut und Mantel gehören dazu – und die Herrschaft über die dazugehörenden Bereiche zeichnet sich Odin als Allherrscher aus, dessen Kompetenz von der Unterwelt bis zum Himmelsgott reicht.

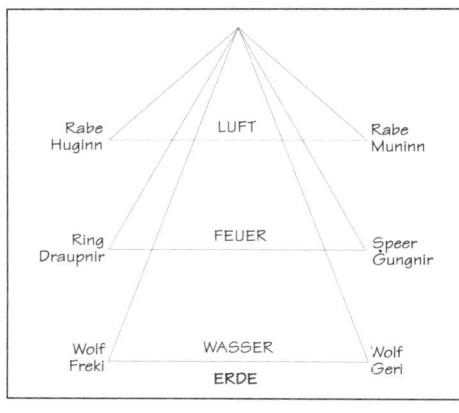

In erster Linie führt
uns Odin in seinen At-
tributen die Dreiglied-
rigkeit des Menschen
vor Augen. Fühlen,
Denken und Wollen
sind die Bereiche, die
den Menschen aus-
zeichnen und die es in
Einklang zu bringen
gilt. Erreichen läßt
sich diese Harmonie
erst, wenn die einzel-

Odin und seine Attribute in der Dreigliederung

nen Bereiche entwickelt sind. Dies geschieht in nacheinander erfolgenden Ausdifferenzierungsprozessen, die teilweise mit erheblicher Unruhe für das Individuum vonstatten gehen. Besonders ist davon jeweils die Umgebung betroffen, wenn ein Mensch sich in seinem Wollen zu entwickeln beginnt. Unweigerlich stößt er hier auf Grenzen, die ihm seine Mitmenschen – meist aus ähnlich gelagerten eigenen Bedürfnissen heraus – entgegensetzen. Der Wille setzt ein funktionstüchtiges Ich voraus. Dieses wiederum kann sich nur in der Auseinandersetzung mit den umgebenden Schwierigkeiten und Hindernissen kämpfend und ringend entwickeln.

Odins Symbole zeigen trotz ihrer Einfachheit den Aufstieg dieser Gottheit aus den Bereichen der Großen Mutter zum patriarchalen Geistvater.

Balder, Odins Lieblingssohn

Balder ist der erklärte Lieblingssohn Odins und Friggs. Seine Gestalt wird verschieden gedeutet: Zum einen wird er als ein Herrschaftsgott mit patriarchalen Eigenschaften gesehen, zum andern gilt er als Fruchtbarkeitsgott (Ähnlichkeiten zwischen Freyr und Balder). Ferner wird er als Gott des Rechtes angesehen, was besonders in seinem Sohn Forseti zum Ausdruck kommt. Er gilt als Gott der Unschuld und in naturmythologischem Sinne als Sonnengott, der gegen die Mächte der Finsternis kämpft und verliert. Er ist als der Lichtgott das Tageslicht, das regelmäßig geht und wiederkommt. Durch diese Verbindung zum Licht haftet Balders Gestalt etwas Irreales an, was in der Aussage zum Ausdruck kommt, seine Entscheidungen hätten (wie das Tageslicht!) keinen Bestand. Balders Urteile gehören der überirdischen Sphäre an, sind also irreal, während Götter wie Odin und Thor sich im täglichen Leben durchsetzen. [1]

Der hehre Balder wird von vielen Forschern als eine Art nordeuropäischer Christus verstanden, der in seinem strahlenden Licht und mit seinen edlen Charaktereigenschaften alles übertrifft. Da über ihn nichts Negatives berichtet wird, kann er als die göttliche Idealgestalt angesehen werden. Er ist der lichtvolle Balder ohne Probleme, konfliktlos und von allen geliebt. Dieser brav wirkende Gott ist also der Lieblingssohn Odins! Allerdings ist es schwer vorstellbar, daß eine so hochdynamische Persönlichkeit wie Odin auf Dauer Freude an einem solchen Sohn haben könnte. Dies läßt sich nur erklären, wenn Balder als ein narzistisch besetzter Persönlichkeitsanteil Odins betrachtet wird. In der Mythe wird der einseitige Charakter Balders durch seinen Bruder Hödr ergänzt. Dessen Gestalt weist eine polare Struktur zu ihm auf, auch wenn dieser sonst

---

[1] Lorenz, S. 321

keine sehr interessanten Züge zeigt. Hödr, der spätere Töter Balders, wird als blind beschrieben – möglicherweise historisch eine spätere Veränderung seiner Gestalt – aber auch als kämpferisch und überaus stark gekennzeichnet. Obwohl Hödr blind ist und seine Hand in der Mythe beim tödlichen Schuß von Loki geführt wird, handelt es sich bei ihm, seinem Namen („Kämpfer") entsprechend, um eine aktiv handelnde Gestalt. [2] Durch die Blindheit eignet sich Hödr ganz besonders, in Polarität zum lichtvollen Balder zu treten. Könnte man Balder mit dem Frühling und dem Sommer in Verbindung bringen, so müßte Hödr dem kalten Winter zugeordnet werden.

Aber auch Odin hat mit Hödr etwas gemeinsam: Odin führt u. a. den Namen Helblindi oder Gunblindi, was ihn als Blinden kennzeichnet. Hödr und Odin lassen sich auf diese Weise den Todesaspekten zuordnen. So wechselt die Zeit der Fruchtbarkeit, die Zeit des Lichtes sich ab mit der Zeit der Ruhe und Finsternis, wie wir sie in vieler Weise polarisiert finden. Was bei Hödr als negativer Aspekt erscheint, ist in Wahrheit ein Teil des Naturkreislaufes, ohne den einseitiges, naturhaftes Wuchern die Folge wäre.

*

In der älteren Edda gibt es ein Gedicht, das sich „Balders Träume" nennt. Hier wird beschrieben, wie Odin zur schlafenden Seherin Völva reitet, um von ihr die Zusammenhänge um Balders Tod zu erfahren. Er weckt mit Zauberliedern die schlafende Völva (*völva*, Seherin) und gibt sich ihr gegenüber nicht als Odin zu erkennen. Widerwillig antwortet ihm die Seherin auf seine Fragen und verkündet ihm den baldigen Tod Balders durch Hödrs Hand. Erst Rindrs Sohn Vali werde als eintägiges Kind Balder rächen. [3]

Wieder ist es eine Pflanze, die an dieser schicksalhaften Stelle mitbeteiligt ist: die Mistel als Teil eines Baumes. Als durch Balders Träume bekannt wurde, daß er sterben könnte, hatten die Asen jedermann, auch die Pflanzen schwören lassen, dem

---

[2] de Vries, § 481
[3] „Balders Träume", Die Edda, Diederichs 1983, S. 51

von allen geliebten Balder kein Leid zuzufügen. Dabei wurde die Mistel vergessen oder nicht ernstgenommen, weil sie zu jung schien.

Die Mistel (*viscum*) ist eine schmarotzende Pflanzengattung und nicht mit der Mispel zu verwechseln. [4] Sie wächst strauchartig mit kurzem Stamm, grünlichen und gabeligen Zweigen, auf Bäumen. Ihre winterharten Blätter sind ledrig, werden später golden; die Beeren sind weiß und einsamig. Die Mistel wächst im Winter besonders gerne auf der Eiche und bleibt grün. Die Eiche selbst dagegen verliert alle ihre Blätter. Da die Mistel außerdem nicht auf dem Boden wächst, sondern ausschließlich aus den Zweigen und Ästen des Baumes heraus, wurde lange Zeit angenommen, daß die Mistel vom Himmel herabfällt, was ja auch tatsächlich der Vermehrungsweise durch Vogeldung entspricht. Der von der Mistel befallene Baum wurde deshalb als von der Gottheit ausgezeichnet angesehen. Frazer verweist in seinem berühmten Buch „Der goldene Zweig" auf den besonderen Zusammenhang zwischen Mistel und Eiche: „Die Mistel galt als Sitz des Lebens der Eiche, und solange sie unbeschädigt war, vermochte nichts die Eiche zu töten oder auch nur zu verwunden." [5]

Zum Zeitpunkt der Wintersonnwende, wenn die Nacht am längsten und die Sonne an ihrem tiefsten Stand am Himmel angelangt ist, symbolisiert der Mistelzweig das neue Leben. Entsprechend heilig wurde die Eiche angesehen und das Schneiden des Mistelzweiges war nur den eingeweihten Priestern oder bei den Kelten den Druiden vorbehalten. Sorgsam wurde der tragende Baum mit begleitendem Rezitieren von Zauberformeln dreimal umschritten und die Mistel mit einem Dolch geschnitten. Der so erworbene Zweig galt als Schutz im Kampf oder wurde als Zaubermittel gegen die verschiedensten Gefahren eingesetzt. In Schottland z. B. sollte ein unter solchen Bedingungen geschnittener Zweig, dem Kind in die

---

[4] Mispel, mespilus germanica, ein Kernobstbäumchen mit grauglänzender Rinde, weißen Blüten und zwiebelförmiger Apfelfrucht (Brockhaus 1950)

[5] Frazer, Der goldene Zweig, S. 967

Wiege gelegt, verhindern, daß es von Feen gegen Elfenkinder ausgetauscht werden konnte. Auch heute noch finden wir auf jedem Weihnachtsmarkt die Möglichkeit, Mistelzweige zu erwerben, die, an die Decke der Wohnung gehängt, schützen sollen. Heute sind die Wissenschaftler den Heilkräften auf der Spur. Besonders anthroposophische Ärzte sind von der Heilkraft der Mistel überzeugt und setzen sie bei der Krebsbehandlung ein. Wichtig soll bei alledem sein, daß der geschnittene Zweig auf keinen Fall mit der Erde in Berührung gebracht wird, damit er seine besonderen Kräfte nicht an die Erde abgibt und verliert.

Frazer gibt noch eine Deutung für das Phänomen der Mistel: Er setzt Balder der Verkörperung einer misteltragenden Eiche gleich, deren Tod sich nur durch einen Blitzstrahl erklären lasse. Balder's Leben sei in der Mistel, dem geheimnisvollen Schmarotzer zwischen Himmel und Erde aufbewahrt gewesen. Er mußte also sterben, wenn der Eiche die Mistel, Balder's Seele, abgeschnitten wurde.

So rasch kann also Leben enden, wenn wir nicht, wie es in einem Spruch heißt, der Platon nachgesagt wird, „das Sterben üben". Hinter der Gestalt des Balder steht demnach ein menschliches Bedürfnis nach Unvergänglichkeit und Ewigkeit. Ein sehr verständlicher Wunsch, der allerdings eine Grundtatsache biologischen Lebens, d. h. sterben zu müssen, nicht verhindern kann. Daß dieser schöne, gütige, von allen geliebte Balder ausgerechnet durch den blinden Hödr sterben muß, scheint mehr als eine Ironie des Schicksals zu sein. Wagen wir den Versuch, Hödr mit den Kräften des Winters gleichzusetzen, der unausweichlich in unseren Breiten jährlich, zyklisch wiederkehrt und alle grünende Natur zum Sterben und Verwelken zwingt. Doch gerade um diese Zeit, wenn der vielgeliebte Frühling, der warme Sommer tot ist, steht die Mistel in vollem Saft und ihrer ganzen Reife. So betrachtet findet sich in der Tötungsabsicht Lokis eine tiefe Übereinstimmung mit dem „Selbst" der Erde und den ihr innewohnenden Rhythmen. Zu diesem Zeitpunkt wird die Mistel geschnitten, d. h. der Geist der Eiche einem neuen Jahreszyklus zugeführt.

Wie einen Zen-Bogenschützen, der trifft – blind trifft! –, sobald er in seiner Meditation mit dem Ziel eins geworden ist, müssen wir Hödr sehen. Er ist eins mit der Erde, mit ihren Lebensprozessen und Eigenheiten, wie sie an dieser Stelle, an diesem geographischen Punkt, nur einmal herrschen: der Höchststand der Sonne ist vorbei, es ist Winter, auf ihn heißt es sich einstellen, sonst drohen neue Gefahren.

Odin und seine Asen hatten so viele Vorsichtsmaßnahmen getroffen, so viele Versicherungen abgeschlossen, wie wir es heute nennen und tun würden, daß sie die Erfüllung der Prophezeihung um Balders Tod nicht mehr zu fürchten glaubten. Aber, wir können dies paradox formulieren, sie drängten den Tod als Lebensprozeß beiseite, sie versuchten Ewigkeit zu erzwingen, wo Vergänglichkeit angesagt war. Und so wurden natürliche Kräfte zu dunklen, schattenhaften, weil sie mißachtet wurden. C. G. Jung formuliert präzise, wenn er schreibt: „Der Schatten wirkt immer tödlich, wenn ... zu wenig Bewußtsein vorhanden ist, um das Heldenwerk zu vollenden."[6] Das Heldenwerk (die Prophezeihung, den Tod zu überwinden) konnte nicht gelingen, wenn lebensnotwendige Prozesse (in Gestalt des Winters) bekämpft wurden. Sicher, der Winter, in Gestalt der Eis-, Reif- und Nebelriesen, war den Asen gefährlich, aber die Möglichkeiten ihres Bewußtseins war noch nicht so weit entwickelt, hier die dahinterliegende, aus der Tiefe herauswirkende Ordnung zu begreifen und sich auf sie einzustellen. Und so mußte das Schicksal, das eigentlich auf diese Weise gar keines mehr war, sondern psychologisch bedingte Folge eines Handelns, seinen Lauf nehmen.

Je mehr der Mensch versucht, dem von ihm vermuteten Geschick zu entrinnen, um so mehr holt es ihn ein. So lehren es die Mythen und Märchen. Der Pharao läßt die neugeborenen Knaben der Hebräer töten, um ihre Wehrkraft zu zerstören – Moses überlebte in seinem Weidenkorb und wurde der neue Führer seines Volkes. Dasselbe wiederholte sich bei Herodes, der den Jesusknaben töten lassen wollte.

[6] C.G. Jung Symbole der Wandlung, S. 446

In dem bekannten Märchen „Dornröschen"[7] läßt der König
alle Spindeln verbrennen, um zu verhindern, daß sich seine
Tochter daran stechen könnte. Er glaubt damit den Schick-
salsspruch der Feen, die ganz dem Muster der alten Nornen
entsprechen, umgehen zu können. Daß ihm das genausowe-
nig gelingt wie den Asen, ist bekannt. Es ist nicht nur die „sich
selbst erfüllende Prophezeihung", die hier wirksam wird, sondern es sind die Eltern, die angstvoll glauben, ihrerseits
Schicksal spielen zu müssen oder hoffen, es überlisten zu können. Es mag schwer sein, seinen Kindern das Vertrauen zu
schenken, das sie befähigt, die auf sie einstürmenden Schwierigkeiten auch selbst bewältigen zu können. Gelegentlich
kann der Weg dorthin unerträglich lang und schmerzhaft sein
– wobei sich Eltern durchaus nicht unbeteiligt verhalten müssen. Doch nur die mit Konflikt oder Symptom betroffene Persönlichkeit kann die Verantwortung übernehmen und die Hilfs-
signale des eigenen Unbewußten umsetzen, auch wenn es dabei gelegentlich psychotherapeutischer Mitwirkung bedarf.

*

Die Asen ertragen den Schicksalsschlag um Balders Tod
nicht und sie rächen ihn doppelt, indem Loki und Hödr bestraft werden. Odins Sohn Vali, nicht mit seinem Namensvet-
ter, dem Sohn Lokis zu verwechseln, wurde gezeugt, um seinen durch Lokis List getöteten Bruder Balder zu rächen. Odin
war von der Wahrsagerin Völva prophezeit worden, daß er, um
seinen Sohn rächen lassen zu können, einen weiteren Sohn
zeugen müßte, den ihm nur die sterbliche Rindr, eine Königstochter, gebären könne. Um sie zu gewinnen, mußte Odin al-
lerlei Zauberstücke vollführen, denn Rindr galt als schöne und
tugendhafte Königstochter. Doch sein heftiges Begehren fand
bei ihr kein Gehör und keine Beachtung. Seine Verkleidung
als Feldherr beeindruckte sie ebensowenig wie sein Wirken
als kunstfertiger Goldschmied, der für sie kostbarste
Schmuckstücke herstellte und damit den ganzen Hof in Er-
staunen versetzte. Auch als tapferer Held, der ihrem Vater in

---

[7] KHM Nr. 50

der Schlacht zum Sieg verhalf, konnte er sie nicht gewinnen, obwohl dieser ihm seine Tochter für den Sieg als Belohnung versprochen hatte. Schließlich wurde Odin ungeduldig, verkleidete sich als heilkundiges Weib, fügte ihr heimlich eine unheilbare Krankheit zu, um dann die von Krankheit und Wahnsinn gequälte Rindr zu vergewaltigen. Die Frucht war Vali. Die Asen waren über Odin sehr ungehalten und verbannten ihn als Strafe für seine Schande einige Jahre aus Asgard.

Vali kann als germanischer Rachegott angesehen werden, der zur Baldermythe zugeordnet werden muß, denn die einzige von ihm übermittelte Tat ist seine Rache für Balders Tod am blinden Hödr. Er ist, wie uns in der Völuspa berichtet wird, [8] erst eine Nacht alt und schon fähig, seinen Bruder zu töten. Ähnliche "Heldentaten" von Kindern, die erst einen Tag alt sind, kennen wir unter anderem vom griechischen Hermes, der noch in den Windeln seinem Bruder Apollon die Herde edler Kühe entwendete [9] und von Apollon selbst, der kaum von seiner Mutter Themis mit Nektar und Ambrosia versorgt, aufsprang und, obwohl noch in den Windeln, sich zwischen die Göttinnen setzte, mit diesen redete und lustwandelte.

Vali repräsentiert hier den Archetypus des Kindes, in dem alle Fähigkeiten und Potenzen angelegt sind, und die, sobald entsprechende auslösende Situationen gegeben sind, zum schöpferischen Ausbruch gelangen.

Auf den ersten Blick mag es seltsam erscheinen, daß ein so mächtiger Gott wie Odin es nötig hat, derartig aufwendige Umwege zu beschreiten, um einen Rächer zu zeugen, der den blinden Hödr töten kann. Für ihn, den obersten Gott mit seinen magischen Kräften müßte es ein leichtes gewesen sein, gewissermaßen mit einem Schnips seiner Finger, Balder zu rächen. Doch nichts dergleichen geschieht, vielmehr findet ein äußerst beschwerlicher, zeitraubender und mit Schmach verbundener Weg statt, um das Kind zu zeugen, das für diese Aufgabe vorgesehen ist. Hierzu bedarf es vor allen Dingen den Um-

---

[8] VSP. 32 f
[9] Ranke-Graves, Griechische Mythologie, 17a, S. 53

weg über die Frau, die Mutter. Konnte Odin nicht töten, weil Hödr sein eigener Sohn war? Warum konnte es keiner der übrigen Asen tun, etwa Thor, der sich sonst keine Gelegenheit für solche Ereignisse entgehen ließ? Was hinderte Tyr, den Rechtsgott, oder Forsethi, der ebenfalls für Rechtsfragen zuständig war, den Racheakt durchzuführen? Was aber war der Grund, daß Hödr bestraft werden sollte, der für diese Tat lediglich von Loki mißbraucht worden war?

Welches Rechtsempfinden müssen die Germanen gehabt haben, um einen solchen Rechtsweg zu beschreiten? Oder waren es psychische Gründe, die Odin veranlaßten, diesen Weg zu beschreiten?

An dieser Stelle der Mythe wird deutlich, daß wir es mit verschiedenen Persönlichkeitsanteilen Odins zu tun haben. Die ihn umgebenden Asen verkörpern die archetypischen Kräfte und Energien: Neben dem hinreichend bekannten, gewaltigen Thor und dem wachsamen Heimdall, dem schweigsamen Vidar und dem kriegerischen Tyr finden sich nun auch die beiden charakterlich recht blaß und unauffällig wirkenden Brüder Hödr und Balder.

Besonders die beiden Letztgenannten sind für sich alleine kaum lebensfähig, da sie nur Anteile verkörpern, von denen keine sehr umfassende Wirkung ausgeht. In Odins Spektrum sind sie jedoch alle vereinigt. Er ist einerseits der hochentwickelte Runen- und Dichtergott, andererseits zeigt er sich in der Mythe um Vidar als der schlicht auf Rache Sinnende, mißbraucht dazu seine magischen Kenntnisse und vergewaltigt eine junge Frau, um den Rächergott Vali zu zeugen. Diese Divergenz in der Persönlichkeitsentwicklung ist folgenschwer für seine weniger entwickelten Anhänger, denn in ihrer Gefolgschaftstreue werden sie unweigerlich mit in den folgenden Strudel hineingerissen. Ihnen fehlt das vorausschauende Urteilsvermögen. Der Weg in das Chaos wird unvermeidlich. Doch nur durch Zerstörung und Neubeginn ist eine solche Entwicklung heilbar, die zur Vereinseitigung und Erstarrung geführt hat.

Und so kommt es auch bei den Asen zu einem Zusammenstoß mit den Kräften, die außerhalb von Asgard und Midgard angesiedelt sind: Dämonische Ungeheuer und Riesen brechen aus ihrer Verbannung auf, stürmen über die Asenbrücke und es kommt zum Endkampf.

Odins Schicksal erfüllt sich

Der Begriff Ragnarök (*ragna-rök*) hat sich irrtümlich in die Richtung von „Götterfinsternis, -dämmmerung" entwickelt. In erster Linie bedeutet dieser Begriff jedoch: Die Götter sind endliche Wesen und wie die Menschen dem Schicksal unterworfen. Ragnarök bedeutet also „Schicksal der Götter".[10] Der Fimbulwinter, dieser große, drei Jahre während Winter (*hovedvinter*, Hauptwinter, besonders starker Winter), ist selbst nicht Teil der Ragnarök, da er nur das Ende der Menschen bezeichnet, die ähnlich wie im Sintflutmythos bis auf ein Paar zugrunde gehen.[11] Im Norden gab es vermutlich zwei entgegengesetzte Ragnarökvorstellungen, von denen bei der einen die Welt durch einen ungeheuren Winter zugrundegeht, bei der anderen kommt es zu einem vernichtenden Weltenbrand. Dem langen Fimbulwinter gehen noch drei andere Jahre voraus, in denen auf der ganzen Welt schwere Kämpfe stattfinden. In dieser Zeit töten Brüder einander aus Habsucht, Verwandte schlagen einander tot oder verletzen und zerstören die Familienbande. Damit sind Blutschande und auch die Zerstörung der für die Germanen heiligen Sippenbande gemeint.

Auch die Sonne wird vernichtet, wenn der Wolf sie am Ende der Zeiten verschlingt. Ein ähnliches Phänomen vom Verschlingen der Sonne wird in der Offenbarung des Johannes berichtet:

> „Und ich sah: als es das sechste Siegel auftat, da geschah ein großes Erdbeben, und die Sonne wurde finster wie ein schwarzer Sack und der ganze Mond wurde wie Blut, und die Sterne des Himmels fielen auf die Erde, wie ein Feigenbaum seine Feigen abwirft, wenn er vom starken Wind bewegt wird."[12]

[10] Lorenz, S. 601/602
[11] Olrik, S. 168

Diese Vision enthält Vorstellungen, daß die Sonne beim Weltuntergang aufhört, ihre lebensspendende Wärme und ihr
Licht an die Erde abzugeben. Welches Bild die Menschen vom
Weltuntergang in sich tragen, ist von den jeweiligen sie umgebenden Naturereignissen und landschaftlichen Eigenheiten
und Besonderheiten abhängig. Sie sind das Ausgangsmateri-
al, um das sich die Mythenbildung rankt. Vulkangegenden
oder Dürregegenden werden vom Feuer, Länder am Meer
oder großen Flüssen sind von der Flut bedroht.
Die Anfänge der Ragnarök müssen schon früh gesucht werden. Was könnte Odin veranlaßt haben, den Fenriswolf nach
seiner Geburt nicht zu töten, sondern ihn in Asgard (!) aufzu-
ziehen und ihn schließlich mühsam fesseln zu lassen? Warum
wird die Midgardschlange ebenfalls nicht getötet sondern in
das Meer geworfen, wo sie sich um die Erde schlingt und
schließlich bei Anbruch der Ragnarök den ihr zugewiesenen
Platz verläßt und damit dazu beiträgt, daß die gewollte Ordnung zerbricht?
Immer wieder sind es kleine Ereignisse, die zunächst nicht
sehr bedeutend erscheinen, mit denen die Götter die Regeln ihrer Schöpfung verletzen und so ihrerseits immer mehr dazu
beitragen, daß die kosmische Ordnung gefährdet ist. Die Götter selbst sind es also, die ihren eigenen Untergang initiieren.
Die Gefahr kommt nicht zerstörend von außen, sondern die
göttliche Ordnung zerbricht von innen heraus, wenn der Wolf
sich losreißt und das Meer das Land überflutet, weil die Midgardschlange an Land kriecht. Die bestehende Struktur ist der
weiteren Entwicklung nicht mehr gewachsen, Chaos bricht
aus und göttliche und soziale Ordnungen werden zerstört. Sogar Yggdrasil, der alles zentrierende Baum, wird in seinen
Grundfesten erschüttert, verbrennt sogar und kann die alte
Welt, die er in sich birgt, nicht mehr schützend halten. Nur
noch das neue Menschenpaar, Lif und Lifthrasir, überstehen in
einem embryonalen Zustand die Katastrophe.
Besonders auffallend ist, daß die Asen für diesen Kampf kei-

---

[12] Off. 6,12-13

nerlei Vorbereitungen getroffen haben und ausschließlich defensiv reagieren. Dabei wäre eigentlich anzunehmen, daß Odin in seinem Allwissen die drohende Gefahr sieht und ihr zuvorkommen möchte. Es ist ein Geheimnis Odins, daß er sich auf diese Rhythmik einstellt und gerade aus einem solchen Wissen heraus nichts gegen ein Ende des Götterdaseins unternimmt. Er kämpft und ergibt sich nicht tatenlos, aber er versucht nicht, den Kampf zu verhindern.

Zunächst kommt jedoch Loki eine zentrale Bedeutung und Stellung zu, damit die Ragnarök anbrechen können. Doch warum konzentriert sich die unruhestiftende und alles umwälzende Kraft um Loki? Was disponiert ihn zu dieser Rolle und Funktion? Wir konnten beobachten, daß Loki in sich Funktionen vereinigt, die großenteils als Aspekte Odins gesehen werden müssen, von diesem jedoch nicht unmittelbar selbst gelebt werden können. In Odin und Loki polarisieren sich die Kräfte des ordnenden (Odin als oberster Gott) und des umschwungbewirkenden Geistes (Loki). Während Loki ganz offenkundig durch die Tötung Balders die Entwicklung zu den Ragnarök anstößt, ist Odin indirekt daran beteiligt, wenn er trotz der erkannten Gefährlichkeit des Fenriswolfes diesen nicht sofort töten läßt.

Es bleibt ganz im dunkel, welches der in Frage kommenden Motive Loki bewogen haben könnte, die Tötung Balders zu veranlassen. Ausgerechnet Balder, der lichtvolle, hochgelobte, von allen geliebte und über alle Zweifel erhabene Gott wird zu seinem Opfer. Ist es die selbstverständliche Stellung als Sohn Odins, die Balder im Mittelpunkt des Asenhimmels besaß? Ist es der Neid, der Loki quälte? Welche unglaublichen Mühen mußte er auf sich nehmen, um von den Asen angenommen zu werden, zu denen er ja nicht qua Geburt gehörte? Mit seiner ganzen schöpferischen Kraft entwickelte er die vielen originellen Ideen und wußte diese auch umzusetzen, damit er, trotz der Blutsbrüderschaft mit Odin, kein Ase zweiter Klasse sein mußte. Ist hier auf der psychologischen Ebene ein Ansatz für die Ermordung Balders zu sehen?

Durch seine direkte Abstammung von den Riesen besitzt Loki

noch eine originäre Kraft in sich, die ihn geradezu prädestiniert, als außenstehender „Wahlase" die etwas einfachen, geradlinigen und auf das Faust- und Schwertrecht bedachten Asen durch seine Intelligenz und verbale Brillianz zu ergänzen. Ihm ist es bestimmt, ihnen Abenteuer zugänglich zu machen, die über das gegenseitige Bekriegen und Töten hinausgehen. Neue Konfliktmodelle werden durch ihn eingeführt, erprobt und entsprechend neue Lösungsmöglichkeiten gefunden. Dahinter steht Loki als der Initiator. Er hat Einfälle, auf die alle Asen selbst im Traum nicht kommen. Er spricht sie aus und setzt sie, meist mit Erlaubnis der Asen, dann auch in Handlungen um. Er ist der Vater der Midgardschlange und des Fenriswolfes, der Unwesen, die schließlich in den Ragnarök die entscheidende Rolle spielen. So ist er an allen Punkten des sich langsam entwickelnden Dramas an zentraler Stelle und auf allen Ebenen zeugend und mitverursachend beteiligt.

Doch der vordergründig als Initiator wirkende Loki ist nur ein mythisches Werkzeug der germanischen Psyche: Tiefes Wissen um die Veränderlichkeit und Wandelbarkeit der Welt, der Natur, der Gebräuche hatten die germanischen Völker auf ihren weiten, beschwerlichen und entsagungsreichen Wanderungen entwickelt, bis sie schließlich im mitteleuropäischen Raum siedeln konnten. Aus ihren Erfahrungen heraus, in der die Begrenztheit des Menschen und seiner Gottheiten ständiges Thema war, konnten sie sich auch ein Weltende vorstellen, das zu einem Neuanfang führen würde. In der Vorstellung von den Ragnarök verdichteten sie solches Wissen zur Mythe und konnten sich dadurch diese Zusammenhänge ständig vor Augen halten, mahnend und doch hoffnungsvoll gleichzeitig. Für diese Dynamik ist Loki das Symbol, denn er kennt die Gefahren und weiß Lösungen, auch wenn er selbst auf seltsame Weise darin verwickelt ist.

Das „Schicksal der Götter" ist natürlich auch ein Schicksal der Menschen. Die zunehmende Ichentwicklung des Menschen führt unweigerlich zu einem Scheitelpunkt, von dem aus er glaubt, die Erde, ganz im Sinne des biblischen „Mache dir die Erde untertan", beherrschen zu können. Daß sich diese denkerische Hybris als fatal erweisen muß, auch wenn sie als unvermeidlich erscheint, zeigt uns die Geschichte vielfach. Menschliches Denken, Forschen, Wissen und Urteilen wird wohl noch lange nicht in der Lage sein, so umfassend das Wesen von Welt und Kosmos zu erfassen, daß es den vielfältig ineinandergreifenden Mechanismen und Prozessen gerecht werden könnte, ohne dabei Schaden und Unheil anzurichten. Wenn wir uns die Paare in den geschilderten Zweikämpfen ansehen, läßt sich die Dynamik dieser polar angeordneten Duelle unschwer erkennen. Der geradlinige, weiße und sonnige Heimdall muß gegen den durchtriebenen, mit allen Wassern gewaschenen Loki kämpfen; Freyr, der Wasser- und Fruchtbarkeitsgott kämpft gegen Surt, den Feuergott aus dem fernen Muspell; der alte Himmelsgott Tyr muß gegen den Helhund Garm antreten und mit ihm als dem Vertreter der Dunkel- und Totenwelt ringen.Die beiden obersten Asen kämpfen mit den Kindern Lokis: Thor tötet die Midgardschlange, kann aber nur noch neun Schritte von ihr weggehen, dann fällt auch er, vom Gift der Schlange vernichtet, zur Erde. Der Wolf verschlingt Odin. Erst der herbeieilende Vidar ergreift den Oberkiefer des Wolfes und zerreißt dessen Maul. Der einzige Ase, der den durch Loki initiierten Prozessen standhält, ist der schweigsame Vidar. Er ist es auch, der als einziger von Loki in der Lokasenna, einem Spottlied, unverschmäht bleibt. Er verfügt genau über die Kräfte, die Loki nicht entwickelt hat. Vidar gehört mehr zum Typus des Asen, der über die „gesammelte Intelli-

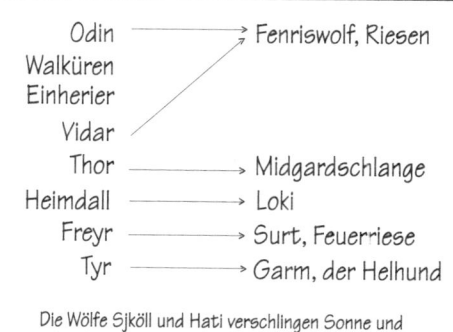

Odin —————⟶ Fenriswolf, Riesen
Walküren
Einherier
Vidar
Thor —————⟶ Midgardschlange
Heimdall —————⟶ Loki
Freyr —————⟶ Surt, Feuerriese
Tyr —————⟶ Garm, der Helhund

Die Wölfe Sjköll und Hati verschlingen Sonne und Mond. Die Sterne fallen vom Himmel. Yggdrasil verbrennt und stürzt ins siedende Meer. Das Feuer verzehrt die ganze Welt.

Die Gegner in den Kämpfen

genz" verfügt. Von ihm geht nicht das Neue aus, aber er ist in der Lage, in schwierigen Situationen besonnen zu handeln und er tritt mit Kraft und Entschlossenheit dem Fenriswolf in den Rachen, um ihn sodann zu töten. Er scheint demnach der einzige Ase zu sein, der sich durch sein von Souveränität und Integrität durchdrungenes Wesen für eine neue Welt und für ein neues Leben in der Welt nach den Ragnarök auszeichnet.

Im Bild der Ragnarök und den damit verbundenen Zweikämpfen manifestieren sich die verschiedenen Stadien der Bewußtseinsentwicklung. Die Riesen und Lokis Kinder, die alle frühen, naturnahen Schichten der Entwicklung angehören, werden die waltenden Götter mitsamt ihren magischen Käften und den von ihnen geschaffenen Hilfs- und Kampfmitteln vernichten. „Danach schleudert Surt Feuer über die Erde und die ganze Erde wird verbrennen."[13] Reinigende Feuer lassen nichts übrig, was nicht den Gesetzen der neuen Welt entsprechen kann.

Im Holz der Weltesche werden sich zwei Menschen verbergen können und den Weltenbrand überstehen. Sie tragen die verheißungsvollen Namen „Lif" (das weibliche „Leben") und „Lifthrasir" (das männliche „das Leben Verlangende"). Vom Morgentau werden sie sich ernähren und die neuen Stammeltern der Menschen sein. Fleischlos, also gewaltlos, werden sie leben.

So weist die germanische Vorstellung von dieser Welt paradiesische Qualitäten auf („Die Äcker werden unbestellt Frucht tragen"). Sie beinhaltet auch eine neue Vision von Gerechtigkeit, moralischer Integrität und neuer, bisher nicht gekannter Harmonie zwischen Gott, Mensch und Natur. Diese bildet sich vielfältig ab, denn die Sonne gebiert eine Tochter, die nicht weniger schön als ihre Mutter die Erde mit ihrem Glanz erfüllen wird.

Wieviel Trost muß für die Germanen in diesen Bildern enthalten gewesen sein, wenn sie in ihrem triebhaft kriegerischen Treiben ständig von Tod und Leid umgeben waren? Auch ein

---

[13] Gylf., Kap. 51

Walhall mit seinen traumhaften Segnungen für die Krieger war sicher nicht in der Lage, den Witwen und Waisen eine ausreichende Hilfestellung zu geben, wenn sie Gatten oder Vater verloren. Was lag näher, als daß man Visionen von einer liebevolleren Welt pflegte, wie sie in der nach den Ragnarök entstehenden neuen Welt zum Ausdruck kam.

Der Gott und die Deutschen

Odins Abenteuer sind keine zufälligen Ereignisse sondern wichtige Stationen mit besonderer Bedeutung für seine Entwicklung. Dies sind die Tötung Ymirs, die Feuerprobe bei König Geirröd, das Opfer seines Auges, die Tötung Kwasirs durch die Zwerge mit der anschließenden Eroberung des Skaldenmets durch Odin, und sein Hängeopfer mit dem Erwerb der Runen. Hier deutet sich eine evolutionäre Stufenfolge an, die über Opfern und Gestalten ein Aufsteigen zu höheren Bewußtseinsmöglichkeiten erlaubt.

Mit Ymirs Tötung werden die Dimensionen des Urriesen auf eine irdische Dimension zerlegt und daraus die Welt erschaffen. Erst jetzt wird menschliche Entwicklung möglich. Durch die Vereinigung der Wanen und Asen wird auf der magischen Bewußtseinsstufe Wort und Sinn miteinander verbunden. Das Opfer Odins am Mimisbrunnen bringt die Möglichkeit und Fähigkeit nach innen zu schauen und gleichzeitig in verfeinerter Weise inner- und außerseelische feinstoffliche Strukturen wahrzunehmen, sich der mentalen Ebene mehr zu öffnen. Dies war die Voraussetzung, um das magische Denken überwinden zu können. Besonders wird dies mit der Tötung Kwasirs erreicht, über den nicht nur die mentale Struktur, sondern auch die intuitive Ebene erreicht wird. Odin seinerseits muß hierzu noch einmal intensiv von seiner Götterstufe in die irdische und materielle Ebene eintauchen und sich als Arbeiter verdingen. Er wird zur Schlange, um durch die kleine Bohrung zu Gunnlöd in den Fels vordringen zu können. Drei Nächte muß er dort verbringen, bis er als Adler den Skaldenmet durch luftige Höhen entführen kann. In der nächsten Stufe kann Odin das Hängeopfer vollbringen und durch das Erlangen der Runen die göttliche und irdische Ebene miteinander verbinden. Schweres Leid muß er bestehen, um die erworbenen Erkenntnisse auf den Punkt hin zu verdichten, damit die

Runen zu einem für die Kommunikation geeigneten Instrument werden können.

Dieselbe Schlußfolgerung läßt sich auch aus den vielen verschiedenen Funktionen Odins entnehmen. Zunächst ist er auf naturhafte Weise Zeuger und Schöpfer der elementaren Naturkräfte. Seine erd- und instinkthafte Nähe hierzu macht ihn zum Vater und Gatten der Erde und zum Vater des Donners. Wenig später ist er Totengott und Nachtjäger. Schließlich wird er zum Wanderer, der durch die Welt zieht und Kinder unter den Menschen zeugt. Desweiteren wird er zum Jagd-, Kampf- und Kriegsgott und endlich Schamane und dabei Gott der Ekstase und des Zaubers. Erst zuletzt, als er seine Weisheitskräfte noch weiter entwickelt hat, wird er zum weitumfassenden Kulturschöpfer und so vergleichbar dem ägyptischen Thot oder dem griechischen Hermes. Er ist im klassischen Sinne der „Held", der sein auf der Heldenfahrt erworbenes Wissen zu den Menschen bringt und so dem Kollektiv neue Werte und ein neues Bewußtsein zugänglich macht. [1]

*

Der Ausgangsort der Germanen liegt etwa im Raum von Schleswig Holstein, Dänemark und Südschweden. In wieweit Zusammenhänge zu den indogermanischen Trägern von Streitaxtkulturen und nicht indogermanischen nordwesteuropäischen Megalithleuten gegeben sind, ist noch nicht völlig geklärt. In der Bronze- und Eisenzeit breiteten sich die Germanen über Nord- und Mitteleuropa aus und schmolzen eingesessene Stämme, vornehmlich die Kelten und Illyrer ein oder verdrängten sie. Eine politische Einheit gab es nie und die soziale Organisation beruhte auf bäuerlichen Sippen und Sippenverbänden mit wechselnder politischer Bedeutung.

In die Geschichte treten die Germanen erst durch die Zusammenstöße mit den Römern um die Zeitwende ein. Linksrheinisch wurden die Germanen von den Römern unterworfen, rechtsrheinisch und in Südwestdeutschland, östlich des Limes, im freien Germanien, wie es die Römer nannten, blieben

---

[1] Campbell, Der Heros in seinen tausend Gestalten, S. 188

sie selbständig. Über 200 germanische Stammesnamen sind überliefert. Besonders hervorgetreten sind die Sweben, Bataver, Chauben, Dichaten, Cherusker, Markomannen und Bastarnen. Der wachsende Landhunger, der vermutlich mit ihrer erheblichen Fruchtbarkeit zusammenhing, führte zur germanischen Völkerwanderung, die ganz Nordeuropa in Bewegung brachte. Zu dieser Zeit waren die bedeutendsten Stämme die Franken, Sachsen, Thüringer, Alemannen, Bayern, Langobarden, Burgunder, Vandalen, Ost-und Westgoten, Gepiden und Skandinavier, darunter besonders die Wikinger. Die römische Staatsmacht war schon lange vor dem Zusammenbruch von Germanen durchsetzt und unterhöhlt, die als Fremdenlegionäre begonnen und sich im Staatsdienst unentbehrlich gemacht hatten. Politisch selbständige Gebilde, germanische Stämme, entwickelten sich erst ab dem 4. Jahrhundert. Diese trugen jedoch in der Folgezeit, durch die Annahme des Christentums und der antiken Kultur, wesentlich zur abendländischen Nationenbildung bei.

Die Germanen galten im Gegensatz zu den Südländern als hochgewachsen, hellhäutig, helläugig und blond. Von den Anthropologen wurden sie gerne als nordische Rasse bezeichnet. Sie wohnten in der Bronzezeit meist in kleineren Siedlungen, wobei sie in ihren Häusern die Stallungen für die Haustiere unterbrachten. Ihre Kleidung fertigten sie mit beachtlicher Webkunst und sie verstanden sich aufs Färben. Wollene Gewänder und Pelze, bei den Männern besonders ein viereckiges Manteltuch und an den Füßen sandalenartige Schnürschuhe, waren ihre Tracht. Während die Frauen das Haar an der Stirn gescheitelt trugen, knoteten bei einzelnen Stämmen die Männer ihr Haar zum bekannten Swebenknoten.

Politisch waren beispielsweise die Sachsen demokratisch organisiert, während bei anderen Stämmen das Königtum herrschte. Eine Priesterkaste wie bei den Kelten gab es nicht. Sakrale Aufgaben wurden von den Sippenoberhäuptern durchgeführt. Bei Orakelbefragungen hatten die Frauen eine besondere Stellung. Die berühmte, von Tacitus erwähnte Veleda, gehörte zum Stamme der Brukterer und genoß auch bei

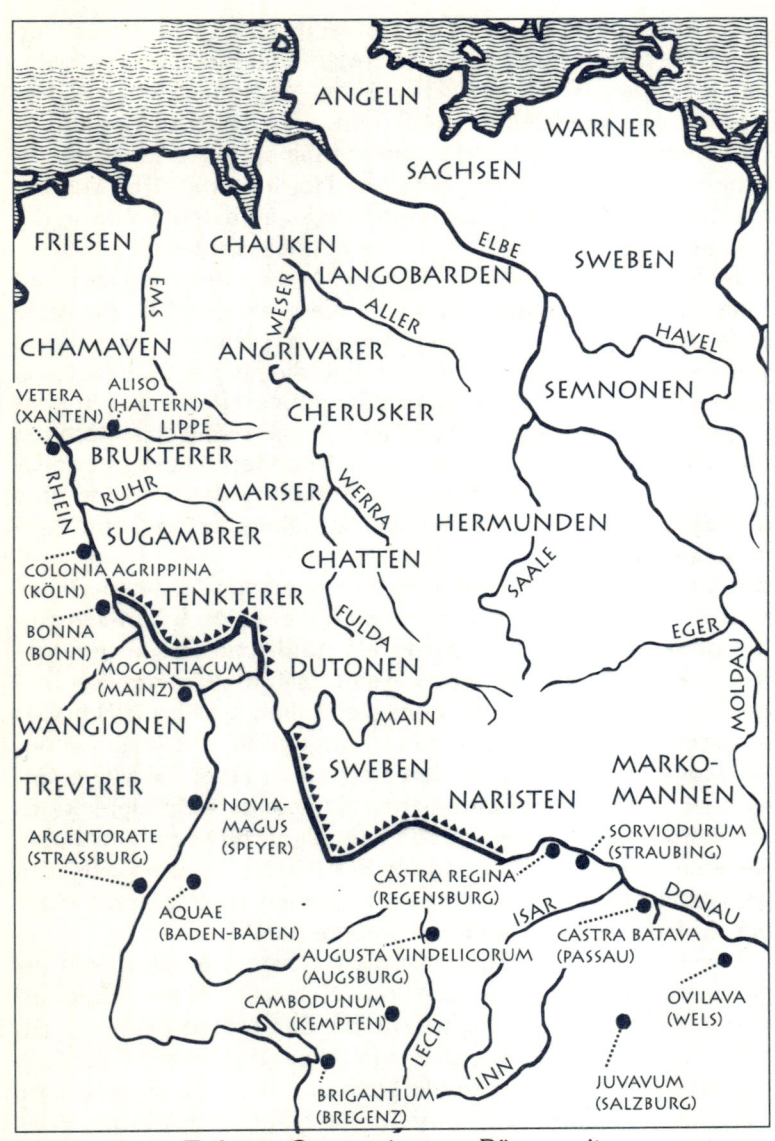

Teil von Germanien zur Römerzeit

den Römern fast göttliche Verehrung. Der Name der Waluburg, der Seherin aus dem Stamme der Semnonen, wurde sogar im 2. Jh. nach Chr. in Ägypten aufgefunden.

In der Bronzezeit entwickelte sich der Sonnenkult, der bis dahin stark von Gott Ziu, dem nordischen Tyr beherrscht wurde. Diese Form der Sonnenverehrung schloß sich an den frühhindogermanischen Himmelsgottglauben an. Von der Zeitwende an begann sich wohl Wotan (Odin) durchzusetzen, der mit dem neben ihm stehenden Bauerngott Donar (Thor) ein bestimmendes Element des Volksglaubens war. Mit dieser Zeit stimmen die ersten Runenfunde überein.

Im Vergleich zu den Völkern der antiken Welt besitzen die mittel- und nordeuropäischen Völker kaum eine Geschichte, denn sowohl die Kelten, als auch die Germanen besaßen kein Bedürfnis, bei ihrem hochentwickelten, allerdings ganz auf mündliche Überlieferungen basierenden Kommunikationssystem schriftliche Zeugnisse abzulegen. Verträge bedurften bei ihnen nicht der Schriftform, da sie durch einfache Rituale bekräftigt waren. So schwor der Mann ursprünglich bei seinem eigenen Schwert, ähnlich wie zur heutigen Zeit auf die Bibel. Das Schwert des Königs wurde als das Symbol für den Frieden angesehen.[2] Ein Stab oder Stock hatte eine ähnliche Funktion und bestätigte den Willen eines Mannes. Der Händedruck wurde benutzt, um eine Zahlung zu bestätigen, einen Verlobungsvertrag zu schließen, Rechte und Vollmachten zu übertragen, eine Versöhnung zu bekräftigen.

Auch die religiösen Traditionen waren ausschließlich an die mündliche Überlieferung gebunden, wodurch uns eine differenzierte Einsicht in die Gebräuche versagt bleibt, wie wir sie etwa aus dem sumerisch-babylonischen Sprachraum kennen. Es wird vermutet, daß ein keltischer Druide sich während seiner Lehrzeit ca. 20 – 30 000 Verse aneignen mußte. Auf diese Weise wurde die Gedächtnisfähigkeit zwar enorm gesteigert, aber das Bedürfnis nach schriftlicher Aufzeichnung lange Zeit aufgeschoben. Als zu Beginn unserer Zeitrechnung

---

[2] Grönbech, Band 2, S. 351

im germanischen Sprachraum die Runen entwickelt wurden, fanden sie keine Verwendung innerhalb eines Informations- und Kommunikationssystems. Sie dienten ausschließlich der magischen Praxis, der Beschwörung und Bannung.

*

Über Germanen, ihre Götter und Mythen zu sprechen, bringt ein völlig anderes Erleben zustande, als wenn man sich etwa über griechische Mythen austauscht. Die griechischen Götter haben Humor, sind echte Abenteurer, die Kampf, List, Schabernack ebenso kennen wie Rausch und Ekstase. Bei den Germanen wird wenig gelacht, und wenn Loki zur Erheiterung der Asen mit einem Seil sein Genital an den Bart einer Ziege bindet, um sich mit ihr im Zweikampf zu messen, so muß dies nicht unbedingt als lustig erlebt werden. Odin bietet mit seiner blaugrauen Hülle und seinem in das Gesicht gezogenen Hut auch wenig Gelegenheit zur Belustigung. Er verschwindet genauso plötzlich wie er auftaucht und ist dabei schwer zu fassen und zu verstehen. Von ihm wird man nicht einfach ergriffen, ohne im psychotischen Schub zum psychiatrischen Fall zu werden. Auch Thor mit seinem derben, affektvollen Temperament, der sich keine Gelegenheit entgehen läßt, um einem Riesen 'eine auf die Nuß' zu geben, animiert nicht, sich besonders für ihn zu interessieren. Differenziertere Gemüter werden sich von ihm eher abgestoßen fühlen, wie dies offensichtlich schon bei den alten Germanen war, wenn gesagt wird, daß Thors Anhänger mehr bei den Bauern, Odins Gefolgschaft mehr unter dem Adel zu suchen gewesen sei.
Loki bildet hier eine wichtige Ausnahme. Er, der listige Fuchs, der Possenreißer, der Schelm, der Lügner, der Scharlatan und Betrüger, der Erfinder und Ränkespieler, zeigt die weitaus menschlichsten Züge, so daß man sich mit ihm am besten identifizieren könnte, wenn einem dies aus moralischen Gründen nicht zu unangenehm wäre. Loki läßt sich mit seinen Anteilen im einzelnen Menschen am besten aufspüren und nachweisen. In Loki lassen sich leicht bestimmte Menschen aus dem eigenen Freundes- oder Bekanntenkreis erkennen, während dies bei Thor und Odin größere Probleme bereiten dürf-

te. Auch der goldbezahnte Heimdall ist leichter in den Gegenwartsmenschen zu finden, nicht nur wegen seiner herrlichen Goldbrücken, die heute ohnehin aus Porzellan sind, sondern auch weil es genügend Sunnyboys und –girls gibt. Dies ändert sich schlagartig, wenn die Betrachtung von Einzelwesen auf Gruppenphänomene hin verschoben wird. Odin läßt sich leichter in Gruppen nachweisen. Ich selbst konnte dieses Phänomen in einer Vorlesung über die Germanen beobachten, als Odin, der Stürmer und Dränger, mehr und mehr begann, sich in der Gruppendiskussion bemerkbar zu machen. Das Gespräch war für die Verhältnisse in dieser akademischen Runde ungewöhnlich lebendig, heftig und brachte in sehr kreativer Weise atypische Aspekte zutage. Die Teilnehmer fühlten sich außerordentlich angesprochen und das Ende der Veranstaltung konnte nur mit Mühe durchgesetzt werden. Der Charakter der Germanen läßt sich auf dem Hintergrund der Persönlichkeit Odins zweifach beschreiben: Auf der einen Seite finden wir „eine harte, wuchtige, auf sich gestellte Männlichkeit" und auf der anderen Seite „den merkwürdig schweifenden Hang, der bald beim einzelnen, bald völkisch aufbricht". [3] Ninck spricht dabei von einer heldischen Männlichkeit, die sich durch Kraft, Stärke, Härte, Widerstandsfähigkeit auszeichnet, die allerdings auch mit Kampfgier, Verwegenheit und äußerst entschlossenem Handeln verbunden sein kann. Mit dazu gehört noch ein starker Drang nach Freiheit und Unabhängigkeit. Gewiß sind dies Eigenschaften, die sich so oder ähnlich bei allen Völkern beobachten lassen, bei denen das Schlachten- und Kriegführen von besonderer Bedeutung ist. Was es mit dem Wort „Schlacht" auf sich hat, läßt sich aus der direkten Wortbedeutung unschwer erkennen. Ein weiterer Charakterzug ist der Drang zum Umherschweifen, der in solcher Art nur von diesem Volk bekannt ist. Selbst bei den wesensverwandten Kelten ist er nicht in dieser ausgeprägten Weise zu beobachten. Die Vielzahl unserer Wanderlieder ist ein Ausdruck dafür, aber nur noch ein matter Abglanz

[3] Ninck, S. 108

dieser früheren Unruhe. Diese Wesensseite dürfte einen wichtigen Anteil am Brauchtum gehabt haben, das sich in den Handwerkszünften und hier besonders bei den Zimmerleuten bis in die Gegenwart hält: Der Geselle geht auf die Walz und verbringt einige Zeit umherziehend in der Fremde. Ninck glaubt, den Zug der Germanen zum Umherschweifen auch in unserer Sprache wiederzufinden, wenn er darauf verweist, wie vielfältig wir das Wort fahren und gehen verwenden: „zur Hölle fahren", „in die Kleider fahren", „aus der Haut fahren", „die Berge fahren (ragen) hoch auf", wir „verfahren in einer Sache", und selbst unser Leben wird im Sinne einer Reise aufgefaßt, wenn wir von „Lebensgefährte und Lebensgefährtin" sprechen. Diese Reihe ließe sich beliebig fortsetzen. Die Wichtigkeit des Bewegungscharakters in der deutschen Sprache zeigt Ninck auch am Beispiel unseres „es geht mir gut" auf, das im Griechischen eigentlich ein "Leiden, Haben, Handeln" ist, im Lateinischen ein „Haben, Sein, Geschehen", im Französischen einem „Sich tragen" entspricht. Ob diese Beispiele beweiskräftig genug sind, um Charaktere von Völkern zu beschreiben, mag dahingestellt sein, nachdenklich können sie allemal stimmen. Die Verbindung zum Charakterzug der Unruhe und des Schweifens und dem von Tacitus berühmt gemachten „furor teutonicus", womit die rasende Wut der Berserker gemeint sein muß, wird vermutlich in der großen Bereitschaft der Germanen zur Vereinigung mit ihrem Kriegsgott in der Ekstase und den damit verbundenen Entrückungsritualen zu suchen sein.

*

Von dem bekannten Mystiker Nikolaus von Flüe ist eine Vision überliefert, deren Inhalt eindeutig auf die Gestalt Wotans zurückgeführt werden kann. Nikolaus von Flüe, ein Bauer, Richter und Ratsherr, lebte in der Schweiz in der Nähe des Vierwaldstädter Sees von 1417 bis 1487. Er gab sich von seinem 50. Lebensjahr völlig seinen religiösen Exerzitien hin. Durch seine moralische Autorität und Integrität wurde er zu einem wichtigen politischen Ratgeber und Vermittler. Die folgende Vision, hier der besseren Lesbarkeit wegen stark zusammengefaßt, ist von ihm unter dem Namen „Der singende Pilger" (Der singende Berserker) überliefert:

Nikolaus von Flüe wurde „in seinem Geiste" von einem Pilger aufgesucht, der mit einem umgekrempelten Hut und einem blauen oder graufarbenen Mantel bekleidet war, einen Stab in der Hand hielt und aus der Richtung des Sonnenaufgangs dahergeschritten kam. Vor ihm angekommen sang er wie mit Orgelpfeifen ein Alleluja, daß alle Himmel und Erde widerhallte. Drei vollkommene Worte entnahm Nikolaus von Flüe diesem Gesang und er vermochte nicht mehr zu sprechen.

Nikolaus von Flüe schaute voller Lust und Verlangen auf die Gestalt des Wanderers: „Sein Anlitz war braun, so daß es ihm eine edle Zierde gab. Seine Augen waren schwarz wie der Magnet, seine Glieder waren wohlgeschaffen, daß dies eine besondere Schönheit war. Obwohl er in seinen Kleidern steckte, so hinderten ihn die Kleider nicht, seine Glieder zu sehen."[4] Vor seinem Auge ereigneten sich verschiedene Wunder, hinter denen er weitere, nicht ausgesprochene Geheimnisse erkennen konnte.

Antlitz und Kleidung des Pilgers wandelten sich: Das Gesicht glich einer „Veronika" und er stand in Hose und Rock und mit einer goldbesprengten Bärenhaut bekleidet vor ihm. Als er sich verabschiedete, „erkannte er (Nikolaus) eine solche Liebe, die er in ihm trug, daß er ganz in sich geschlagen wurde und bekannte, daß er diese Liebe nicht verdiente, daß diese Liebe in ihm war. Und er sah, daß in seinem Geist, daß sein (eigenes) Antlitz und seine Augen und sein ganzer Leib so voll minnereicher Demut waren, wie ein Gefäß mit Honig, so daß kein Tropfen mehr darein mag. Da sah er ihn (den Wanderer) weiterhin nicht mehr. Aber er war so gesättigt von ihm, daß er nichts mehr von ihm begehrte. Es schien ihm, er hätte ihm kundgetan alles, was im Himmel und auf Erden war."

Hier erscheint Wotan (Odin), wie ihn schon die alten Germanen geschaut und erlebt hatten. Plötzlich ist er da, fasziniert

---

4 von Rohr, Wulfing und von Weltzen, Diana (Hrsg.), Das große Lesebuch der Mystiker, München 1993, S. 323

durch seine Gestalt und die Art, wie er mit seinen „Opfern" umgeht. Singend kommt er gewissermaßen aus der Sonne in die Welt. Viele seiner Namen stehen mit ihm als Wanderer in Verbindung, der immer etwas Veränderndes mitbringt: entweder ist es ein Schwert, eine Botschaft, oder wie bei Nikolaus von Flüe die drei geheimnisvollen Worte, die dieser als ein Wissen um die ungeteilte dreifaltige Gottheit erkennt, und das Gefühl der Liebe, die mit einem tiefen Wissen um Himmel und Erde verbunden ist. Hinter dem Archetypus des Wanderers macht sich das Motiv der Gottsuche bemerkbar, das wie alle vergangenen und gegenwärtigen Mystiker Nikolaus von Flüe ebenfalls keine Ruhe gelassen hat. Es macht den Menschen unruhig und gequält sucht er.

Ein Wanderer ist auf sich alleine gestellt. Dabei scheut er die Konformität und flieht vor der unmittelbaren Begegnung, die er eigentlich sucht. Er entwickelt durch das Auf-sich-selbst-gestellt-sein besondere Autonomie und Individualität. Doch sein Suchen und Forschen gilt, auch wenn dies vordergründig völlig anders erscheint, seiner Gottsuche und seiner Berufung. Der singende Pilger erschien Nikolaus von Flüe, als er selbst „im Geiste" eine Reise gemacht hatte und auf „Wanderschaft" war. Darunter müssen wir eine Trancereise verstehen, die er vermutlich in einem Zustand der Versenkung in Gebet oder Meditation unternahm. Hierzu gehört besonders der Gesang, der in der Regel eingesetzt wird, um die Stimmung und das Herz zu erheben. So erschallt aus dem Mund des Wanderers ein alles erbebendes, christlich gottpreisendes „Alleluja". Die Schöpfung selbst also gibt Resonanz auf diesen gottgefälligen Gesang und macht zusammen mit seinem Erscheinungsbild in jeder Hinsicht die Gestalt Wotans (Odins) zu einem Engel. Innerhalb weniger Augenblicke erschließt dieser in Nikolaus von Flüe ein Wissen in einem Umfang, wie es nicht einmal in vielen Zeitaltern erarbeitet werden kann. Es ist das Urwissen des Menschen, das dieser auf der Ebene des kollektiven Bewußtseins in sich trägt, aber durch die Vorgänge des Verstandes und der Vernunft nicht erschließen kann. Wotan (Odin), dem seinerseits von Mimir dieses Wissen eröffnet worden war, besitzt den Schlüssel zu dieser Ebene. Indem sich der auf seine Vision vorbereitete Nikolaus von Flüe von den Energien des göttlichen Pilgers berühren läßt, bekommt er auch einen Zugang zu den tieferen Schichten in sich selbst. Dies kommt in der goldglänzenden Bärenhaut zum Ausdruck, zu der sich der graue Mantel wandelt.

Der in die Bärenhaut gekleidete Mann erinnert an die Berserker. Im Berserkergang, so wurde das Ritual genannt, verließen sie ihren Körper in der Trance und schweiften währenddessen als Tier (meist als Bär, Wolf oder Eber) umher. In diesem anfallartigen Zustand, der von odinischer Wut und Raserei geprägt war, konnten die „Helden", durchdrungen vom berühmten „furor teutonicus"[5], in der Ekstase schmerzfrei durchs Feuer laufen und ähnlich unglaubliche Dinge tun.

C.G. Jung beschrieb den Vorgang in einem Briefwechsel: „Bruder Klaus (Nikolaus von Flüe) erkennt sich in seiner geistigen Pilgerschaft und seiner instinktiven (bärenmäßigen, d. h. einsiedlerischen) Untermenschlichkeit als Christus . . . Die brutale Gefühlskälte, die der Heilige braucht, um sich von Frau und Kind und Freundschaft zu trennen, findet sich im untermenschlichen Tierreich. Daher wirft der Heilige einen Tierschatten . . . Wer Höchstes und Tiefstes in sich zusammenträgt, ist geheiligt, heilig, ganz."[6]

Die noch in der Vision erlebte Liebe zum Wanderer gilt hier nicht nur diesem persönlich. Sie ist stellvertretend auch für die in der Schöpfung wirkende göttliche Liebe (Minne). Was Nikolaus von Flüe hier erlebt, ist die Begegnung mit einer „Personifikation des SELBST", wie es Marie-Louise von Franz nennt, in der sich das Geheimnis der Tierkraft mit dem absoluten Wissen verbindet, die als „Wahrheit" empfunden und beschrieben wird, ohne daß sie verlangt, von anderen ebenfalls angenommen oder verwirklicht zu werden. Dieses Wissen

---

[5] Teutonische Wut, Wahnsinn

[6] C.G. Jung in einem Brief an Fritz Blanke, Briefe, Olten 1972, S. 449, zit. nach von Franz, M.-L., Die Visionen des Nikolaus von Flüe, Zürich 1993, S. 84

oder diese Wahrheit wird nur einzelnen zuteil, obwohl sie zum kollektiven Unbewußten gehört, das gleichermaßen ein Teil von uns allen ist. Nur wenige werden in der Weise wie Nikolaus von Flüe mit einer derartigen Vision beschenkt, die ihnen das Gefühl gibt, wieder mit der göttlichen Ebene verbunden zu sein.

Wotans (Odins) Geist begegnet uns in dieser Vision in einer äußerst differenzierten Form, die durch die mystische Reife Nikolaus von Flües nicht mehr in das Schlachtfeld des schwertführenden Kriegers führt, sondern, obwohl er noch das Wesen der alten Gottheit besitzt, zu einer weiteren Integration der Persönlichkeit verhilft.

*

Wie aktuell Wotan (Odin) in diesem Jahrhundert geworden ist, versuchte C.G. Jung in seinem Artikel „Aufsätze zur Zeitgeschichte" zu zeigen. Darin hat er sich über das Phänomen der deutschen Psyche 1936 zu „Wotan" geäußert. Im Zusammenhang mit den Veränderungen, die sich in Europa mit dem ersten Weltkrieg und der Oktoberrevolution in Rußland abspielten, schrieb er zu den Entwicklungen in Deutschland: „Daß aber in einem eigentlichen Kulturlande, das schon seit geraumer Zeit jenseits des Mittelalters gewähnt wurde, ein alter Sturm- und Rauschgott, nämlich der längst im historischen Ruhestand befindliche Wotan wieder, wie ein erstorbener Vulkan zu neuer Tätigkeit erwachsen könnte, das ist mehr als kurios; es ist geradezu pikant. Er ist, wie man weiß, in der Jugendbewegung lebendig geworden und wurde gleich zu Beginn seiner Wiedererstehung mit einigen blutigen Schafopfern gefeiert. Es waren jene blonden Jünglinge (bisweilen auch Jungfrauen), die man als rastlose Wanderer sah auf den Landstraßen vom Nordkap bis nach Sizilien, mit Rucksack und Laute bewehrt, treue Diener des schweifenden Wandergottes. Später, gegen das Ende der Weimarer Republik, übernahmen das Wandern die Abertausende von Arbeitslosen, die man überall auf zielloser Wanderschaft traf. 1933 wanderte man nicht mehr, sondern man marschierte zu Hunderttausenden, vom 5-jährigen Knirps bis zum Veteranen. Die Hitlerbewegung brachte wörtlich ganz Deutschland auf die Beine und produzierte das Schauspiel einer Völkerwanderung am Ort. Wotan, der Wanderer war erwacht."[7]

Es ist nicht verwunderlich, wenn C.G. Jung die in Deutschland beobachteten Phänomene in Verbindung zum altgermanischen Gott Wotan (Odin) bringt. Er sah das deutsche Volk zum Zeitpunkt seiner Betrachtung in einem Zustand der „Ergriffenheit" und schrieb: „Wenn man Hitler nicht gerade deïfizieren will, was ihm zwar auch schon passiert ist, so bleibt nur noch Wotan übrig, der ein Ergreifer der Männer ist."[8]

Wotan (Odin), der vielfach in Streit und Unruhe verwickelt war, wurde infolge der Christianisierung verteufelt und „flackerte nur noch wie ein Irrlicht durch stürmische Nächte."[9] Im Mittelalter wechselte er in die zu dieser Zeit entstandene Figur des Ahashver, des ewigen jüdischen Wanderers, dessen Sage ausschließlich christlichen Ursprungs ist. Das bedeutet, daß das bis dahin an Wotan (Odin) gebundene Motiv des Wanderers auf den Juden übertragen und von da an auf diesen projiziert wurde. Ein Gedanke, der sehr nachdenklich machen kann.

Doch Wotan (Odin) scheint es nicht zu lieben, wenn seine Anhänger nachdenken und reflektieren. Er liebt es, wenn sie von seinem stürmischen Wesen erfaßt werden und sich von seinem ekstatischen Zauber mitreißen lassen. Die Sprache des Dritten Reiches war voll solcher an Wotan (Odin) orientierten Bezeichnungen: Der Gott des Windes besaß in seinen germanischen Gauen „Sturmabteilungen", einen „Volkssturm" und im Hakenkreuz ein Emblem, bei dem der Wind in einem linksdrehenden Wirbel abgebildet war – eine Symbolik, die in ungünstiger Weise zum Unbewußten hindeutete und so nicht die Bedeutung des alten indogermanischen Glücksrades besaß. Was machte die Deutschen so empfänglich für solche Symbole? Was trugen sie für ein Problem in ihrer nationalen Seele?

[7] C.G. Jung, Wotan, Zürich 1936, S. 5
[8] Jung, Wotan, Zürich 1936, S. 11
[9] Jung, Wotan, Zürich 1936, S. 5

Schauen wir hierzu ein wenig in die Geschichte der Deutschen hinein.

*

Wenn wir uns an die Regel moderner psychotherapeutischer Techniken halten, daß wahrgenommene Störungen Vorrang haben, seien sie auf der emotionalen Ebene, in der Gruppendynamik oder anderswo, dann sollten wir untersuchen, was es uns Deutschen so schwer macht, ein unbefangenes Verhältnis zu unserer Geschichte aufzuweisen. Die historischen Belege für die Geschichte einer deutschen Nation lassen sich zu keinem sehr hohen Alter zurückverfolgen.

Die Bezeichnung „Deutsche" findet sich erstmals um die Zeit 840 n. Chr., als das Fränkische Reich in zwei große Teile aufgeteilt wurde. Karl der Kahle erhielt den westfränkischen Teil des Reiches, der sich westlich der Schelde, den Argonnen, der Saónne, den Sevennen und der Rhonemündung erstreckte, und in dem die romanisierten Kelten mit den eingewanderten Germanen zur französischen Nation zusammenwuchsen. Als ostfränkisches Reich erhielt Ludwig der Deutsche das Land östlich von Rhein und Ahr. In der Folgezeit kam es zu unterschiedlichen Entwicklungen der beiden Reiche, wobei besonders im ostfränkischen Teil der Einfluß der antiken und römischen Welt deutlich geringer war und der Prozeß insgesamt langsamer verlief (z. B. geringere Städteentwicklung). Die Ereignisse in der Folgezeit sind bekannt: Das ostfränkische Reich erlangte im Mittelalter große Bedeutung und bekam eine zentrale Stellung im europäischen Raum. Später zerfiel es jedoch wieder in viele Kleinstaaten. So sehr es an einem verbindenden Nationalgefühl fehlte, so wurden interessanterweise über die politischen Grenzen hinweg die deutschen Kulturtraditionen nicht in Frage gestellt.

Das Wort „deutsch" läßt sich ableiten vom althochdeutschen diotisk, „dem Volk (diot) eigentümlich" und ist ab 786 in latinisierter Form belegt. Eine allgemeine Amtssprache bzw. Kanzleisprache, wie es früher hieß, entwickelte sich erst, als im 14. und 15. Jhd. verschiedene Landesherren das bis dahin vorherrschende Latein allmählich durch die eigene Schriftspra-

276

che ersetzten. Das "gemeine teutsch" ist in der österreichischen Kanzleisprache 1464 belegt. Aber erst im 18. Jh. kam die endgültige Einigung der Gemeinsprache zustande.

Im Bereich der Rechtsprechung bestand zunächst nur ein mündlich überliefertes Volksrecht, das ganz auf älteren germanischen Haus- und Sippengebräuchen beruhte. Im 5. bis 9. Jh. wurden die Rechte der deutschen Stämme erstmals in lateinischer Sprache aufgezeichnet. Mit dem Ausgang des Mittelalters verlor es deutlich an Gewicht und wurde durch die Aufnahme des römischen Rechtes mehr und mehr verdrängt.

Schriftliche Aufzeichnungen in deutscher Sprache wurden erst durch Karl den Großen ermöglicht, der die gesamte germanische Dichtung eintreiben und aufzeichnen ließ. Bis dahin fand die Überlieferung der Dichtkunst nur mündlich statt.

Karl der Große, der – nebenbei sei es gesagt – sich ganz im Sinne der germanischen Tradition kleidete, unterwarf die von Widukind geführten Sachsen (772 – 805) auf grausame Weise. So ließ er an einem Tage 4 000 Sachsen hinrichten und in die Elbe werfen, zerstörte die Irminsul, das germanische Baum-Nationalheiligtum, und erzwang so 785 die Annahme des Christentums. Verbunden sind diese Ereignisse mit dem berühmten Sachsenführer Widukind, der sich nach heftigsten Widerständen und vorübergehender Emigration zu den Dänen schließlich unterwerfen und zum Christentum übertreten mußte.

Aus Sachsen ist folgende Gebetsformel übermittelt: „Heiliger großer Wodan! Hilf uns und unserm Herrn Wittekind, . . . Pfui dem Schlachter! Ich gebe dir einen Ochsen und zwei Schafe und den Raub, ich schlachte dir alle Gefangenen auf deinem heiligen Hartisberge." [10] Als Schlachter war hier Karl der Große gemeint, der sie das Fürchten gelehrt hatte.

Nun wissen wir, daß Angst und Furcht zwar starke, aber keine guten Lehrmeisterinnen sind. Im psychoanalytischen Sinne bedeutet dies eine Unterwerfung unter das Überich, das hier

---

[10] alter Kultplatz in Mitteldeutschland; zit. nach C.A. Vulpius, Handbuch der Mythologie, Leipzig 1926, Reprint Leipzig 1987

von Kaiser Karl und einer christlichen Dogmatik repräsentiert wird. Erreicht wird damit übermäßige Anpassung, nicht jedoch echtes eigenes Erkennen und Verarbeiten, was die Voraussetzung für die Verinnerlichung eines guten Objektes ist, auf das sich weitere Erfahrungen in positiver Weise gründen können.

Es bleibt ein Rätsel, welche Kräfte am Werke waren, als Karl der Große bei der Christianisierung der Sachsen alle Aufzeichnungen des germanischen Kulturgutes bei Todesstrafe eintreiben ließ und diese beachtliche Sammlung von mehreren Tausend Handschriften bereits kurze Zeit später von einem Nachfolger, Ludwig dem Frommen, verbrannt wurde. Unersetzliche Dokumente gingen auf diese Weise unwiederbringlich verloren.

Man muß sich das Aufeinanderprallen der Kulturen vorstellen: Die Germanen waren in ihrer Stammesorganisation ganz von Familien- und Sippenstrukturen bestimmt und wenig geübt, in Großgruppen bzw. in der Dimension von Massen zu denken, zu planen und zu organisieren, wie dies die Griechen und Römer schon lange Zeit perfekt beherrscht hatten. Karl der Große hatte bereits voll entwickelte Staatsstrukturen und ein dazugehörendes Bildungssystem geschaffen, dem die übrigen germanischen Stämme nichts Gleichwertiges gegenüberstellen konnten. Es war damit lediglich eine Frage der Zeit, bis ihr Widerstand gebrochen werden konnte. Die ungeheure Grausamkeit, mit der den Heiden die Götter genommen und das Christentum aufgezwungen wurde, muß in der Tiefe der germanischen Seele eine schmerzhafte Wunde hinterlassen haben. Die Traditionen der germanischen Völker wurden durch die Christianisierung massiv gebrochen, was zwar einerseits das heimliche Fortbestehen im Volksglauben begünstigte – der Himmelsgott Wotan wurde, wie Jung es beschrieb, zum nächtlichen Sturmjäger –, andererseits war durch diesen Abbruch der germanischen Entwicklung und dem Überstülpen der christlichen Mentalität eine Entwicklungsstörung eingetreten, die im Unbewußten des germanischen Volkes eine massive Traumatisierung zur Folge hatte.

Die Dynastien der vielen kleinen Einzelstaaten dürften im wesentlichen das Haupthindernis einer nationalen Einigung gewesen sein. Der scharfe Dualismus zwischen den preußischen und österreichischen Einflüssen blockierte eine andere Entwicklung. Erst der Deutsche Krieg brachte 1866 mit der Schlacht bei Königsgrätz den Frieden von Prag. Jetzt schied Österreich aus dem Deutschen Bund aus. Die Gründung des Deutschen Reiches erfolgte jedoch erst unter dem preußischen König Wilhelm I. am 8. Januar 1871 nach dem Sieg im deutsch-französischen Krieg, als er sich in Versaille – bezeichnenderweise nicht in Deutschland! – zum deutschen Kaiser proklamieren ließ.

Welche Höhenflüge der deutsche Nationalismus im Dritten Reich unter Hitler erlangte, ist uns allen hinlänglich und schmerzlich bekannt. Weniger bekannt sind der heutigen Generation die Zusammenhänge, die sich auf der religiösen Ebene im vergangenen Jahrhundert gezeigt haben. In der Zeit des Idealismus und der Romantik bemühten sich viele Forscher um die Wiederbelebung alter mythischer und religiöser Inhalte. Auch die Forschungsarbeiten der Gebrüder Grimm mit ihren Märchensammlungen, ihren Arbeiten zur deutschen Mythologie und dem Bemühen, ein Lexikon der deutschen Sprache zu erstellen, gehören hierher.

Neben den wissenschaftlichen Bemühungen zeigten sich jedoch auch Versuche, die altgermanischen Glaubensvorstellungen wiederzubeleben und sich auf germanische Traditionen rückzubesinnen. Bis dahin war der deutsche Kulturraum stark von antiken römischen und östlichen Vorstellungen bestimmt. Jetzt begann Richard Wagner, als erste bedeutende Kulturpersönlichkeit, germanischen Mythenstoff, den er der Edda entnahm, in seinen Opern umzusetzen. Mit seinem Zyklus „Der Ring der Nibelungen" bot er seinen Zeitgenossen hierzu einen neuen Zugang. In verschiedenen religiösen Bewegungen, die ihren Höhepunkt in der nationalsozialistischen Zeit fanden, wurde die Wiederbelebung altgermanischer Glaubensinhalte und –praktiken versucht. Es kam zu Ordensbildungen und Glaubensgemeinschaften, die auch heute noch existieren.

Der „Germanen-Orden" erreichte seinen Höhepunkt in der Zeit von 1913 bis 1922. Das Initiationsritual dieses Geheimbundes wurde von einem Logenmeister, der dabei den „Wotansspeer" trug und zwei mit Schwertern ausgestatteten Gehilfen geleitet. Bei der Initiation, zu dem Wagners Pilgerchor aus der Oper Thannhäuser gesungen wurde, bekam der als Pilger gekleidete Initiant Belehrungen über die germanische Weltanschauung und deren zeitgenössische Unterscheidung von minderwertigen Rassen. Den Höhepunkt fand das Ritual im Anzünden einer „heiligen Fackel" und der Weihung des Kandidaten mit dem „Wotansspeer".

Einen einflußreichen Beitrag zu diesen Entwicklungen leistete Guido von List (Wiener Journalist, 1848-1919), der 1862 im Alter von 14 Jahren im Stephansdom in Wien den Schwur tat, einen Wotan-Tempel zu erbauen. Später versuchte er ernsthaft und gründlich, germanisches Brauchtum wiederzubeleben und seine Freunde zu germanischen Glaubensinhalten zu bekehren. Es wurden Sonnwendfeuerrituale durchgeführt und die Swastika (Hakenkreuz), ein aus alten indogermanischen Zeiten überliefertes Symbol für den Lauf der Sonne, als Emblem einer wiederbelebten germanischen Mythologie verwendet. Dies war im Jahr 1875, und List nannte seine Lehre Armanismus. [11] Viele seltsame und teilweise abstruse Phantastereien, die wissenschaftlich nicht haltbar waren, fanden durch ihn Verbreitung und beeinflußten weite Bevölkerungsteile.

Lanz von Liebenfels (1874 – 1954) gründete die „Neuen Templer" und nannte seine Lehre „ariosophisch". Über seinen „Germanen-Tempeln" wehte die Hakenkreuzfahne schon vor dem ersten Weltkrieg. In ihnen wurden von ihm erdachte Rituale ausgeführt. Er verbreitete umfangreiches Schrifttum, darunter die „Deutschen Psalmen" und eine rassengläubige Auslegung der Bibel.

Auch Felix Dahn, der Autor von „Ein Kampf um Rom" (1876) mußte sich 1870 die Beschuldigung der katholischen Kirche

---

[11] von List, Guido: Der Übergang vom Wuotanismus zum Christentum, Wien 1910

gefallen lassen, er wolle eine Wiederbelebung der Wotan-Verehrung fördern. Es gab unter anderem eine "Wotan-Gesellschaft", eine „Germanen-Loge", einen „Deutschen-Orden", zu dem auch eine Jugendgruppe gehörte. In vielen Privathäusern und unter freiem Himmel wurden Riten zelebriert und in besonderer Weise das Osterfest gefeiert, das der germanischen Herd- und Frühjahrsgöttin Ostara geweiht wurde. Maifeiern und Julfeiern fanden wieder statt. Auch für den Himmelfahrtstag und Karfreitag wurden Rituale erfunden. An alte Bräuche, wie die Kniesetzung, das ist die Aufnahme des neugeborenen Kindes durch den Vater und damit seine Anerkennung als eheliches und gesundes Kind, erinnerte man sich wieder. Familienväter übernahmen die priesterlichen Funktionen und führten die Zeremonien von Heirat, Namengebung und Begräbnis durch.

Es ist überliefert, wie sehr Hitler selbst von der Longinslanze fasziniert war, mit der Christus am Kreuz die Seite geöffnet worden sein soll. Hitler hat sie öfters im Wiener Museum bestaunt und auf verschiedenste Weise versucht, in den Besitz dieser Waffe zu gelangen. An dieser Lanze wird besonders deutlich, wie sehr, hier im Banne romantischer Bedürfnisse, historische Zusammenhänge durcheinandergewürfelt wurden.

Aus dem Dargestellten läßt sich die tiefe und zeitlich weit zurückreichende Verunsicherung der Deutschen erkennen. Sie sind durch ihr spätes Erwachen im vergangenen Jahrhundert eine der jüngsten Nationen im europäischen Raum. Entsprechend verspätet begannen sie mit der Kolonialisierung, während sich die übrigen Staaten bereits kräftig bedient hatten. Die Niederlagen nach den beiden Weltkriegen hinterließen weitere erhebliche Spuren im Selbstwertgefühl der Deutschen und beim einzelnen. Scham und Schuld mußten verarbeitet werden und erschwerten massiv die Aufarbeitung des durch den Holokaust verursachten Schmerzes. Bis heute gibt es Menschen und Institutionen, die versuchen, die Judenverfolgung als Propaganda der Alliierten des Zweiten Weltkrieges zu sehen, was eine nicht mehr zu überbietende Verleugnung der Geschichte darstellt.

Dramatisch beeinträchtigt wurde das Nationalgefühl durch die Nachkriegsspaltung Deutschlands. Zwar haben sich beide Teilstaaten nach außenhin weitgehend unauffällig verhalten, doch zeigen sich jetzt nach der Wiedervereinigung auf beiden Seiten manche Widerstände. Die Teilung war eine unfreiwillige, aber im Unbewußten willkommene Möglichkeit, sich von ungeliebten Anteilen zu distanzieren. Beide konnten es sich erlauben, den „häßlichen Deutschen", für jeden allerdings unterschiedlich definiert, auf den anderen zu projizieren und bei sich selbst nicht wahrzunehmen.

Weit problematischer erscheint jedoch die von den Germanen herrührende Haltung gegenüber ihren Führern zu sein, die sich nicht nur gegenüber einzelnen Persönlichkeiten zeigt, sondern sich als grundsätzliches Phänomen bemerkbar macht. Wie bei den Einheriern der Walhall wird die Treue und Verpflichtung dem Führer gegenüber als einer der ersten Werte betrachtet. Daraus resultiert eine große Abhängigkeit und es bedarf einiger Anstrengungen, um sich unter solchen Bedingungen ein eigenständiges Urteil zu bilden, und großen Mut, sich eventuell zu einer ungehorsamen Haltung durchzuringen. Vielleicht ist es unter solchen Umständen leichter zu verstehen, daß Zivilcourage nicht die Stärke der Deutschen ist. Ihre Helden waren meist Gefolgsmänner, die sich für das Gemeinwohl opferten. Aus der Distanz der Geschichte werden heute Gestalten wie Graf von Stauffenberg geehrt, oder z. B. Schulen nach den Geschwistern Scholl benannt, gleichzeitig werden aber Menschen relativ schwer bestraft, die sich in einen Sitzstreik vor ein atomares Waffenlager o. ä. setzen. [12] Es ist leicht, Zivilcourage zu fordern, doch schwieriger, sie zu leben – und sicher auch schwierig für den Staat, eine angemessene Antwort auf couragiertes Verhalten seiner mündigen Bürger zu finden!

---

[12] Die Prozesse um die Sitzblockade vor der amerikanischen Raketenbasis bei Schwäbisch Gmünd (Mutlangen), an denen sich viele namhafte Persönlichkeiten aus Kultur und Wissenschaft beteiligt haben, beschäftigten in den achtziger Jahren die Justiz über viele Jahre.

Das geringe nationale Selbstbewußtsein zeigt sich auch an einem ungenügend ausgeprägten Bewußtsein für eigene Werte und Ziele, was sich an der starken Orientierung an Normen und Werten anderer Nationen bemerkbar macht. Es ist enttäuschend, daß ein so intelligentes und zwischenzeitlich reiches Volk sowenig Bewußtsein für soziales Elend entwickelt hat und jetzt innen- und außenpolitisch völlig versagt, wenn Probleme sich nicht mehr durch das Überreichen großzügiger Schecks zur Entwicklungshilfe lösen lassen. Der entscheidende Grund hierfür ist die widersprüchliche Haltung der deutschstämmigen Germanen: Durch die Neigung zur Gefügigkeit geraten sie in Konflikt mit ihren hochentwickelten Idealen, die durch Kunst und Philosophie eine beachtliche Ausdifferenzierung erfahren haben. Einerseits soll einem geschlossenen Bündnis (jede Form der Allianz, Nato) gemäß dem germanischen Ideal der odinisch-wotanischen Praxis die Treue gehalten werden, was zur Vernachlässigung bis zur Unterdrückung eigener, persönlicher wie nationaler Ziele führt. Andererseits entsteht gerade durch diese Haltung ein Gefühl des Zukurzkommens und des Mangels auf den verschiedensten Ebenen. Dies wirkt wiederum auf das aggressive Potential ein, macht ungeduldig, drängt zur Vorherrschaft und Dominanz, für die jedoch nicht genügend echte Eigenverantwortlichkeit entwickelt ist, besonders wenn die entsprechenden integeren Führungspersönlichkeiten nicht vorhanden sind. Der Widerspruch zwischen dem Willen zum Herrschen und Dominieren und den Gefolgschaftsidealen ist von den Deutschen in keiner Weise bewältigt. Dabei wäre es nicht allzu schwierig, sich Ansprüche einzugestehen und diese in angemessener Form in die entsprechenden Konferenzen einzubringen, wenn man bereit ist, die ein solches Vorgehen unvermeidlich begleitenden Ängste anzunehmen und auszuhalten. Doch das ist eine Mentalität, die unseren politischen Vertretern völlig fehlt. Das Äußerste an Gefühlen, das sie sich und der Öffentlichkeit zugestehen ist die „tiefe Bestürzung", wenn es Anschlag- oder Unfallopfer zu beklagen gilt. Doch bedenken wir, daß Politiker oder entsprechende Führungspersönlichkeiten immer auch ein Spiegel ihres sozialen Hintergrunds sind, von dem sie gewählt worden sind. Das bedeutet, daß wir alle an unserer Integration arbeiten müssen. Moralisches Sich-entrüsten über Ausländerhaß und seine gewaltsamen Äußerungen genügt nicht, um etwas zu verändern. Vielmehr bedarf es eines Bemühens um Einsicht, um das Wahrnehmen eigener Anteile an solchen Ereignissen und Prozessen: Wie gehen wir mit fremden und unbekannten Inhalten und Menschen um? Leider verhalten wir uns gemäß der Devise „Was wir nicht verstehen, hat es nicht zu geben!" Ein treffendes Beispiel hierfür findet sich bei vielen naturwissenschaftlichen Forschern, wenn sie noch unerklärbare Phänomene auf diese Weise entwerten. Sind wir uns einer solchen zweifelhaften Vorbildsfunktion für junge Menschen bewußt?

Unbewältigt für uns Deutsche sind auch die kriegerischen Anteile. Kaum daß wir diesen sich in zwei Weltkriegen verheerend auswirkenden Teil erschrocken wahrgenommen hatten, wurde die Bundeswehr eingerichtet und nun ist es so weit, daß wir uns wieder am internationalen „Friedensichern" beteiligen. Alle Erwägungen dagegen werden durch einen einseitigen Realismus beiseite geschoben und weitergehende, unbequemere Betrachtung gemieden. Eine Einbeziehung philosophischer und weiterführender ethischer Erwägungen scheint Ängste auszulösen, da sie eventuell zu isolierten Positionen führen könnten, bei denen Ichstärke und ein neues Verantwortungsgefühl gezeigt werden müßten. So bleiben wir den alten kriegerischen Idealen nicht fern, wobei das Zeigen von Ängsten und Schwächen verpönt ist, und stellen diese in einen weltweit gepflegten Konformismus, der die Rüstungsindustrie kräftig unterstützt und höhere ethische Ziele unterdrückt, weil sie lästig und mit Verzicht begleitet sind.

Eine Wandlung des kriegerischen Potentials verhindern wir mit solchen Einstellungen. Gewiß, es mag noch lange Zeit Situationen geben, die den Einsatz von Waffen verlangen werden. Doch sind wir uns nicht selbst eine neue Position schuldig, wenn wir mit unserer unbewußten Neigung zu Konformismus, Gefolgschaft und kriegerischem Handeln so zerstörerische Spuren in der Geschichte hinterlassen haben? Können wir nicht doch Vergangenheit neu reflektieren und uns verantwortungsbewußt eingestehen, daß wir unsere Möglichkeiten, neue Konfliktlösungen im Heute zu suchen, noch nicht in vollem Umfang entwickelt oder benützt haben? Den alten Germanen können wir zugestehen, daß dieses hochdynamische, auf Progression ausgerichtete Volk noch eine recht bescheidene Reflexionsfähigkeit besaß und mehr zum Handeln getrieben war, als wir es heute sind. Hier fehlt uns das Bewußtsein, wenn wir noch immer so rasch bündnistreu, gefolgsam reagieren und handeln wie unsere Ahnen vor ein- oder zweitausend Jahren. Das bedeutet keinesfalls, Probleme „auszusitzen" sondern besonnen, den eigenen Möglichkeiten entsprechend zu antworten oder sogar vorausdenkend, seinen Visionen gemäß in die Welt zu treten.

Odin-Wotan scheint unter solchen Bedingungen nur wenig bewältigt zu sein. An der Vision des Nikolaus von Flüe finden wir ein Beispiel, wie eine alte, traditionsreiche und archetypische Kraft in einer neuen Zeit gelebt werden kann. Odin war Kriegsgott einer bestimmten Gesellschaft. Heute kann dieselbe Kraft in neuer Weise wirken, auch wenn es nicht mehr die Energie eines Kriegsgottes ist. Auf uns angewandt heißt dies, daß wir uns zwar begeistern lassen und neuen Ideen gegenüber offen sein können, aber dabei selbstreflektierend, den eigenen Zielen gemäß handeln sollten. Odin reißt nur den unbewußten Menschen mit sich fort, während er dem bewußten Individuum seine kraftvollen Energien zur Verfügung stellen kann. Unter solchen Umständen ist er keine alles hinwegreißende und zerstörerisch-kriegerische Gottheit sondern eine Energieform, die den integrativen Prozessen im Menschen dient. Dazu bedarf es einer Kontrolle der Kräfte Thors, die sich in den Affekten bemerkbar machen. Dazu gehört außerdem die schöpferische Intelligenz Lokis, die gesammelte Intelligenz Hönirs und die Verläßlichkeit und Treue Heimdalls. Wenn dies schließlich alles auf der Basis einer liebenden Beziehung geschehen kann, wie es durch die Kräfte Freyas möglich ist, sind die besten Voraussetzungen für integrative Prozesse gegeben. Doch allem Anschein nach lieben wir es mehr, uns in den Leistungen der großen deutschen „Dichter und Denker" zu sonnen als etwas zu diesen Vorgaben hinzuzufügen. Die alten Götter bleiben solange unfreiwillig in uns am Leben, wie wir sie mißachten und ihre Energien unverstanden zurückweisen. Nur dann brechen sie inflationär, alles bestimmend über uns herein, wie es C.G. Jung beschrieben hat. Um sie anzunehmen, braucht man sie nicht in einer Weise anbeten und verehren oder gar verherrlichen, wie es immer wieder einige tun, die in der Vergangenheit suchen. Es genügt, sich für die Bilder der Seele zu interessieren, Träume und Empfindungen des Körpers ernstzunehmen und ihnen gemäß zu handeln. Das eigene Kritik- und Urteilsvermögen braucht dabei in keiner Weise aufgegeben werden. Jung empfal den Weg zur „lebenden Symbolik". Er kam zu dieser Schlußfolgerung, als er feststellte, wie sehr die gegenwärtigen Menschen im Rationalismus gefangen sind und durch ihr Vernünftigsein alle Symbolik ausgeschlossen ist. Die verlorenen Symbole lassen sich nicht zurückgewinnen. Der Weg zur symbolbildenden Funktion läßt sich jedoch wiederfinden, wenn dem Unbewußten und den Träumen Beachtung geschenkt wird. Dabei ist primär die Hereinnahme des Traumes in das Leben hilfreich und wichtig, denn in den Träumen bereiten sich die Visionen vor. Die intellektuelle Interpretation darf dabei keinesfalls dominieren. Das bedeutet, „daß man mit dem Ich fest in einem Fluß psychischen Lebens verwurzelt ist, das sich in symbolischer Form ausdrückt und symbolisches Handeln erfordert."[13] Ein solches Vorgehen ist die Voraussetzung, damit die archetypischen Energien sich in uns zeitgemäß konstellieren können. An einem Beispiel läßt sich das gut zeigen: Es ist wie hochbrennbares Benzin, das auf die Holztreppe eines Hauses gekippt und angezündet verheerend destruktiv wird,[14] aber in ei-

---

[13] C.G. Jung in „Das symbolische Leben" von 1939, GSW Bd. 18, zit. nach von Franz, Marie-Louise, Psychologische Märcheninterpration, 1989, S. 89

nem Ottomotor gibt derselbe Brennstoff phantastische An-
triebsenergie ab. Genauso verhält es sich mit psychischen
Energien, die z. B. als Aggression oder Sexualität in gleicher
Weise destruktiv, aber ebenso wertvolle Voraussetzungen für
entschlossenes Handeln oder liebevolle Beziehungen sein
können. Nicht übergestülpte Moral befähigt zu einer solchen
Haltung, sondern das gelebte Vorbild, genau das, was viele unserer frustrierten Jugendlichen nicht mehr angeboten bekommen. So stoßen wir sie geradezu – unabsichtlich – hinein in
die Kräfte des Unbewußten und liefern sie diesen völlig aus!
Nur das konsequente und auch liebevolle, achtsame Bemühen um die seelischen Energien fördern deren Integration.
Eine für die deutsche Seele möglicherweise recht kränkende
Anmerkung muß noch getan werden: Deutschland ist ein
noch weitgehend unreifes Gebilde, das noch große Integrationsarbeit erbringen muß, um sich auch als Volk mit ausge-
reifter Persönlichkeit beweisen zu können, das nicht nur intelli-
gent und materiell wohlhabend ist, sondern sich auch für über-
greifende Ziele dauerhaft einsetzen kann. Die zunehmenden
Katastrophen und Probleme in den Entwicklungsländern
könnten ihm hierzu reichlich Gelegenheit geben, weniger mit
Geld als mit echtem Einsatz und ethisch hochwertigen und in-
novativen Ansätzen an humanitären Lösungen mitzuwirken.
Das hierzu erforderliche Potential wäre ausreichend vorhanden. Um zu einem gesunden Nationalgefühl zu kommen, und
auch um mit sich selbst in besserem Einklang zu stehen, benötigt es die Bereitschaft, in neuen Kategorien zu denken und zu
planen. Erst dadurch ist eine wichtige Voraussetzung für ein
stabiles Mitwirken in größeren Gemeinschaften gegeben. In-
nenpolitische Probleme der verschiedensten Art ließen sich
zudem so sehr viel leichter und einfacher lösen.
Die Klärung der Identität mit der Frage „Wer bin ich?", läßt

[14] Hier wird Bezug genommen auf den Brandanschlag, den vier deutsche Ju-
gendliche auf ein von türkischen Familien bewohntes Haus in Solingen
am 29.5.1993 begangen haben und bei dem fünf türkische Frauen in den
Flammen den Tod fanden.

sich für Individuum, Gruppe, Nation oder Staat durchführen. Immer werden wir dabei unmittelbar auch zu unserer Vergangenheit vordringen und von dort aus wieder in die Gegenwart fragen. Welche Antworten finden wir, wenn wir nach unserer religiösen und spirituellen Identität fragen? Welche Fragen lassen wir nicht zu, weil wir sie als lästig oder peinlich empfinden? Geben wir unseren Kindern ein Beispiel, wie wir mit unbequemen Fragen umgehen? Oder sind wir uns so sicher, daß wir glauben, nicht mehr fragen zu müssen? Solche und ähnliche Fragen kreisen immer wieder um dasselbe Problem, daß wir nicht nur in historischer Hinsicht eine Vergangenheit haben, der wir uns bewußt sein sollten. Wir besitzen außerdem noch eine mythische Vergangenheit, auch wenn diese für uns sehr im dunkeln und über weite Teile im Verborgenen liegt. Schon am vielfältigen und reichhaltigen deutschen Aberglauben läßt sich etwas von dieser Vergangenheit erkennen. Doch dort fristet das Bedürfnis nach Anbindung an die eigenen religiösen Quellen nur ein Schattendasein. Es gerät in Gefahr, weiter verdrängt zu werden und wird aus dem damit verbundenen magischen Denken nicht befreit. Dadurch erfährt es keine weitere Ausdifferenzierung im Bewußtsein.

Im Verlauf unserer individuellen und kollektiven Entwicklung nähern wir uns immer mehr den Göttern, um sie schließlich als eigene Anteile in uns zu verwirklichen. Ein solcher Prozeß vollzieht sich allmählich auch ohne besondere Beachtung durch den einzelnen und führt zu einem zweifachen Ereignis: Einerseits geht die Gottheit in uns auf, andererseits werden wir eins mit ihr. Dieser Vorgang wiederholt sich in jeder Religion und in jedem Kulturkreis und verläuft nach einem archetypischen Muster. Zunächst befindet sich die Gottheit völlig außerhalb des Individuums und wird – entwicklungsgeschichtlich gesehen – in Gestalt von Tiergöttern verehrt. Danach kommt eine Phase, in der die Götter Menschengestalt besitzen. Je mehr der Prozeß voranschreitet, desto näher kommen wir der Stufe, auf der mit der Gottheit ein persönliches Verhältnis möglich wird. Schließlich mündet diese Entwicklung in dem mystischen Verlangen, mit ihr eins zu werden, sich mit ihr zu vereinigen und die „unio mystica", wie es von der christlichen Mystik genannt wurde, zu ermöglichen. „Ich und der Vater sind eins" heißt es im Johannesevangelium. [15] Dies verdeutlicht den Zusammenhang der personalen Vereinigung des Mystikers mit Gott durch die Gestalt Christi als Mittler.

Da die psychologische Sicht noch einen etwas anderen Zusammenhang zum Vorschein bringt, soll hier die Betrachtung nicht auf den mystischen Weg beschränkt werden. Die Religionen sind mit ihren Göttinnen und Göttern durch ihre Lehren den Menschen in vielerlei Hinsicht immer hilfreich bei der Lebensbewältigung gewesen. Mit zunehmender Autonomie des Menschen wird diese „pädagogische" Hilfestellung mehr und mehr von beiden Seiten zurückgenommen, auch wenn dies nicht immer problemlos vonstatten geht und gelegentlich – wie alle Ablösungsprozesse – mit schmerzhaften und schuldhaften Auseinandersetzungen begleitet ist. Wenn die Ablösung jedoch gelungen ist, wird eine neue Begegnung möglich: Die göttliche Begleitung des Menschen wird nicht mehr als Einmischung oder Bevormundung verstanden, sondern als freundschaftlicher Akt der Gottheit ihrer eigenen Schöpfung gegenüber. Erst an dieser Stelle beginnt die Gottheit im Menschen, der gelernt hat, eigenständig, eigenverantwortlich und doch in Einklang mit den Gesetzen von Natur und Kosmos zu handeln, aufzugehen. Die primitive Identifikation ist einem autonomen Ich gewichen, das in Harmonie mit triebhaften Bedürfnissen, Ansprüchen, Idealen und den Bedingungen der sozialen und sonstigen Umwelt leben gelernt hat. Genau dies ist das Anliegen der Gottheit, die sich gemäß dem Bewußtseinsstand des Menschen zu erkennen gibt. Wenn sie in ihrer Äußerung und Absicht vom Individuum wahrgenommen wird und sich verwirklichen kann, geht sie in diesem auf. Das SELBST des Menschen wird identisch mit dem SELBST der Gottheit.

Hier bewegen wir uns in einem Bereich, der für viele Menschen recht schmerzhaft ist, da sie glauben, die gesuchte Selbstverwirklichung nur unter bestimmten Bedingungen fin-

[15] Joh. 10,30

den zu können. Diese konstellieren sich naturgemäß aus ihren biographischen Lebenserfahrungen heraus und sind abhängig von erzieherischen Enflüssen. Es ist meist entweder das Über-Ich oder auch das Ich-Ideal, das hier die Bedingungen und Vorgaben für die Qualität und Wirkmöglichkeit der Gottheit macht. Infantile Phantasien verhindern die Möglichkeit erwachsener Gottesvorstellungen und versperren den eigentlichen Zugang zu ihr. Dieser findet sich in den Personen und Situationen ihrer nächsten Umgebung oder unmittelbar im Individuum selbst, – meist dort, wo er am wenigsten vermutet oder gar abgelehnt wird. Die Gottheit bleibt für diese Menschen vor allem auf personifizierte Vorstellungen reduziert. Gott ist dann z. B. der engherzige, strafende Vater, dem nichts verborgen bleibt. Dadurch verwehrt sich ihnen das „Gnadenerlebnis", wie es die Kirche nennt, und die Erfahrung der Transzendenz wird blockiert.

Sich betrachtend oder analysierend auf eine Gottheit einzulassen, bedeutet auch, ihr in ihrer spirituellen Dimension zu begegnen. Odin ist ein Gott mit einem besonders großen Spektrum, der gerade durch sein hohes Alter und seine feine Ausdifferenzierung zum Gott der Fruchtbarkeit, der Unterwelt, des Krieges, der Magie und der Dichtung eine tiefe Wirkung auf die Psyche der Menschen entfalten konnte. Durch die gewaltsame Christianisierung bekam seine Entwicklung eine folgenschwere Fraktur, die nicht mehr geheilt werden konnte, worüber auch Visionen, wie sie Nikolaus von Flüe hatte, nicht hinwegtäuschen können. Dabei sind uns nicht nur Details der Mythen verloren gegangen, sondern es ist die Verbindung zu altem Wissen abgerissen, das sich nur über Umwege wieder berühren, keinesfalls jedoch wiederherstellen läßt. Odins Einfluß und seine Leistungen sind selbstverständliche Bausteine unserer Psyche geworden, auch wenn uns dies nicht bewußt ist. Bedauerlich daran ist, daß wir diese entsprechenden, zu ihm gehörenden Anteile heute nur noch schwer eingrenzen und erfassen können, obwohl er doch so viele hochdynamische Eigenschaften in uns eingebracht hat. So bleibt auch eine gewisse Trauer, über die nicht verwirklichten Möglichkeiten, die in seinem Erbe enthalten gewesen wären. Andererseits ist Odin-Wotan, wie alle großen Götter, kein kleinkarierter Ehrgeizling, der nicht Teil eines größeren Ganzen sein könnte. Er wirkt solange unerkannt weiter, bis seine Energien entweder in anderen Systemen aufgehen oder, wenn ihnen dies versagt bleibt, in inflationärer Weise wieder durchbrechen und ganz im Sinne der alten Gottheit die Menschen in seiner Einflußsphäre erfassen und mitreißen werden, ob ihnen das gefällt oder nicht. Die eingangs erwähnte Grundannahme C.G. Jungs, daß „die Götter unzweifelhaft Personifikationen seelischer Gewalten sind", wird dem Wesen des Göttlichen keineswegs gerecht, da sie eine Perspektive ausdrückt, bei der die Gottheit als Schöpfung des Menschen erscheint und nicht umgekehrt. Zweifellos kommt dem Menschen eine Mitwirkung an der Erschaffung der Gottheit zu, wenn er ganz im Sinne der jungschen Feststellung unbewältigte seelische Gewalten personifizierend auf eine Göttergestalt projiziert, um sie durch diesen unbewußten Vorgang einer weiteren Entwicklung zuführen zu können. Erst zu einem späteren Zeitpunkt, wenn reifere psychische Mechanismen zur Verfügung stehen, kann die Projektion zurückgenommen werden und die Gottheit von kindhaften Elternübertragungen befreit werden. Der Archetypus der jeweiligen Gottheit, wie er sich im Mythos darstellt und repräsentiert, bildet die Voraussetzung, diese seelische Kraft inner- und außerhalb der Psyche zu erfahren und ihr zu begegnen. Da Odin-Wotan von der Zeugung bis zum Tode alle Lebensbereiche berührte, trug er entscheidend zur Bewußtseinsentwicklung bei, auch wenn diese durch den Bruch bei der Christianisierung nicht in der von ihm begonnenen Weise weitergeführt werden konnte. Alle Phantasien, wie eine Weiterentwicklung mit Odin oder Wotan als obersten Gott hätte aussehen können, bleiben Spekulation. Aber es gilt auch, die Begrenztheit Odins zum damaligen Zeitpunkt zu sehen, d.h. es war weniger die Begrenztheit der Gottheit in ihrem Wesen als vielmehr die geringe Bewußtseinsentwicklung seiner damaligen Anhänger. Die Entwicklung von Mut, Entschlossenheit, Willenskräften konnte unter seiner

Führung bestens geschehen, Beziehungsfähigkeit, Liebe und Toleranz bedurften jedoch der Energien anderer Gottheiten, wie es dann durch die Lehre des Neuen Testaments geschah. Das Mysterium dieses Gottes ist umfassend und vielschichtig, auch wenn ihm weibliche Qualitäten weitgehend fehlen und er von einer Androgynisierung noch entfernt ist.

Nach der Überbetonung der männlich orientierten Werte gilt es besonders die in der Vergangenheit äußerst vernachlässigten und unterdrückten weiblichen Werte wieder zu entdecken und zu entwickeln, wenn wir nicht in einer einseitigen, unsensiblen Haltung erstarren wollen. Hierzu gehört, daß wir zu einer größeren Sensibilität emotionalen Vorgängen gegenüber finden und die Wichtigkeit und Bedeutung der sozialen Beziehungen, innerhalb und außerhalb der Familien, anerkennen. Neue Begegnungsmöglichkeiten und das Bewußtsein für die Gefahren einer einseitigen Lebenseinstellung können die Folge sein.

Die Betrachtung unserer historischen Vergangenheit, ganz besonders in mythologischer Hinsicht, bringt hilfreiche Erkenntnisse zutage, wenn sie nicht ausschließlich auf rationaler Basis durchgeführt wird. Die Einseitigkeit der Germanen zeigte sich in fast allen Lebensbereichen und wir konnten sie bis heute leider noch nicht überwinden. Aus dem griechisch-römischen Kulturkreis sind weitere, patriarchal überzogene Werte hinzugekommen.

Mit einfachen Schritten läßt sich diese gesellschaftlich gefährliche Verkrustungs- und Erstarrungsgefahr verhindern: Durch eine Vertiefung unseres Geschichtsverständnisses könnten wir den zerstörerischen Teufelskreis aufspüren, in dem sich unsere Konfliktmodelle und -lösungen auf der Ebene von Politik und Verwaltung bewegen. Doch sind wir bereit, die sich überall installierten Machtstrukturen in ihren kriegerischen Anteilen zu reflektieren?

Dazu müßte auch „psychologische Geschichte" mit der dazugehörigen Motivationsforschung eingeschlossen werden. Mit ihr ist die Bereitschaft gemeint, sich für psychische Belange, Motive und ihre Zusammenhänge für die Menschen der Vergangenheit zu interessieren und die daraus folgenden oder möglichen Konsequenzen für die Gegenwart stärker zu berücksichtigen.

Die wissenschaftlichen Disziplinen Philosophie und Psychologie müssen sich aus ihren Gelehrtenstuben und Hinterzimmern befreien und ihre Erkenntnisse und Ansichten in die gesellschaftliche Diskussionen einbringen. Management und Politik brauchen mehr praxisnahe Informationen, die sich nicht auf Hearings mit Alibifunktion beschränken, sondern zu einem erweiterten und verbesserten Verständnis der psychischen Realität der Menschen führt. Nur diese allein darf, unter höchster Achtung vor dem Leben anderer Wesen, die Grundlage von Entscheidungen sein.

Zur Prophylaxe müssen wir in der Erziehung der Kinder und Jugendlichen aller Schularten die Fähigkeit zur Reflexion und ganz besonders zur Selbstreflexion fördern. Die Projektionsneigung, unbewußte eigene Anteile auf die soziale Umwelt zu projizieren, kann dadurch deutlich vermindert werden und es entsteht eine entscheidende Voraussetzung zu einer besseren Verständigungsmöglichkeit in Konfliktsituationen. Was wir verstehen, können wir nicht mehr so leicht entwerten und verurteilen. Nur wenn wir wissen, wer wir sind oder wer wir nicht sind, was wir können oder nicht können, sind wir fähig, mit unseren Grenzen umzugehen. Gerade in Zeiten des Umbruchs und Wandels, wie wir ihn zu dieser Zeit erleben, bedarf es eines solchen Wissens.

Wenn die Elternhäuser diese Funktionen nicht erbringen können, muß dies von den Schulen eingebracht werden. Und wenn die Lehrer und Lehrerinnen es von sich aus nicht zu leisten vermögen, den Kindern und Jugendlichen ein Bewußtsein für eigene und fremde Werte und ein angemessenes Reflexionsvermögen zu übermitteln, sollten die Universitäten und alle Ausbildungsstätten für Erzieherinnen und Erzieher in diesem Sinne ihre Aufgaben entdecken. Die Wissensvermittlung darf unter Gesichtspunkten einer zukunftsorientierten Entwicklung immer erst an zweiter Stelle stehen. Doch leider ist die Realität genau umgekehrt und emotionale Bereiche werden sträflichst vernachlässigt! Es ist selbstverständlich, daß solche Schritte nicht für sich allein etwas bewirken, sondern nur in einem umfassenden Kontext gesehen und verwirklicht werden können.

Wenn es über lange Zeit hinweg für die Germanen wichtig war, Ichkräfte und Ichfunktionen, Entschlossenheit und Mut zu entwickeln, so sind wir inzwischen an einer Entwicklungsposition angelangt, an der andere Werte mitberücksichtigt werden müssen. Achtung vor dem Nächsten, Toleranz, Anteilnahme, Liebesfähigkeit dürfen nicht nur zum Vokabular der Pastoren gehören, sondern sollten Werte und Basis für alle weiteren Vorgänge sein.

Solange bei finanziellen Engpässen des Staates und der Kommunen immer zuerst die Belange der Sozialschwachen und der Kinder mißachtet werden – natürlich stets aus bestens begründeter Notwendigkeit, werden die genannten Werte leider pastorales Geschwätz bleiben müssen. Wenn beispielsweise politische Parteien sich in ihren Namen christlicher oder ähnlich hochwertig besetzter Wertbegriffe bedienen, sollten sie sich bewußt sein, daß Namen nicht nur mit Programmen sondern mit energetischen Schwingungen verbunden sind, die zur Erfüllung drängen oder – wenn ihnen dies nicht ermöglicht wird – in gegenteiliger Weise zerstörerische Wirkungen entfalten. Nomen est Omen.

Solche Überlegungen mögen weit weg von den Alltagsrealitäten erscheinen. Doch wozu geben wir Milliarden für die Forschung aus, wenn wir uns selbst damit nur Werkzeuge zur Zerstörung schaffen, die Segnungen der Sozialwissenschaften aber nur sehr begrenzt zulassen? Wenn die alten Germanen sich den Rat ihrer mit den Gottheiten in Verbindung stehenden Priester und Priesterinnen holten, versuchten sie mit ihren bescheidenen Mitteln, optimale Entscheidungen zu treffen.

Konfliktlösungen nach Art des Germanen Odin-Wotan durch Magie oder Krieg helfen heute nicht mehr, wohl aber eine Vision von einem neuen Miteinander. Heute können wir auf der Basis verschiedenster Wissenschaftsdisziplinen mit viel besseren Voraussetzungen ganzheitliche Urteile finden, ohne Zuflucht bei den Göttern nehmen zu müssen; wir sind fähig, uns gegenseitig einzubeziehen und uns mit den Bedürfnissen nach Macht, Geltung und Anerkennung auseinanderzusetzen.

Manches sagt ich,
mehr noch wollt ich,
ließe zur Rede
Raum das Geschick. [16]

---

[16] „Das jüngere Sigurdlied" , Vers 71 (aus dem 13. Jahrhundert), Genzmer S. 233

Epilog

Ich hätte mir denken können, daß mein göttlicher Bekannter wußte, zu welchem Zeitpunkt ich mein Manuskript abschließen mußte. Schon einen Tag später rief er an. Wieder war es am Abend, doch war ich nicht mehr überrascht, ja ich hatte auf diesen Augenblick gewartet und mich darauf gefreut. In letzter Zeit hatte ich oft an ihn gedacht und mich erinnert, welche ungewöhnlichen Energien mit dieser Gottheit verbunden sind. Nicht immer konnte ich die dabei auftauchenden Gedanken oder Gefühle entwirren, es waren zu verschiedenartige Stationen in seiner Entwicklung zu verarbeiten. Mir war bewußt, daß davon einiges mit meinen Eigenschaften oder Problemen in besonderer Weise korrespondieren mußte, denn sonst hätte ich mich für ihn nicht so öffnen können und wäre für ihn nicht so empfänglich gewesen. Für sein Wiederkommen hatte er ein Datum gewählt, das ganz zu seinen alten Rhythmen paßte, denn es war Sommersonnwende. Als ich ihm die Tür öffnete, kam er freudestrahlend auf mich zu und wir reichten uns herzlich die Hände. Trotz meiner Freude fühlte ich mich befangen, fast beklommen. Waren meine Erwartungen vielleicht doch zu groß? Oder fürchtete ich, daß er mich überfordern könnte? War es sein Kraftfeld, das er mich bei seinem letzten Besuch so intensiv erleben ließ? Meine Phantasien rasten windschnell über mich hinweg. Als wir uns setzten, begriff ich, daß er alle meine Gedanken aufgenommen haben mußte, und konnte mich etwas entspannen. Dieses Mal wollte ich das Gespräch beginnen.

„Ich bin sehr froh, daß Sie mich wieder besuchen. Viele Fragen wollte ich an Sie richten, aber jetzt, da Sie wieder hier sind, erfaßt mich dieselbe Unruhe wie bei Ihrem ersten Besuch."

Er sah mich einfach an, als wollte er mich auffordern, weiter zu sprechen, obwohl er meine Worte sicher nicht benötigte. Allerdings war ich um so mehr auf die Sprache angewiesen und froh, daß er mir sie ermöglichte.

„Ich habe oft daran gedacht, wo Sie jetzt wohl gerade sein könnten und hätte mir gewünscht, einen ungetrübten Blick in die Vergangenheit tun zu können. Es gab viele historische und psychologische Unklarheiten und Ungereimtheiten zu ertragen. Jede Ungewißheit brachte neue Spekulationen mit sich. Ihre Spuren sind völlig überlagert; es gibt keinen überlieferten Kult, keine Aufzeichnungen oder andere Möglichkeiten zum Odin der Germanen einen Zugang zu finden."

Nachdenklich schaute er mich an. Nachdem er sich über die Haare gestrichen hatte, sagte er: „Nur das Bedürfnis der Gelehrten verlangt nach solchen Beweisen. Gewiß sind die Spuren der Vergangenheit ein hilfreicher Pfad des Verstehens. Aber dabei sollte die Kraft der Gegenwart, des Augenblicks, nicht vergessen werden. Wer für ihn bereit ist und ihn erleben kann, steht in Verbindung mit der Vergangenheit. Die Norne Werdandi geht aus der Norne Urd hervor und beinhaltet diese. Wer in der Gegenwart lebt, weiß um die Vergangenheit, auch wenn er sie in einem wissenschaftlichen Sinne nicht belegen kann. Die Erforschung der Geschichte hätte weniger Dringlichkeit, wenn die Menschen den Ansichten und Überlegungen anderer mehr Achtung entgegenbringen und ihre Ablehnung nicht gleich zu intellektuellen Religionskriegen ausarten lassen würden. Jede Überlegung, Spekulation, ja sogar jede ernsthafte wissenschaftlich formulierte Hypothese und Theorie besitzt ein persönliches Motiv im Hintergrund, auch wenn dies nicht bewußt sein sollte. So dienen alle Vorstellungen und Erklärungen immer dem Einzelnen bei seiner Lebensbewältigung und werden von diesem entsprechend dem voranschreitenden Erkenntnisprozeß verändert und neugefaßt."

Dies entsprach ganz meiner eigenen Auffassung, die sich durch neuere philosophische Theorien zur Subjektivität bestätigt hatte. Weswegen formulierte er es also? Wollte er mich damit bestätigen und mich mutiger machen, mehr auf das eigene Erleben zu achten und diesem mehr zu vertrauen? Sollte ich, sollten wir uns, hinter den verschiedensten Theorien, die wir uns zurechtlegen, nicht einfach das persönliche Interesse an den Forschungsgegenständen zugestehen?

Odin hatte bemerkt, daß ich mich mit meinen Gedanken selbst zu verwirren begann und ergänzte: „Denken, auch wenn es sich auf bescheidenem Niveau abspielen sollte, ist eine bedeutende Fähigkeit; doch ohne die Berücksichtigung der Empfindungen, Gefühle und intuitiven Wahrnehmungen bleibt es ein vom Leben abgespaltener Prozeß. Die Euphorie des Menschen, die sich aus der Lust am Denken entwickelt hat, ist heute sein Verhängnis. Ihr seid stolz auf die Leistungen eures Denkens, doch durch die Vernachlässigung emotionaler Bedürfnisse von den Wurzeln des Lebens weit abgekommen. Es braucht viel Entschlossenheit und Mut, um die daraus resultierenden gesellschaftlichen Strukturen wieder aufzubrechen und sie näher an das Leben heranzuführen. Das gilt für fast alle Bereiche, ganz besonders aber für das Schul- und Hochschulwesen, die Gesetzgebung, Verwaltungen und das Finanzwesen."

Trotz dieser eher belehrenden Worte war sein Mitgefühl für uns Menschen deutlich zu spüren. Es erinnerte mich an seine Absicht, durch Deutschland zu wandern und inspirierend auf die Menschen zu wirken. „Haben Sie etwas erreicht auf Ihrer Wanderung?" fragte ich ihn, das Thema wechselnd.

„O ja, ich konnte viele Kontakte aufnehmen, wobei nur wenige meine Identität dabei bemerkt haben. Unmittelbare Erfolge darf ich mir nicht versprechen, wohl aber eine keimhafte Wirkung. Was die Esoteriker das Wassermannzeitalter nennen hat begonnen und eine neue Form des Gemeinschaftsbewußtseins ist angesagt. Was sich im Augenblick weltweit an nationalistischem und kleinstaatlichem Denken vollzieht, ist der Widerstand gegen diese sich abbildenden Entwicklungen. Es würde allen Erfahrungen und Erkenntnissen widersprechen, wenn sich solche Widerstände nicht bemerkbar machen würden. Insofern sind sie trotz des damit verursachten Leides und des Schmerzes, den die Kriege und Gewalttaten bewirken, in einem gewissen Rahmen normal. Auch in Deutschland lassen

sich viele lebendige Zeichen für ein Bewußtsein um das verbindende Band zwischen den Menschen entdecken. Doch darf das nicht darüber hinwegtäuschen, daß noch viel mehr Anstrengungen unternommen werden müßten, um mit rassischen und religiösen Unterschieden und den daraus resultierenden Spannungen anders umgehen zu können. Ich vermißte besonders klare, verurteilende Stellungnahmen der Kirchen und Politiker zu den schlimmen Vorkommnissen. In Deutschland wird immer noch zu viel geschwiegen. Bekenntnisse für ein engagiertes Miteinander der verschiedensten Gruppierungen konnte ich kaum feststellen. Und wo es keine Bekenntnisse gibt, wird es auch kaum ein entsprechendes Handeln geben. Da Wasser immer den Berg hinunterfließt und mit Kraft und Anstrengung den Berg hinauf getragen werden muß, bedarf es hier vermehrter Anstrengungen von den verschiedensten Seiten. Mutigsein – daran mangelt es den meisten – ist zu einem Fremdwort geworden."
Seine Worte fand ich sehr ernüchternd, aber er hatte ja recht! Es konnte keine gute Entwicklung nehmen, wenn man sich bei allen schwierigen sozialen Fragen meist nur defensiv verhält und das Handeln denjenigen überläßt, die sich vom Schicksal ohnehin lieblos behandelt fühlten.
„Ich war der Kriegsgott der Germanen, der zur damaligen Zeit dringend gebraucht wurde, um mit meinen Energien die Kräfte und Fähigkeiten zu entwickeln. Heute geht es um etwas anderes! Es braucht keine Kriegsgötter mehr, sondern – wenn schon Götter – dann Kommunikationsgötter. Kriege helfen schon lange nicht mehr bei der Lösung von Konflikten. Deshalb müssen neue Wege beschritten werden. In einer Zeit, in der die Welt durch die Telekommunikationsmedien, die Vielfalt der Übertragungsmöglichkeiten und die schnellen Reiseeinrichtungen immer kleiner wird, dürfte es keine allzu großen Schwierigkeiten bereiten, das gemeinsame Gespräch zu kultivieren und andere, leistungsfähigere Konferenztechniken zu entwickeln. Es wäre noch viel zu diesem Thema zu sagen, aber es ist erstaunlich, wie wenig die Menschen sich dafür interessieren. In den letzten zweitausend Jahren habt ihr ein ver-

stärktes Bedürfnis nach Individualität entwickelt, aber es hat im Zusammenhang mit den Machtbedürfnissen von Einzelnen und Gruppen zu einem heillosen Kampf um Vormachtstellungen geführt."

Diese Worte aus dem Munde eines ehemaligen Schlachtengottes zu hören, verwunderte mich doch ein wenig. Vor Zeiten hatte er seine Krieger in ekstatischem Rausch in das Schlachtengetümmel und natürlich auch in den Tod gerissen, heute wies er auf unsere vernachlässigten Kommunikationsstrukturen hin! Welcher Wandel mußte sich in ihm vollzogen haben.

Doch dann fiel mir wieder seine Bemerkung bei unserer ersten Begegnung ein, als er mich darauf hinwies, daß die Wirkung der Götter auf die Menschen, von deren Reifungs- und Bewußtseinsstand abhängig ist.

„Was hatte es denn damit auf sich, daß die Germanen den Krieg so verherrlicht haben? Und wie ist Ihr Anteil als Gottheit dabei zu sehen?" fragte ich.

„Ganz sicher haben sie alles mit der Kriegsführung Verbundene verherrlicht. Es machte die besondere Kraft der germanischen Stämme aus, daß sie durch ihre Initiationen, Kult und Ritus eine ungewöhnliche körperliche und psychische Präsenz in ihren Schlachten erreichten. Sie kultivierten ihre erworbenen Fähigkeiten, die ihnen nicht nur den Gewinn der Schlacht, sondern darüber hinaus auch im Tod das Aufgehen in ihren Gottheiten ermöglichen sollten. So kam es zu einem sehr komplexen Vorgang: Ertüchtigungen im körperlichen und psychischen Bereich wurden durch Initiationen gefördert, die ungewöhnlich viel Mut und absoluten Einsatz aller verfügbaren Kräfte verlangten. Weiter resultierten daraus Erfolge bei territorialen Kämpfen und schließlich lag allem eine tiefe Religiosität zugrunde, aus der heraus dies erst möglich wurde. Die Germanen – die Speermänner, wie es in Ihre Sprache übersetzt heißen müßte – haben in der Entwicklung der Menschheit eine Funktion übernommen. In einer fast radikal zu nennenden Weise haben sie Ichfunktionen entwickelt. Diese sollten es ermöglichen, den Körper bei zunehmender Disziplinierung des Geistes weiter unter dessen Kontrolle zu stellen. Die

Entwicklung der Willenskräfte, die als Voraussetzung für die Tapferkeit gilt, erfuhr dadurch eine wesentliche Steigerung. Ohne Zweifel ist dies ausgezeichnet gelungen. Allerdings war es kein ausreichender Weg in die Zukunft, da sich solche Ausdifferenzierungen immer nur durch die Vernachlässigung anderer Fähigkeiten bewirken läßt. Werte anderer Kulturen mußten mit einbezogen werden. Aus der klassischen Antike kamen besonders die Formkräfte, die sich in der Schrift und in einem erweiterten Rechtsverständnis bemerkbar machten. Die Werte wurden durch das Christentum verstärkt, doch brachte dieses auch das im Orient entwickelte Wissen um Wiedergeburt und Auferstehung mit. Tod und Leben konnten so in neuer Weise verknüpft werden, was für die Germanen nur indirekt in den Phantasien um Walhall enthalten war. Über die Lehren Buddhas und Christus' kam zu den Völkern des Nordens vertiefend ein neues Verständnis und Bewußtsein für das Mitgefühl, die caritas, die Nächstenliebe – das Bodhichitta, wie es die Buddhisten nennen, die Bereitschaft und Fähigkeit zu lieben. Auch die Künste wurden erst über den Kontakt mit den südlichen Einflüssen weiter entfaltet."

Mir war einiges davon schon aus anthroposophischen Schriften bekannt. [1] Hier bekam es für mich ein anderes Gewicht, denn mir wurde die Bedeutung des germanischen Expansionsbedürfnisses und ihr mutiges Vorwärtsstürmen klar. Sie bildeten die Voraussetzungen für das heutige wissenschaftliche Denken und ermöglichten ein kritisches Eindringen in die Welt der Materie.

„Nicht daß es bis dahin keine forschende Haltung gegeben hätte! Aber das Mysterienwissen, das immer mehr bewahrend als progressiv ist und bis um die Zeitwende herum bestand, wurde durch eine neue Geisteshaltung abgelöst. Erst in der Verschmelzung germanischer und griechisch-römischer Geistesqualitäten konnte sich, unter Hinzunahme orientalischer Erfahrungen, die Kritik- und Urteilsfähigkeit des Gegenwartsmenschen entwickeln."

Odin, der bisher die Beine übereinander geschlagen hatte, setzte sich etwas aufrechter hin, als wollte er zum Ausdruck bringen, daß ihn das Thema jetzt nicht weiter interessierte und er es gerne wechseln wollte. Einen Augenblick fürchtete ich, daß ich meine vielen Fragen nicht mehr aussprechen könnte, wenn er sich schon zum Gehen entschließen würde. Doch dann fühlte ich an meinem Scheitel wieder den starken Energiestrom und an seinem friedlich-freundlichen Lächeln erkannte ich, daß er noch bleiben würde. Meine Wißbegierde begann mit meinem Bedürfnis, dieser Gottheit auf einer anderen Ebene zu begegnen, in Widerstreit zu geraten.

Ich wollte doch noch soviel von ihm erfahren. Natürlich hatte ich eigene Meinungen, aber es interessierte mich, wie er über die gegenwärtige Situation in Europa dachte? Was hatte er zu den Religionen zu sagen? Zu gern hätte ich auch von ihm gewußt, wie er Psychotherapie und Psychoanalyse beurteilte?

Wie in anderen Situationen spürte Odin genau, was mich beschäftige. Er öffnete beide Hände und sagte: „Was ist Wissen? Für wen ist es wichtig? Gewiß, es kann das Leben unter bestimmten Bedingungen erleichtern, aber bedarf es nicht viel mehr der Weisheit? Doch die Weisheit zu entwickeln, hat etwas mit den Kräften des Herzens zu tun, die sich nur im Zusammenleben mit anderen formen lassen. Wissen läßt sich am Schreibtisch oder im Labor erwerben. Mitgefühl und Liebeskräfte sind nur durch Hingabe und Selbstopfer zu erreichen, die vielleicht niemand bemerkt. Es sind leider keine begehrten Tugenden, aber sie veredeln das *Herz*. Nur dieser Weg bringt die Erfüllung! Magie, Religion, Wissenschaft haben letztlich nur ihren Sinn, wenn sie Hilfsmittel auf diesem Weg sind. Wozu also Wissen, wenn es die Weisheit und Liebe ist, die dem Menschen die Verwirklichung bringen?"

Als Odin so richtungsweisend sprach, erinnerte er mich an den germanischen Merkur, wie die Römer Odin genannt hatten. In dieser Eigenschaft war er der große Weisheitslehrer und ähnelte dem ägyptischen Thot oder seinem griechischen

---

[1] Interessierte Leser finden bei Lievegoed, Bernhard C.J., Mysterienströmungen in Europa und die neuen Mysterienströmungen, Stuttgart 1981, eine sehr gut die anthroposophische Auffassung wiedergebende Arbeit.

Kollege Hermes. Eindringlich wurde mir klar, daß wir viel zu lange und einseitig auf Wissen und Wissenserwerb gesetzt hatten. Die Entwicklung des Verstandes und geistiger Klarheit hatte die Vernachlässigung unserer Herzen mit sich gebracht. Diese Erkenntnis fiel in mir auf fruchtbaren Boden und ich wurde ganz ruhig. Mein Scheitelchakra meldete sich wieder, aber dieses Mal war mir, als hätte mich an dieser Stelle ein sonnenfarbenes, helles und warmes Licht getroffen, das meinen ganzen Körper erfüllte und völlig durchlichtete. In einem Reich ohne jede Leidenschaft, ohne Trübungen durch Emotionen und Affekte entfaltete sich vor meinen Augen eine mit feinen, zarten Linien gezeichnete herrliche Landschaft. In einem klaren Licht lagen Felder, Wiesen und Wälder vor mir, die sich über sanfte Hügel bis zum Horizont erstreckten. Ein Wanderer, der sein Gepäck als Bündel an seinem geschulterten Wanderstock hängen hatte, ging mit kraftvollem Schritt einen Weg entlang, so daß sein graublauer Mantel leicht im Wind wehte. Eine Zeitlang glaubte ich, ihn singen zu hören. Allmählich veränderte sich das Licht und mich umgab eine große Helligkeit. Die Bilder begannen sich aufzulösen und wichen einem bildlosen und zugleich unendlichen Zustand, der in seinem Licht und seiner Schwingung nicht mehr beschreibbar war.

Es gab nichts, was sich noch durch Worte hätte übermitteln lassen. Als ich nach langer Zeit wieder in mein Alltagsbewußtsein eintauchte, war Odin gegangen und doch geblieben. Bedurfte es da noch eines Abschieds?

Anhang

Zeittafel

vor der Zeitwende (v. Chr.):

ca 2500	Ausbreitung der Indogermanen
ca 2000	Trennung von Ost- und Westgoten
ca 1000	Germanen, Kelten und Lettoslawen teilen das indogermanische Gebiet
52	Caesar schreibt über die Germanen

nach der Zeitwende (n. Chr.):

im 1. Jahrh.	Tyr wird als oberster Gott von Wotan am Rhein verdrängt
98	Tacitus schreibt die Germania
ca 200	Entstehung der Runenschrift
ca 500	Wotansreligion wandert nach Skandinavien gleichzeitig gelangt von Dänemark der Nerthus-Kult dorthin
ca 600	„Wanenkrieg" (vermutlich zwischen dänischen Wotansanhängern und schwedischen Freyr-Kult-Anhängern)
im 3.-4.Jahrh.	Tyr wird bei den Niederdeutschen von Wotan verdrängt
im 8.Jahrh.	Tyr wird in Süddeutschland von Wotan verdrängt
772	Karl der Große zerstört die Irminsul in Westfalen
ab 783	Wikingerzeit (bis ca. 1060)
ab 800	Skaldenpoesie
ca 800	Besiedlung Islands von Norwegen aus
vor 1100	Übertritt der Isländer zum Christentum
1241	Snorri wird ermordet
ca. 1250	Abschluß der Lieder-Edda

Abkürzungsverzeichnis

ags.	angelsächsisch
ahs..	althochdeutsch
Alv..	Alvislied, Alvismál
an.	altnordisch
Apok.	Apokalypse
as.	altsächsisch
Bdr.	Baldrs draumar
Drd.	Walkürenlied, Darratharljóth
Gen.	Genesis
germ.	germanisch
got.	gotisch
Grm.	Grimnismál
Gylf.	Gylfaginning
Háv.	Hávamál
Hdl.	Hindlulied
Hm.	Hamdismál
Hrbl.	Harbardlied
Hym.	Hymnirlied
idg.	indogermanisch
kelt.	keltisch
KHM.	Grimm's Kinder- und Hausmärchen
lat.	lateinisch
Ls.	Lokasenna
mdh.	mittelhochdeutsch
norw.	norwegisch
Rm.	Reginsmál
Rth.	Merkgedicht des Rig, Rigsthula
sanskr.	sanskrit
Sd.	Lied von Sigrdrifa, Sigrdrífumál
Skam.	Skáldskaparmál
Skm.	Skrinirlied, Skrínismál
Thrk.	Thrymlied, Thrymskvida
urgerm.	urgermanisch
Vkv.	Völundarkvida
Vsp.	Völuspá
Vpssk.	Völospa in skamma (kurze Weissagung der Seherin)
Vtrm.	Vafthrudnismal

Glossar der germanischen Namen

Ägir — Wassermann, Meerriese, der Herrscher über das Meer, seine Gattin ist die Meeriesin Ran

Ägirshelm — Helm;Schreckenshelm des Ägir, *aegr* = schrecklich

Ägirstöchter — neun Töchter des Ägir mit der Meerriesin Ran

Alben — Elfe, Elfen, *álfr* = die Albin

Alberich — Zwerg; *alfr* = alb; s. Andwari

Aldafadir — ein Name Odins; Vater der Menschen; Aldafather

Aldagautr — ein Name Odins; Menschen-*gautr*

Alfadir — ein Name Odins; Allvater, s. Alfödr

Alfheimr — Welt der Alben; eine der neun Welten Yggdrasils

Alfödr — ein Name Odins; Allvater

Alfr — Zwerg; Albe, Elfe

Ali, Vali — Vali, Sohn Odins; auch Loki hat einen Sohn gleichen Namens

Allbehend — myth. Pferd der Sonne

Allvaldi — Riese; der Allmächtige; Vater (s. Ölvaldi) des Thjazi

Allvater — ein Name Odins; Allfödr

Alsvidr — der ganz Weise; runenkundiger Riese

Alsvidr — Pferd; sehr schnell; zieht mit Pferd Arvakr zusammen die Sonne

Alswinn — Allbehend; myth. Pferd der Sonne; s. Arvakr

Alvaldi — Riese; der Allgewaltige; Vater des Thjazi

Alvilda — Walküre; Alfhilda

Alviss — Zwerg; der Allwissende

Amsvartnir — See; auf ihr ist die Insel Lyngvi, s. Fernir

Anarr — Zwerg; der Andere

Andhrimnir — Koch in Walhall; der dem Ruß Ausgesetzte

Andlangr — 2. Himmel; der ganz Lange, Weite

Andwari — Zwerg; Loki fängt ihn im Wasser als Fisch

Andwarinaut — Ring; Morgengabe für Brynhild

Angeyja — Riesin; die der engen Insel; Mutter Heimdalls

Angrboda — Riesin; die Kummer Bereitende; Gattin Lokis, Mutter von Hel, Fenrir und der Midgardschlange

Annar — der Andere, der Zweite; Vater der Jörd (Erde), zweiter Mann der Nótt (Nacht)

Arnhöfdi — ein Name Odins; der Adlerköpfige; s. Skaldenmythe

Arvakr — Pferd; zeitig wach; zieht den Sonnenwagen mit Alsvidr

Asa-Thor — Thor; Asen-Thor

Asabragr — Thor; Asenfürst

Asaheimr — Welt der Asen

Asaland — Land der Asen

Asbrú — Brücke; Asenbrücke; s. Bifröst, Himmelsbrücke

Asen — Asen; *ans-* = Balken, Pfahl; *ásu* = Lebenskraft

Asgard — Asgard, Heim der Asen

Askr — Mensch; Esche; Mann des ersten Menschenpaares, s. Embla

Atla — Riesin; die Streisüchtige; Mutter Heimdalls, Trollfrau

Atli — Thor; der Schreckliche

Atridr — ein Name Odins; Angreifer

Audr — Audr; Reichtum; Sohn der Nótt mit Naglfari

Audhumbla — die (milch-)reiche, hornlose Kuh; Ur-Rind, das den Ur-Riesen Ymir ernährt

Aurboda — Riesin; *aurr* = Feuchtigkeit; Mutter Gerdrs

Aurgrimnir	Ur-Riese, mit Ymir identisch; der aus Sand enstandene Zornige, aus dem Sand geborener Brüller
Austri	Zwerg; Osten; stützt den aus Ymirs Schädel gemachten Himmel
Baeldaeg	Balder; der leuchtende Tag; myth. Name für Balder
Balder, Baldr	Ase; Sohn Odins; *bhel* = weiß, *bealdor* = Herr, Fürst
Báleygr	ein Name Odins; der mit den flammenden Augen
Bara	Riesin; Welle; Tochter Ägirs, Erscheinungsform des Meeres
Bergelmir	Riese; der Berg-Brüller; Sohn des Thrudgelmir, Enkel des Ymir, stieg mit Frau in seinen Mahlkasten um zu überleben
Berserker	Krieger; *ber-* = Bär, *serkr* = Hemd; Odins Männer, die sich ihm mit ekstatischen Riten verschworen und dabei schmerzunempfindlich waren.
Bestla	Riesin; Ehefrau (?), Rinde, Bast (?); Mutter der Brüder Odin, Vili und Ve
Beyla	Dienerin; *biuilo* = kleine Biene (?) Frau Bohne; Dienerin Freyrs, Frau von Byggvir
Bifröst	Brücke; schwankende Himmelsstraße, „der nur kurz zu sehende Regenbogen", s. Bilröst
Bil	Asin; Augenblick; Gestalt im Mond
Bilgeygr	ein Name Odins; der schlecht Sehende; s. Báleygr
Billingr	Mädchen; Zwilling, Zwitter; Odin will es verführen, sie legt einen Hund zu ihm ins Bett
Bilröst	Brücke; *bil* = Augenblick, Brücke nach Asgard (auch Bifröst)
Bilskirnir	Halle; der mit den Lichtstrahlen Blitzende; Saal in Trúdvangr, Besitzer Thor
Björn	ein Name Odins; Bär; s. Berserker
Bláinn	Zwerg; *blár* = blau, schwarz
Bláinn	Ymir; blau, schwarz; weil aus seinem Schädel der blaue Himmel gemacht ist (?)
Blinkjandabol	bleiches Unheil; Bettvorhang der Hel
Blitz	myth. Fluß des Elivágar
Blódörn	Riesin; die mit blutigem Haar = Welle; Tochter Ägirs
Bodn	Gefäß für Skaldenmet
Bölthorn	Riese; Unglücks-Dorn; Vater der Bestla
Bölverkr	ein Name Odins; der Übelstifter
Borr	s. Burr
Bragi	Skalde; ältester Skalde, den wir kennen; *bragr* = Häuptling, Fürst; Dichter; Gott der Dichtung Gatte der Idun; auch Name für Odin
Brakteaten	kreisrunder, einseitig geprägter Schmuck, Schmuckscheiben
Breidablik	Heim; das weithin Glänzende; Wohnort Balders
Brimir	Halle; Saal in Gimle – Ymir; Meer; Umschreibung – Halle; Götter halten hier ihre Trinkgelage
Brisingamen	Schmuck; *brisa* = glänzen; Halsband der Freya
Brokkr	Zwerg; der mit metallenen Bruchstückenarbeitende; Bruder Sindris
Brúni	ein Name Odins; der Braune; der mit den buschigen Augenbrauen
Brynhild	Walküre; Brünhilde
Buri	Zwerg; *burr* = Sohn
Búri	Buri; Erzeuger, Vater; Stammvater der Götter
Burr	(Borr)Vater Odins; Sohn
Byggvir	Diener Freyrs
Byleiptr	s. Byleistr; Bruder Lokis
Byleistr	*leiptr* = Blitz, *bylr* = Wind; Bruder Lokis, s. Byleiptr

Bylgja	Riesin; Welle; Tochter Ägirs
Byrgir	Verberger; Brunnen im Mond, dort werden Bil und Hjuki
Dagr, Dag	Tag; Personifikation des Tages
Dáinn	Hirsch; gestorben; s. Yggdrasil
Delling, Dellingr	Morgentau, Vater von Dag, seine Ehefrau ist die Nacht, Zwerg; der Glänzende, oder: der Berühmte (?)
Ding	s. Thing
Disablót	Opfer; Disenopfer; am Winterbeginn Mitte Oktober
Disathing	Thing, das zur Zeit des Disen-Opfers Anfang Februar abgehalten wurde, auch „Mütternacht" (?)
Disen, Dise	weibliche [Fruchtbarkeits-]Gottheiten; Seelen verstorbener Frauen (?)
Donar	Donner; südgermanischer Name Thors
Dörrudr	ein Name Odins; der Speerkämpfer
Draupnir	der Tropfer; Odins Ring von Brokk und Sindri geschmiedet
Draupnir	Zwerg; Goldschmid
Dröfn	Riesin; Welle; Tochter Ägirs und der Ran
Drómi	zweite Fessel für Fenrir
Dúfa	Riesin; Untertaucherin = Welle; Tochter Ägirs und der Ran
Duneyrr	Hirsch; der mit daunigen (oder braunen) Ohren; s. Yggdrasil
Durathór	Hirsch; Schlummer-Eber (?); s. Yggdrasil
Durinn	Zwerg; der Schläfrige (?) oder: Türhüter, dämonisches Wesen
Dvalarr	Hirsch; s. Dvalinn (?); s. Yggdrasil
Dvalinn	Zwerg; der Langsame, der Schlafende -Hirsch; s. Yggdrasil, s. Dvalarr
Earendel	Gott (?); Morgenröte, Morgenstern; s. Aurvandill
Ebenhoch	ein Name Odins; s. Jafnar
Edda	Liedersammlung; *odr* = Dichtung, *edda* = Urgroßmutter
Egill	Riese; Vater von Thjálfi u. Röskva, die Thor begleitenden Kinder
Eikin	die Wütende; myth. Fluß
Eikthyrnir	Hirsch; der mit eichenblattartigem Geweih; auf Walhalls Dach frißt an Laeradr
Einheri	Name für Thor; der allein kämpft
Einherier	Einherier; die allein Kämpfenden; s. Walhall
Einridi	Name für Thor; der allein Reitende, der Alleinherrschende
Eir	Asin; die Helfende; wurde als die beste Ärztin bezeichnet
Eistla	Riesin; Stürmische (?) Geschwollene (?) Glühende (?); eine von der neun Mütter Heimdalls
Eldhrimnir	Kessel; der durch Feuer Berußte; s. Walhall
Eliwagar	Elivágar; *él* = Unwetter, *vágr* = Meer (?); giftige Reiftropfen; einer der vier Ströme am Weltenbeginn
Eljúdnir	die Regenfeuchte; Halle der Hel
Elli	Alter; Personifikation des Alters, die starke Pflegemutter des Utgard-Loki
Embla	Frau des ersten Menschenpaares, Ulme (?) Rebe, Schlingpflanze (?); s. Askr
Ennilangr	Thor; der mit der langen Stirn
Eostra	Göttin; (=April), s. Ostara
Ermengang	Schlange; s. Midgardschlange
Erzkühle	Blasbalg; zwei Blasbälge hatte die Sonne
Eyrgjafa	Riesin; Sandspenderin (?) oder: Narbenspenderin; eine der neun Mütter Heimdalls,

313

Fafnir	Drache; der Umarmer; von Sigurd getötet-Zwerg; s. Drache; Sohn Hreidmars, Bruder von Otr und Regin
Falhófnir	der mit dem falben Hufen; myth. Pferd der Asen,
Fallanda-forad	Fall-Gefahr, Hindernis; Schwelle zur Wohnung Hels
Falr	Zwerg; Verberger; Verbergen des Skaldenmets (?)
Farbauti	Riese; der gefährlich Schlagende; Blitz, oder: Sturm; Vater Lokis
Farmagud	ein Name Odins; Lasten-Gott (s. Farmatyr ident.)
Farmatyr	ein Name Odins; Gott der Last (s. Farmagud ident.); Handelsgott (?) oder: Dichtermet = Odins Last
Fasolt	Riese; Gebieter des Gewitters, ident. mit Kari (?)
Fengr	ein Name Odins; Beute, Vorrat; Fänger, der Gefallene nach Walhall führt (?)
Fenrir	Fenriswolf; *fen* = Sumpf, Sumpfbewohner (?); Wolf, seine Eltern sind Loki und die Riesin Angrboda
Fenrisúlfr	Fenrir; Fenriswolf
Fensalir	Heim; Sumpf-Säle; Wohnort der Frigg, s. Quellkult
Fili	Zwerg; der Feiler, oder: der den Skaldenmet versteckende Zwerg
Fimbulthulr	ein Name Odins; mächtiger Redner, mächtiger Weiser
Fimbultyr	ein Name Odins; gewaltiger Gott; Name für den germanischen Hauptgott, Tyr-Rune
Fimbuthul	mächtiger Wind (?) mächtiger Redner (?); myth. Fluß des Elivágar
Finnsleif	Brünne; Brünne des Ali
Fjalarr	Zwerg; der Verberger (?) Betrüger (?); ermordet mit seinem Bruder Galarrs Kwasir, s. Skaldenmet
Fjalarr	Hahn bei Riese Eggthér
Fjölnir	ein Name Odins; der Viel-Wissende
Fjölnir	(der den Skaldenmet Verbergende); Sohn des Yngvi-Freyr und der Gerdr
Fjölsvidr	ein Name Odins; der sehr Weise
Fjölvarr	Riesin; der sehr Vorsichtige; myth. Person, dort verbringt Odin 5 Jahre während seiner Verbannung
Fjölverkr	Riese; der viel Arbeitende; s. Riesenbaumeister
Fjörgyn	Jörd; Erde; Mutter Thors
Fjörgynn	(s. Fjörgin); Vater der Göttin Frigg
Fjörm	myth. Fluß des Elivágar
Fólkvangr	Feld des Volkes, des Heeres (?); Wohnort der Freya, Totenort
Folla	Asin; s. Fulla
Fönn	Riesin (?); Schneewächte; Personifikation des Winters (?)
Forn-Ölvir	ein Name Odins
Fornjótr	alter Jüte; Urriese, myth. Ahnherr, seine 3 Söhne sind: Meer, Feuer, Wind
Forseti	Ase; Vorsitzender; Sohn von Balder und Nanna
Franangrsfors	Wasserfall von Franagr; kein myth. Ort sondern dichterische Ausgestaltung des Aufenthaltsort Lokis bei seiner Flucht
Fráridr	ein Name Odins; der Fortreitende; der Totengott, der mit den Gefallenen fortreitet
Frea	Frigg; (langobardisch) Freyr; Herr; angelsächs., auch Bezeichnung für Christus!?
Freitag	Tag der Freya, Frija; Wochentag
Freki	der Gierige; einer der Wölfe Odins, s. Geri
Freya	Frau, Herrin; Tochter Njördrs, Göttin der Liebenden, Schwester des Freyr

Freyr	Herr; Sohn Njördrs, Wane, Bruder der Freya
Fricco	Freyr; *fridkan* = Liebhaber
Frigg	*fri,freo* = Frau; *priya* = Geliebte; Frau Odins, Göttin der Frauen
Frô	Freyr; Herr
Frosti	Zwerg; Kälte, Frost
Frühwach	myth. Pferd der Sonne
Fulla	Asin; Frau (?) Zofe der Frigg, trägt deren Schatulle
Fumbulwinter	Winter; der Riesenwinter; s. Ragnarök
Fundinn	ein Name Odins; der Gefundene
Fylgien	*fylgja* = folgen, Folgegeist; werden nur im Traum oder von Seherinnen gesehen
Gagnradr	ein Name Odins; der Entgegen-Rater; Streitgegner; der Wegkundige
Galarr	Zwerg; Schreier; tötet Kwasir zusammen mit Fjallar;Riese; Schreier
Gald, Galdr	Magie; Zaubergesang, durch die Seherin bei der Wahrsagesitzung
Gangláti	der Langsame; Knecht der Hel
Gangleri	ein Name Odins (?); der vom Gehen Müde (?); s. Odin, als einsamer Wanderer
Ganglöt	die Langsame; Magd (allegorisch) der Hel
Gangr	Riese; Gang; Bruder von Thjazi und Idi, Sohn von Ölvaldi
Gangradr	ein Name Odins; s. Gagnradr
Gardrofa	Zaunspring; myth. Pferd, Mutter des Howarpnirs
Garm, Garmr	(ident. mit Fenrir (?)); myth. Hund vor Gnipahellir an der Hel angekettet
Gaut	Gott; s. Gapt, Gautr, Gott; Name für Gott
Gautatyr	ein Name Odins; Göten-Gott
Gauti	Gott; s. Gautr
Gautr	ein Name Odins; Götländer; myth. Ahnherr der Langobarden
Gefjon	Asin; die Gebende; s. Freya, Fruchtbarkeit-Schutz
Gefn	Freya; Geberin
Geirahöd	Walküre; Kampf (*geirr* = Speer; *höd* = Kampf)
Geiravör	Walküre; Speergöttin; ident. mit der Göttin Vör (?)
Geirdriful	Walküre; Speerschleuderin
Geirenöndull	s. Geirönul
Geirlödnir	ein Name Odins; der zum Speerkampf Einladende; Speer, s. Gungnir
Geirölnir	ein Name Odins; der mit dem Speer Vorwärtsstürmende; s. Walküre Geirönul
Geirönul	Walküre; die mit dem Speer Vorwärtsstürmende
Geirrödargard	Ort; Geirröds Hof; Wohnort des Riesen Geirrödr in Jötunheim
Geirrödr	Riese; Speer-Schutz; Thors Gegner
Geirskögull	Walküre; Speerkampf
Geirvimull	von Speeren sprudelnder Fluß; myth. Fluß des Elivágar
Gelgja	Fessel; Pfahl, Fessel, mit der Fenrirs am Felsen Gjöll festgekettet wird
Gell	myth. Fluß des Elivágar
Gerdr	Riesin; *gardr* = umzäuntes Feld; Tochter Gymirs, Freyrs Gattin
Geri	Hund; der Gierige; bewacht mit anderen Höllenhunden die Hel
Geri	der Gierige; Odins Wolf, s. Freki
Gersimi	Asin; Kostbarkeit; Freyas Tochter Hnoss, Synonym zu Hnoss
Gestr	ein Name Odins; Gast, Fremder; Odin als unerkannter Wanderer
Gestumblindi	ein Name Odins; der blinde Gast; Gest-inn-blindi
Gifr	Hund; der Gierige (?) Unhold; bewacht mit anderen Höllenhunden die Hel

Gilling, Gillingr	Riese; der Lärmer, Schreier; Vater des Suttungr, s. Skaldenmet
Gimle	Himmel; der vor Feuer geschützte Ort (?); Ort an dem die Menschen nach Raknarök leben
Ginner	ein Name Odins; Betrüger, Hexer
Ginnungagap	Ort; der mit magischen und schöpferischen Kräften erfüllte Urraum; Abgrund am Rande der Welt, Chaos
Gipul	die Klaffende; myth. Fluß
Gizurr, Gizur	ein Name Odins; *geta* = vermuten (s. Wissenswettkämpfer)
Gjallarbru	Brücke; Brücke über den Jenseitsfluß Gjöll; Jenseitsbrücke, bewacht von Magd Modgudr
Gjallarhorn	das laut tönende Horn; Heimdalls Horn ertönt beim Ragnarök
Gjalp	Riesin; die Schreierin oder: die Brausende (?); eine der neun Mütter Heimdalls, auch Tochter Geirröds (?)
Gjöll	Lärm; myth. Fluß des Elivágar, s. Gjallarbru Hel Lärm; Steinplatte, an die Fenrir gefesselt ist
Gladr	der Frohe, der Glänzende; myth. Pferd der Asen
Gladsheimr	leuchtendes Heim, Freudenheim; Wohnort Odins
Glapsvidr	ein Name Odins; der geübte Verführer; s. Rindr und Gunnlöd
Glaer	der Helle; myth. Pferd der Asen
Glasir	Hain; der Glänzende; Bäume mit goldenem Laub vor Toren Walhalls
Glaesisvellir	Jenseits; die glänzenden Gefilde, glänz.Hain; paradiesartiges Gefilde im Jensseits, s. Gudmundr
Gleipnir	die Offene; dritte Fessel Fenrirs
Glenr	Sonne; Öffnung in den Wolken; Mann, der die Sonne personifiziert
Glitnir	der Glänzende; Wohnung Forsetis, silberglänzende Säule-Gold
Gná	Asin; hochaufragend (?); Botin der Frigg; besitzt den Hengst Hofwapnir
Gneip	Riesin; Felsspitze
Gnipahellir	überhängende Höhle; myth. Ort, davor ist der Hel-Hund Gramr angekettet
Goinn	Schlange; Land-Tier; s. Yggdrasil
Göll	Walküre; Lärm, Kampf; Synonym für Kampf
Gömul	die Alte (?); myth. Fluß
Göndlir	ein Name Odins; Zauberer; s. Kenntnis der Magie
Göndul	Walküre; Zaubertier; Werwolf (?); Lenkerin menschlichen Schicksals
Gràd	die Gierige; myth. Fluß
Grábakr	Schlange; Graurücken; s. Yggdrasil
Grafvitnir	Schlange; Gruben-Wolf (?); s. Yggdrasil
Grafvölludr	Schlange; der in der Grube Grabende (?); s. Yggdrasil
Gram	Schwert; der Grimmige; von Regin für Sigurd geschmiedet
Grani	myth. Pferd des Sigurd, s. Waberlohe
Greip	Riesin; Griff; Tochter Geirröds (?) von Thor erschlagen (?)
Grerr	Zwerg; der Brüller, oder: der Kleine; Schmid s. Halsband Brisingamen
Gridarvölr	(Zauber-)Stab der Gridr, den sie Thor gibt
Gridr	Riesin; Gier, Heftigkeit; Mutter Vidars des Stillen, freundliche Rindr
Grimnir	ein Name Odins; der Maskierte; s. Skaldenmet Riese
Grimr	ein Name Odins; der Maskierte; s. Verkleidungen und Verwandlungen
Grjótúnagardar	Stein-Stad-Mauer; myth. Ort, Thors Kampf mit dem Riesen Hrugnir
Gróa	Seherin; wachsen, gedeihen; Mutter Svipdagrs
Grógaldr	Zauberlied der Gróa
Grottasöngr	das Lied von der Mühle Grotti
Grotti	(Zaubermühle); myth. Mühle

316

Gudrun, Gudr	Walküre; s. *gunnr*; reitet in der Schlacht voran, eine der drei voranreitenden Walküren
Gullfaxi	Gold-Mähne, Gold-Pferd; myth. Pferd Hrungnirs, Wettrennen mit Sleipnir
Gullinborsti	Eber Freyrs, der mit den goldenen Borsten
Gullinkambi	Gold-Kamm; Hahn der Asen, verkündet Ragnarök
Gullintanni	Heimdall; der mit den goldenen Zähnen; der weiße Gott, Gott der Sonne
Gulltoppr	Goldmähne; myth. Pferd der Asen (Heimdalls (?))
Gullveig	Seherin; Gold-Trank, Gold-Rausch, Gold-Stärke; weckt Gier nach Gold bei Asen; Personifikation des Goldes
Gungnir	Speer; der Schwankende; Odins Speer
Gunnlöd	Riesin; Einladung zum Kampf; Bewacherin des Skaldenmets, ihr Vater ist der Riese Suttung
Gunnr	Walküre; Kampf
Gunnthorin	Kampfrinne; myth. Fluß
Gunnthró	Kampfrinne, Kampfeslust; myth. Fluß des Elivágar
Gunnthrorin	die Kampflustige; myth. Fluß
Gyge	Riesin; Mutter der Wölfe Hati und Skoll (Vater ist Fernir)
Gylfaginning	Täuschung des Gylfis durch Odin
Gylfi	*gjálfr* = Meer, Woge; myth.König in Schweden
Gymir	Riese; Meer (?); Personifikation des Meeres, s. Ägir
Habrok	Langbein; myth. Habicht, Hoch-Hose
Hagvirkr	ein Name Odins; der günstig Wirkende
Hallinksidi	Heimdall; der mit den schiefen Hörnern (?)
HamrHaar	struppig; myth. Pferd, Vater der Hofwarpnirs
Hangagod	ein Name Odins; Hänge-Gott
Hangatyr	ein Name Odins; Hänge-Tyr
Hangi	ein Name Odins; der Hängende
Haptagud	ein Name Odins; Fesselgott (?)
Hár	ein Name Odins; Hoch
Hárbardr	ein Name Odins; Graubart
Hárbardsljod	ein Name Odins; das Harbard-Lied
Hardveurr	Thor; der kräftige Schützer
Harigast	ein Name Odins; Heer-Gast, Heer-Krieger
Hati	Wolf; Verächter; verfolgt die Sonne
Havamal	Die Sprüche des Hohen; Lied
Hefring	Riesin; die (sich) Hebende = Welle; Tochter Ägirs, eine der neun Mütter Heimdalls
Heidr	Seherin und Zauberin; Ruhm, hell, strahlend; s. Gullveig
Heidr	Riese; Ehre oder Heide, Hochebene; Sohn des Hrimnir
Heidrun	Ziege; s. Walhall
Heimdall	Ase; der die Welt beleuchtet
Hel	Jenseits; Hölle; Totenwelt, Unterweltsgöttin
Helblindi	der Blinde des Todenreiches; Bruder Lokis-ein Name Odins; der Blinde des Todenreiches; Bruder Lokis
Helgrind	Zaun der Hel
Helreginn	Riese; Beherrscher der Hel
Helweg, Helvegr	der Weg nach Hel, Helweg
Hengikjöptr	ein Name Odins; der mit dem hängenden Kinn (langer Bart)
Heráss	ein Name Odins; Heer-Gott
Herblindi	ein Name Odins; der das feindliche Heer Blendende

Herfjötur	Walküre; Fessel des Heeres
Herfödr	ein Name Odins; Heervater
Herja	Walküre; verheeren
Herjafödr	ein Name Odins; Heervater
Herjann	ein Name Odins; Herrscher
Hermod, Hermodr	Hermord; Ase; Bruder Balders
Herran	ein Name Odins; Herrscher
Herteitr	ein Name Odins; der Heer-Frohe
Hertha	Erde
Herthögn	Walküre; Heerempfängerin
Hertyr	ein Name Odins; Heer-Tyr, Heer-Gott
Hervör	Walküre; (allwissend, überirdisches Wesen (?)); Schwanenjungfrau mit Ölrun
Hildisvini	Hildi-Eber; auf ihm reitet Freya
Hildr	Riesin; Kampf
Hildr	Walküre; Kampf
Hilólfr	Kampf-Wolf; Besitzer des Fährbootes, s. Thor
Hilólfr	Kampf-Wolf; Sohn Odins,
Himinbjörg	Himmelsburg, Wohnsitz Odins
Himinhrjod	der den Himmel aufreißt; größter Ochse in der Herde des Riesen Hymir
Hjálmberi	ein Name Odins; Helmträger
Hjalmthrimul	Walküre; Helmlärmerin
Hjarrandi	ein Name Odins
Hjördis	Tochter Eylimis, Mutter des Sigurd
Hjörprimul	Walküre; die Schwertkämpferin
Hjuki	der Gesundende (?); Bruder der Bil (im Mond)
Hladgudr	Walküre; Schlachtenweberin; Schwanenjungfrau (s. Ölrun, Hervör)
Hlér	Name für Ägir; Meer
Hlidskjalf	Odins Thron
Hlin	Asin; Schützerin; Göttin zum Schutz der Menschen im Auftrag der Frigg
Hloddynn	Erde; s. Fjörgyn,s. Jörd; Mutter Thors
Hlódyn	Riesin; Mutter Thors
Hlökk	Walküre; Frohlocken
Hlökkteine	Walküre; Lärm, Kampf
Hlóra	Riesin, Ziehmutter Thors
Hlóridi	Thor; der laute Reiter; s. Wetter
Hludana	Erde; verbergen (?); germ. Göttin
Hnikarr, Hnikudr	ein Name Odins; Aufhetzer
Hnitbjörg	Stoßfelsen; Burg des Suttung
Hnoss	Asin; Kostbarkeit, Kleinod; Tochter von Odr und Freya
Höd, Hödr	Ase; Kämpfer; blind, aber stark
Hoddmimir	Baum; Schatz-Mimir (?); Baum
Hoenir	Ase
Höfud	Menschenhaupt; Schwert Heimdalls
Hófvarpnir	Pferd; der mit den Hufen wirft; s. Pferd Gna
Höll	die Glatte oder die Trügerische (?); myth. Fluß
Horn	Horn; myth. Fluß
Hörn	Freya; Sau (?)
Hraesvelgr	Adler; Leichenfresser; s. Wind, Riese
Hrafnagud	ein Name Odins; Raben-Gott

Hrafnáss	ein Name Odins; Raben-Ase
Hräswelg	Riese; Adlergestalt
Hreidmar	ein bedeutender Mann (?); zauberkundig, Besitzer des Ägirshelm
Hrid	Unwetter; myth. Fluß
Hrimfaxi	Ruß-Pferd; zieht den Wagen der Nacht s. Skinfaxi
Hrimgrimnir	Riese; Reif-Grimnir; haust beim Totenreich
Hrimnir	Riese; der Bereifte oder der Berußte
Hrimthursar	Reifriese
Hringhorni	Schiff mit einem Kreis am Steven; Balders Totenschiff
Hrist	Walküre; die Erschütternde, Sturm
Hródvitnir	Wolf; Ruhm-Wolf; Vater des Wolfes Hati
Hrönn	Welle; myth. Fluß-Riesin; Welle; Tochter Ägirs
Hroptatyr	ein Name Odins
Hroptr	ein Name Odins
Hrosshársgrani	ein Name Odins; Roßhaar-Grani
Hrotti	Schwert des Fafnir
Hrund	Walküre; die Hervorstechende
Hrungnir	Riese; Lärmer; mit steinerem Herzen und steinernem Kopf
Hrymr	Riese; steuert Naglfar beim Ragnarök
Hufwerfer	myth. Pferd der Gna
Hug	Gedanke; Diener Utgard-Lokis, der personifizierte Gedanke
Huginn	Rabe; der Gedanke; einer der beiden Raben Odins
Hulda	Riesin; Frau Holle (?)
Hungr	Tisch der Hel; Hunger;
Hvedrungr	Loki; Brüller (?) -ein Name Odins; (ev. ein Mißverständnis)
Hwergelmir	Brunnen; der brausende Kessel
Hymir	ein Frostriese; Vater von Gott Tyr; mit ihm geht Thor auf Fischfang
Hyndla	Riesin; Hündchen; reitet auf einem Wolf
Hyrrokkin	Riesin; die durch Feuer Eingeschrumpfte; reitet auf Wolf, hat Giftzahn, s. Balder
Idavöll, Idafeld	glänzende Ebene; sich fortwährend verjüngen; myth. Ort
Idi	Riese; der Bewegliche, der Fleißige; Sohn Ölvaldis
Idisi	Wesen; würdige, verehrte Frauen
Idun	die Verjüngende; s. Äpfel
Ifing	der Ungestüme; myth. Fluß, Grenzfluß zwischen Riesen und Asen
Imdr, Imd	Riesin; die Grau, Schmutzige, die Rauschende; eine der neun Mütter Heimdalls, Tochetr Ägirs
Irmin	Tyr
Irminsul	gewaltige Säule, Weltenpfahl
Isarnkoll	Erzkühle; s. Sonne, ihre beiden Blsasbalge
Ivaldi	Zwerg; Besitzer des Bogens; Vater kunstfertiger Zwerge
Jafnhar	ein Name Odins; gleich hoch, Ebenhoch
Jafnhárr	ein Name Odins; der Ebenso Hohe
Jalkr	ein Name Odins; Wallach
Jarl	von Rigr gezeugt auf seiner Wanderung
Jarngreipr	Eisenhandschuhe; s. Thor
Jarnsaxa	Riesin; die mit dem Eisenmesser; Mutter Magnis (Vater Thor), auch einen der neuen Mütter Heimdalls, Tochter der Ran
Jarnvidja	Riesin; die aus dem Eisenwald
Járnvidr	Wald; Eisenwald
Jökulldr	Riese; Gletscher; Sohn des Kari, der Wind
Jolareidi	Heer; Wildes Heer; Wildes Heer

Jólnir	ein Name Odins; (Bezug zum Julfest)
Jörd	Erde; Frau oder Geliebte Odins
Jörmungandr	gewaltiges Ungeheuer; Midgardschlange
Jörmungrundr	Erde
Jörmunr	ein Name Odins; der Gewaltige
Jöruvellir	sandige Ebene (*jara* = Kampf); myth. Ort, Wohnsitz der Zwerge (?)
Jötumheim	Welt der Riesen
Jötunn	Riesen; Bezeichnung für Riesen
Jul	Mittwinter, Opferfest
Kaldgrani	Riese; Kalt-Bar
Kampfgier	myth. Fluß des Elivágar
Kara	Walküre; die Wilde, Ungestüme, auch Lockige (?) wiedergebornene Sigrun
Kari	Riese; Wind, Bö; Sohn des Fornjótr
Kerlauge	Wannenbad; myth. Fluß den Thor zum Thing durchwatet
Kjalarr	ein Name Odins; Schlittenfahrer (?); Gott, der Aasfressern Nahrung gibt
Kolga	Riesin; Welle, die Kalte; Mutter Heimdalls, Tochter des Ägir und der Ran
Kor, Kör	Krankheit; Bett der Hel; Sarg
Körmt	die Schützende; myth. Fluß, den Thor auf seinem Weg zum Thing durchwatet
Kühl	myth. Fluß des Elivágar
Kwasir, Kvasir	klügster Mensch; aus Beeren gewonnener,vergorenen Saft; gilt als der Weiseste unter den Menschen, s. Wanenkrieg
Läding	1. Fessel des Fenrir
Lärad, Learadr	myth. Baum auf dem Dach von Walhall
Landdisir	Disen; Land-Disen, weibliche Geister
Landvaettir	Wesen; niedere Schutzgeister
Langbardr	ein Name Odins; Lang-Bart
Laufey	die Laubreiche, Vertrauenserweckende (?); Mutter Lokis (Baumgöttin (?))
Leuchtmähne	myth. Pferd des Dagr
Lif	Leben; mit Liftrasir überlebt sie die Ragnarök
Liftrasir	Liftrasil; der nach Leben Strebende; s. Lif
Lit, Litr	Zwerg; der Farbige, Farbe; s. Thor schleudert ihn ins Feuer bei Balders Bestattung
Lodur	Gott; der Feuerbringer; Erschaffer der Menschens, ein Name Odins, s. Hönir und Lopt
Lodur	Ase; Frucht, Ertrag; Leute, Gemeinschaft; Bruder Odins
Lofn	Asin; die Tröstliche, Milde (*lof* = Erlaubnis); erwirkt Erlaubnis zum Verkehr bei Mann und Frau
Logabore	Loki; arglistig (?)
Logi	Feuergott; Lohe; Bruder Ägirs-Riese; Flamme, Feuer
Lokasenna	Lied; Lokis Spottrede
Loki	Ase, Blutsbruder Odins
Loptr	Loki; der luftige Höhen Beherrschende
Lyngvi	Insel; mit Heidekraut bewachsener Ort; Ort, an dem Fenrir gefesselt wird
Man, Madr	Rune Man, (14.Rune)
Magni	Magni; der Starke; Sohn Thorsund der Riesin Jarnsaxa
Managarm	Wolf; s. Hati; stärkster Wolf im Rudel der Erzwäldinnen (Riesinnen)

Manheimr	Welt der Menschen, Midgard
Mani	Mond
Mannus	Mannus; *manu* = Mensch; Sohn des Tuisto (Ziu)
Mardöll	Freya; Gold (?)
Meili	Sohn Odins; der Liebe
Menglöd	Freya; die sich über Schmuck Freuende; s. Waberlohe; die Halsbandfrohe
Megingjörd	Kraftgürtel; s. Thor
Midgard	Welt; Wohnort in der Mitte für die Menschen
Midjungr	Riese; Wesen der Mitte
Midvitnir	ein Name Odins (?)
Mimameidr	Mimirs Baum, Baum des Mimir; s. Yggdrasil;
Mimir	der Erinnerer, der Weise; Wächter am Mimirsbrunnen
Mist	Walküre; Wolke, Nebel, Nebelgrau; Odins Mundschenkin neben der Walküre Hrist
Mjödvitnir	Zwerg; Met-Wolf, Meträuber; s. Odin
Mjöll	Riesin; Pulverschnee
Mjöllnir	Hammer; Blitz (?); der Blitzer, Zermalmer; auch Neuschnee, weiße Farbe
Modgud, Modgudr	Riesin; zorniger Kampf; Götterfeindin; Bewacherin der Gjallerbrú über den Gjöll-Fluß
Modi	Sohn Thors; der Zornige; Bruder Magnis
Modsognir	der Müde, Kraftlose; der müde Seufzende; mächtigster aller Zwerge
Modraniht	Nacht; Mütter-Nacht
Móinn	Schlange; Moor-Tier; s. Yggdrasil
Mörnir	Pferdeglied, s. Völsi
Mundilfari	Riese; der sich nach best.Zeiten bewegt; Vater des Mondes
Muninn	Rabe; der Gedanke; einer der beiden Raben Odins-Zwerg; der sich Erinnernde
Muspell	Weltende durch Feuer
Muspellheim	Welt des Muspell, s. Nifelheim
Myrkvid, Myrkvidr	Dunkel-Wald; myth. Wald, Grenzwald, s. Ragnarök
Naglfar	Nagel-Schiff; Totenschiff
Naglfari	Riese; erster Mann der Nott
Nágrind	Zaun; Totenzaun; s. Helgrind
Nanna	Asin; Mutter (?) oder: die Wagemutige (?); Tochter des Nep, Frau Balders
Narfi, Nari	Narfi; eng, schmal; Sohn Lokis
Násheimr	Jenseits; Welt der Toten
Náströnd	Jenseits; Totenstrand
Neck	baden, waschen; Wassergeist
Nepr	Vater der Nanna, Sohn Odins
Nerthus	Fruchtbarkeitsgöttin
Nidafjöll	dunkle Berge; Unterwelt
Nidavellir	dunkle Gefilde; myth. Ort im Norden, s. Sindri
Nidhöggr	Drache; der haßerfüllte Schlagende; s. Unterwelt
Nidi	der Dunkle, Neumond (?); Zwerg im Mond
Niflheim	s. Niefelheim
Niefelheim	Heim; die dunkle Welt; myth. Ort im eisigen Norden
Niflhel	Jenseits; die dunkle Hel; neunte Welt
Nipt	Walküre; Schwester
Njördr	Njördr; Wanengott

Nóatún	Schiffsplatz, Schiffstadt; s. Njördr
Nönn	die Starke; myth. Fluß
Nordri, Norder	Zwerg, der das Himmelsgewölbe mitträgt; Norden
Nornen	Schicksalsfrauen, s. Urd, Werdandi, Skuld
Nörr	Riese; schmal; Vater der Nott
Nöt	die Stechende; myth. Fluß
Nótt	Nacht
Nyi	der Dunkle, Neumond oder der Neue (?); Zwerg im Mond
Nyt	Nutzen; myth. Fluß
Odraerir	Skaldenmet; der zur Exstase Anregende
Obereon	Elf; kommt nur in der Literatur vor
Od, Odr	ein Name Odins; Erregtheit, Wut
Odáinsakr	Jenseits; Feld der Lebenden, auch Land im Südosten; myth. Ort, Unterwelt (?)
Odensjakt	Odins Jagd; Wildes Heer
Odin, Odinn	Odin; *odr* = Wut; wütend
Oegishjalmr	Ägirs Helm
Ofnir	ein Name Odins; der Aufhetzer-Schlange; die sich Windende; s. Yggdrasil
Okolnir	der un-kalte Ort; kühler Grund; myth. Ort, Trinkhalle der Riesen ; Ort in Gimle, auf dem Halle Brimir steht
Öku-Thor	Thor; Fahr-Thor
Olgr	ein Name Odins; der Brausende; Gott des stürmischen Meeres
Ölnir	ein Name Odins; Nährer; später von Thor auf Odin übergegangener Name
Ölnir	Thor; Nährer
Ölrun	Walküre; Bierrune, *ölrúnar, öl* = Bier; Schwanenjungfrau
Ölvaldi	Riese; der Bierverwalter
Omi	ein Name Odins; der Lärmer, oder der Oberste; *auhuma* = der Oberste
Onarr	Zwerg; Vater von Andvari
Örmt	die sich in Arme Teilende; myth. Fluß, unter Yggrdasil; ihn durchwatet u.a. Thor auf seinem Weg zum Thing
Orn	Adler; umflattert die Walküren,s. Odin, s. Yggdrasil
Örnir	Riese; Fels-, Erdbewohner
Oski	ein Name Odins; Wunsch-Erfüller
Oskmey	Walküre; Wunsch-Mädchen; Synonym für Walküre
Oskopnir	der noch nicht geschaffene; myth. Ort, Kampfplatz bei den Ragnarök, auch Wingrid genannt
Oskoreidi	Ritt des Asengottes, Schreckensritt (?); Wildes Heer
Ostara	Göttin (von Ostern (?)); s. Eostra
Oster	Zwerg; Osten; s. Nordri
Otr	Zwerg; Otter; Sogn Hreidmars, Bruder Fafnirs und Regins
Ottar	(Ottar der Dumme); myth. Person im Hyndla-Lied
Radbard	Riese; erster Vater des Randwer, zweiter Gatte der Aud
Rádgridr	Walküre; die Herschsüchtige (?)
Ragnarök	Endschicksal der Götter; *Tiva rök* = Götterschicksal, *aldar rök* = Weltende
Rán	Riesin; Raub, Räuberin; die Gattin des Meeriesen Ägir
Randgridr	Walküre; die Schildzerstörerin; eine der 13 Walküren
Ratatoskr	Eichhörn; Bohrerzahn; Eichhörnchen, s. Yggdrasil
Rati	Bohrer; s. Skaldenmet

322

Refil	Schwert, selbstgefertigt vom Zwerg Regin
Reginleif	Walküre; die Mächtige
Regin	Götter, die Ratenden; Bezeichnung für Götter
Regindómr	Urteil; Urteil, Gericht der Götter
Reginn	Zwerg
Reifmähne	myth. Pferd der Nott
Reißend	myth. Fluß des Elivágar
Rennandi	die Laufende; myth. Fluß
Rig, Rigr	ein Name Odins; König (rig = König), s. Heimdall
Rin	Rhein; myth. Fluß
Rindr	Riesin; Wald (?); Mutter Valis, s. Rinda
Röskva	Riesin; wachsen, reifen; Schwester Thjálfis
Rosterus	ein Name Odins; (s. Hroptr)
Róta	Walküre; reitet mit Gudrub und Skuld in der Schlacht voran
Rymr	Thor; Lärm;
Sadr	ein Name Odins; der Wahre; der wahre Odin
Saegr	Bottich; Lärm oder Meer; B. den im Mond Bil und Hjuki tragen
Saehrimnir	Eber; rußiges Seetier, oder auch Kochgrube (?); s. Walhall
Saekin	die Vorwärtsdrängende; myth. Fluß
Saemingr	der Graue; oder Sohn der Saatgottheit (?); Sohn Odins
Sága	Asin; sagen (?); sja = sehen (?); wohnt in Sökkavabekk (Sturzbach)
Sanngetall	ein Name Odins; der die Wahrheit Erratende
Sanngidr	Walküre; sehr heftig, sehr grausam
Scaef	König; Garbe; myth. Vorfahre, altengl.
Schauer	myth. Fluß des Elivágar
Schlund	myth. Fluß des Elivágar
Seerumnir	Schiff; Sitz-Räumer
Seid, Seidr	Magie; Zauber; schamanisches Trank-Zauberverfahren
Seidmadr	Magie; Zauberer
Sessrumnir	Saal; viele Sitze habend (?); Saal Freyas
Sid	der Langsame; myth. Fluß
Sidgrani	ein Name Odins; der mit dem langen Schnurrbart
Sidhöttr	ein Name Odins; Lang-Hut
Sidskeggre	ein Name Odins; Land-Bart
Sif	angeheirate Verwandte; Frau Thors
Sigfadir	ein Name Odins; Kampfvater, Siegvater
Siggautr	ein Name Odins; Sieg-Gautr
Sigmund	Sohn des Wölsung
Sigrdrifa	Walküre; Siegtreiberin; s. Brünhild
Sigrún	Walküre; Siegrune
Sigthrör	ein Name Odins; Sieg-Thror (Angreifer (?))
Sigtyr	ein Name Odins; Kampf-Gott, Sieg-Gott
Sigurd	Sohn des Sigmund
Sigyn	Frau Lokis; sigr = Sieg, vina = Freundin
Silfrintoppr	Silbermähne; myth. Pferd bei den Asen
Simul	Tragstange, Rentier-Kuh; T. im Mond, die Bil uund Hjuki tragen
Sindri	Zwerg; der Funkensprüher, Schmid, der den Eber Gullinborsti, Ring Draupnir und Hammer Mjöllnir fertigt
Sinfjötli	Sohn des Sigmund und dessen Zwillingsschwester Signy
Sjöfn	Asin; Sinn (?), Verwandter (?)
Skadi	Riesin; Tochter d.Thjazi,Gattin Njörd
Skamöld	Walküre; Schwertzeit = Kampf

Skeggöld	Walküre; Axtzeit = Kampf; Beilvergeltung
Skidbladnir	Schiff; etwas aus dünnem Holz Zusammengesetztes; Asenschiff, s. Freyr
Skilfingar	König; die von Skilfinr (= Odin) Abstammenden; schwed. Königshaus
Skilfingr	ein Name Odins; der auf einem Fels, Berg Wohnende
Skinfaxi	Lichtpferd; myth. Pferd, führt hell Tag
Skirnir	der Stahlende; Diener und Bote Freyrs
Skjöldungar	König (?); Sohn Odins (?); s. dän Königsgeschlecht
Skjöll	Wolf; Spott; Bosheit; verfolgt die Sonne; sein Vater ist der Wolf Fenrir, seine Mutter ist Gyge
Skögull	Walküre; Kampf
Sköldr	Schild; myth. Ahnherr der Sköldungen
Skrymir	Riese; Prahler; Gegner Thors
Skuld, Skulld	jüngste der drei Nornen; Schuld, Schicksal-Walküre, die zwei anderen in der Schlacht voran reitet
Sleipnir	Odins Pferd; der Dahingleitende, der schnelle Läufer; achtbeinig und grau, windschnell
Slidrugtanni	Eber; der mit gefährlichen Hauern; s. Gullinborsti
Slöngnir	myth. Pferd; der Hurtige; Hengst, schnellstes aller Pferde
Snotra	Asin; Maß halten (snotr); Klug, feines Benehmen
Sög,	Zuber
Sogfödr	ein Name Odins; Siegvater, Kampfvater
Sökkvabekkr	Heim; gesunkene Bank; Kleinodbank; Götterwohnung der Asin Sága, Odin besucht sie dort
Sol	Asin; Sonne; Tochter Mundelfaris, s. Sonne
Són	Gefäß; Versöhnung, Sühne (?); Gefäß in dem das Blut Kwasirs aufgefangen wird
Sonargöltr	Eber; Zuchteber; Fruchtbarkeitsopfer an Freyr
Sönnungr	Thor; der Wahrhaftige
Spádisir	Disen; Weissage-Disen
Spákóna	Seherin; Seherin
Strönd	Strand; myth. Fluß
Sudri, Süder	Zwerg; Süden, sie Astri, Ostri, Nordri
Sultr	Messer der Hel; Verschmachtung
Sumarr	Sommer; Vater ist Svásudr
Sunna	Göttin; Sonne; s. Merseburger Zauberspruch
Surtalogi	Surtrs Feuer, mit ihm steckt Surtr die Welt in Brand
Surt, Surti	Feuerriese Surtr; der Schwarze
Suttung, Suttungr	Riese, der den Skaldenmet bewacht, Vater der Gunnlöd-Met; vom Trank beschwert (Suttungr); s. Skaldenmet
Svadilfari	Pferd; der eine unglückliche Fahrt Machende; Vater Sleipnirs, der den in eine Stute verwandelten Loki befruchtet
Sváfnir	ein Name Odins; der in den Schlaf = Tod versetzt
Sváfnir	Schlange; der in den Schlaf = Tod versetzt; s. Yggdrasil
Svalinn	Sänftiger; Schild der Sonne
Svanhildr	Schwanhild; Tochter Sigurds u.Gudrun
Svartálfaheimr	Welt der Schwarzalben
Svartálfar	Schwarzalben
Svarthöfdi	Riese; Schwarzkopf; myth. Ahnherr der Zauberer
Svásudr	Swasud; Riese; der Liebenswerte; Vater des Sommers
Sváva	Walküre; einschläfern, die Einschläfernde,Tötende (?); (nur in der Heldendichtung)

Sveid	Walküre; Schwingung (?), Lärm (?)
Svidrir	ein Name Odins; Speer-Gott (?), Schwinger, Beschützer
Svidudr	ein Name Odins; (Svidurr, Svidir)
Svidurr	ein Name Odins; Schwinger
Svipall	ein Name Odins; veränderlich
Svipdagr	Held; der Sonnen-Held; ein Himmelsgott (?)
Svipul	Walküre; veränderlich, auch Kampf; Veränderlichkeit des Schicksals (?)
Svöl	Schild; der Kühle; befindet sich vor der Sonne, s. Svalinn-der Kühle; myth. Fluß der Elivágar
Svölnir	ein Name Odins; Schildträger
Svösudr	Riese; der Erfreuliche; Vater des Sommers (sumar)
Swaefdaeg	Nachkomme Wodens
Swanhild	Schwan-Hild; Schwester des Sigurd
Swasud	Svásudr; Riese; Vater des Sommers
Sylgr	Verschlinger; myth. Fluß des Elivágar
Syn	Asin; Verweigerung; Bewacherin der Türen, weibliche Schutzgottheit
Syr	Freya; Sau; Schwein als Opfertier im Freya-Kult
Tanngnidr	Walküre; Zähneknirschen
Tanngnjóstr	einer der beiden Böcker Thors; Zähneknirscher
Tanngrisnir	einer der beiden Böcker Thors; Zähnefletscher
Thekkr	ein Name Odins; der Beliebte
Thing	gesetzgebende und richtende Versammlung, die in bestimmten Abständen von den Stämmen abgehalten wurde
Thjálfi	Diener Thors
Thjazi	Riese; s. Loki
Thjodnuma	die Menschen Verschlingende; myth. Fluß
Thögn	Walküre; Schweigen
Thökk	Riesin; Dank, Freude; weint als einzige nicht um den toten Balder
Thöll	myth. Fluß
Thor	Donner; Sohn Odins; s. Donar
Thórsdrápa,	Gedicht; Preislied auf Thor
Thrasarr	ein Name Odins; der Wütende; kultische Wut
Thrasurr	ein Name Odins; Kämpfer (?)
Thridi	ein Name Odins; Dritter, Dritt; s. König Gylfis Betörung
Thrima	Walküre; Kampf
Thrivaldi	Riese; der Drei-Mächtige; s. Thor
Thrór	ein Name Odins; Angreifer (?)
Thróttr	ein Name Odins; Kraft
Thrúdgelmir	Riese; der Kraft-Schreiende; sechsköpfiger Sohn des Aurgelmir
Thrudheimr	Kraft-Heim; s. Thors Wohnsitz
Thrudr	Walküre; Kraft; Frau; Tochter Thors, kredenzt den Einheriern Bier-Personifikation der Kraft Thors; Tochter Thors
Thrudvangr	Kraft-Feld; Thors Wohnung
Thrymheimr	Lärmheim; Wohnort des Riesen Thjazi und Skadi
Thrymr	Riese; Lärm; König d.Riesen, will Freya zur Frau
Thunaer	Thor; Donner; Anrufung bei Abschwörung und Taufformel
Thund	der Tosende; myth. Fluß vor Walhall
Thundr	ein Name Odins; der Mächtige (?)
Thurs	Bezeichnung für Riese
Thviti	Platte; Schläger; Steinplatte, an die Fenrir gefesselt ist
Thyn	die Brausende; myth. Fluß

Thyrs	Riesin; altengl. Bezeichnung
Tiw, Tyr, Tiwaz	Ziu
Trolle	Unhold, Riese, Zauberwesen; Bezeichnung für Riese
Tveggi	ein Name Odins; der zweifache, Zwitter (?)
Tviblindi	ein Name Odins; Doppelt-Blind
Tyr	ein Name Odins; alter Himmelsgott, der später in der Mythologie zu einem Sohn Odins wurde, s. Tiw, Ziu
Udr	ein Name Odins; der Gönner
Udr	Riesin; Welle; Tochter Ägirs und der Ran, eine der neuen Mütter Heimdalls
Ulfrún	Riesin; Wolfs-Rune, Wolfsfrau; eine der neuen Mütter Heimdalls
Ullr	Ase; Schi-Gott (önduráss)
Urd, Urdr	älteste Norne; Schicksal, urdum = wurden; personifiziertes Schicksal-Walküre; Schicksal
Urdsbrunnen	urdarbunnr, Brunnen der Urd
Uri	Zwerg; einer der 12 kunstreichen Zwerge
Utgard-Loki	Riese; Loki des Jenseits, gegen den Thor Wettkämpfe macht
Utgard	Außenwelt, Raum außerhalb; Wohnort von Dämonen und Riesen
Vadgelmir	Furt-Schreier; myth. Fluß, der die Lügner straft
Váfudr	ein Name Odins; Wind; s. Odins Selbstopfer im windigen Baum
Valaskjálf	myth. Ort, Wohnung Odins und/oder Valis; Wohnort Odins
Valfödr	ein Name Odins; Vater der Erschlagenen
Valgautr	ein Name Odins; Gautr der Gefallenen
Valglaumnir	der Lärmer vor Walhall; myth. Fluß vor Walhall (?)
Valgrind	Zaun der Gefallenen, Totenzaun, Totentor; Umzäunung der Hel, Helgrind
Valhöll	Walhall
Vali	Sohn der Rinda und Odins, Rächer des Balder-Sohn des Loki
Valkjósandi	ein Name Odins; der die Gefallenen Auswählende
Valthögn	Walküre; Totenempfängerin
Valthögnir	ein Name Odins; Empfänger der Gefallenen
Valtyr	ein Name Odins; Gott der Gefallenen
Ván	Hoffnung; Erwartung, Gefahr (?); myth. Fluß, der sich aus dem Speichel des angeketteten Fenriswolfes bildet
Vanadis	Freya; Wanendise
Vanaheimr	Wohnort der Wanen
Vaningi	Freyr; Angehöriger, Verwandter der Wanen
Vanir	Wanen
Vár	Asin; Geliebte; Göttin für Eheverträge, Göttin der Liebe und Ehe
Vartari	Faden; Riemen; Lokis Mund wird damit vom Zwerg Brokkr zugenäht (Zauberfaden)
Vé	Gott; Heiligtum, ein Bruder Odins, s. Lodur
Vegdeg	Sohn Odins
Vegtamr	ein Name Odins; der Reisegewohnte; Odins Deckname auf seiner Fahrt zur Hel
Veleda	Seherin; völva = Seherin, fili (d) (kelt) = Dichter,; Dichter, Gelehrter (?)
Venus	Freya; Frija
Véorr, Weor	Thor; Schirmer
Veratyr	ein Name Odins; Tyr der Menschen
Verdandi	jüngste der drei Nornen; werdend; s. Werdandi
Vergsvinn	die Reißende (?); myth. Fluß

Vestri	Zwerg; Westen; einer der vier Zwerge, die das aus Schädel Ymirs gebildeten Himmelsgewölbe tragen
Véthormr	Thor (?); Beschützer der Heilgtums (?)
Vetr	Winter; (es gibt keine eindeutige myth. Person für Winter)
Véudr, Véurr	Thor; Wächter des Heilgtums
Vid	die Breite, oder Vil = Not; myth. Fluß des Elivagar
Vidar, Vidarr	der weithin Herrschende; Sohn Odins und der Riesin Gridr, Rächer Odins, s. Widar
Vidbláinn	der Weit-Blaue; der dritte Himmel
Vidfinnr	der Gegen-Finne (?), eher der Finder; Vater von Bil und Hjuki, s. Mani
Vidofnir	Hahn; der weit Schreiende; im Baum Mimameid
Vidr	ein Name Odins; Wetter-Gott
Vidurr	ein Name Odins; Töter (?)
Vigridr	Platz, auf dem der Kampf wogt; Kampfplatz bei den Ragnarök, s. Wingrid
Vikarr	König; heiliges Haar; Odin geweihter norweg. König
Vili	Gott; Wille; Odins Bruder, s. Hönir
Vilmeidr	Zauberer; *meidr* = Baum, Balken; myth. Ahnherr der Zauberer
Vimur	der Sprudelnde; myth. Fluß, den Thor durchquert, um zu Gjalp zu kommen
Vin	myth. Fluß
Vindkaldr	Svipdagr; Windkalt; Held
Vindlér	Heimdall; der gegen den Wind Schützende
Vindljóni	Riese; Vater des Windes
Vindr	Riese; Wind, Sturm
Vindsvalr	Riese; der Wind-Kühle; Vater des Windes
Vingnir	ein Name Odins; der seine Waffe schüttelnde Gott (?)-ein Name Thors
Vingólf	das freundliche Haus; Tempel der Asinen in Asgard, s. Wingolf
Vingthor	Thor; Kampf-Thor (?)
Vittólfr	Seher; Waldwolf; Ahnherr der Weissager und Seher
Vóden	ein Name Odins
Völsi	Pferdepenis
Völva	Seherin; Wahrsagerin, Seherin, eigentlich Stabträgerin
Vönd	myth. Fluß; die Schwierige
Vör	Göttin; die Vorsichtige (Weise, der nichts entgeht)
Vrindr	Riesin Rindr
Waberlohe	(undruchlinglicher Wall aus Flammen); nur in der Heldendichtung, nicht im Mythos
Walaskjalf	Odins Heim, innen mit Silber gedeckt
Walhall	Halle der Gefallenen; Wohnort Odins in Asgard, dort lebt er mit den gefallenen Einheriern
Waluburg	Seherin; *walus* = Stab
Walvater	s. Valvfödr, Vater der Erschlagenen
Wan	Hoffung; Fluß aus Fenrirs Speichel, s. Van
Wanaheim	Wohnort der Wanen
Wanderer	ein Name Odins
War	Asin; vár = Treugelöbnis; sie lauscht den Versprechungen von Mann und Frau
Weit	myth. Fluß des Elivágar
Werwolf	Mann-Wolf; s. Odinskulte

Werdandi	jüngste der drei Nornen; werdend, s. Verdandi
Wester	Zwerg; Westen, s. Austri, Sudri, Nordri
Widar	Vidar, Ase; schweigsam, der mit seinen dicken Schuhen dem Fenriswolf in den Rachen steigt und ihn bezwingt
Widblain	3. Himmel; der Weit-Blaue
Widfinn	Riese (?); Waldfinne; Vater von Bil und Hjuki
Wigithonar	Thor; Weihe-Thor (?) Kampf-Thor (?)
Wimur	Fluß; dort kämpft Thor mit der Riesin Gjalp
Windljoni	Riese; Vater (Windswal) des Winters, Sohn des Wasud
Wingolf	das freundliche Haus; Tempel der Asinen in Asgard
Wingrid	Platz, auf dem der Kampf wogt; Kampfplatz bei den Ragnarök
Wodan	ein Name Odins; altfränkisch, s. Wotan, s. Odin
Woden	ein Name Odins; altenglisch
Wölfin	myth. Fluß des Elivágar
Wölsung	Vater Sigmunds
Wör	Asin; klug und findig
Wotan, Woutan	ein Name Odins; Wut
Woutes Heer	Heer; Wildes Heer; mittelhochdt.
Woutiges Heer	Heer; Wildes Heer; mittelhochdt.
Wurd	Norne; s. Urd
Wyrd	Schicksal
Ydalir	Heim des Ullr, Eiben-Tal
Yggdrasil	Weltenesche, Baum; auch Odins Pferd genannt; in ihr sind die neun Reiche
Ylgr	Wölfin; myth. Fluß des Elivágar
Ymir	*iemo* (indog)= Zwilling, Zwitter; Ur-Riese am Anbeginn, Stammvater der Riesen. Aus ihm erschaffen später die drei Brüder die Welt
Zius.	Tyr; Tiwaz

Stammtafeln der Asen

Für eine eheliche oder auch nichteheliche Verbindung steht das Zeichen ⚭

Odin

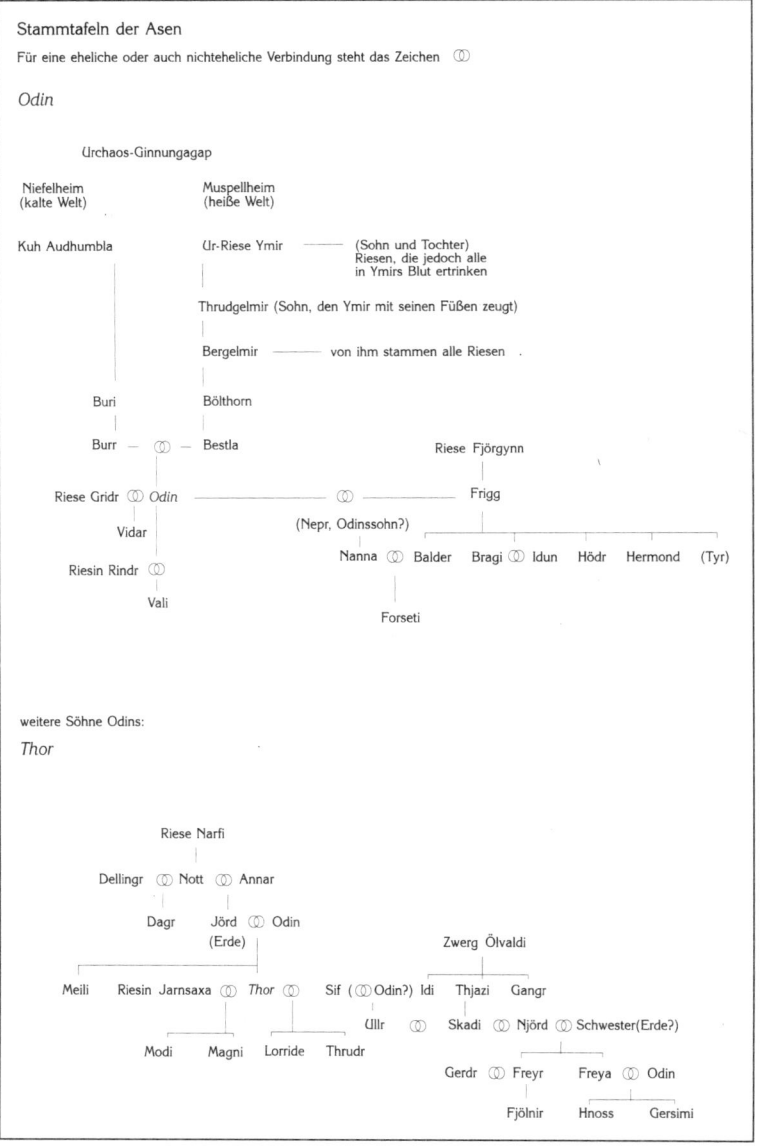

Urchaos-Ginnungagap

Niefelheim (kalte Welt)　　Muspellheim (heiße Welt)

Kuh Audhumbla　　Ur-Riese Ymir ——— (Sohn und Tochter) Riesen, die jedoch alle in Ymirs Blut ertrinken

Thrudgelmir (Sohn, den Ymir mit seinen Füßen zeugt)

Bergelmir ——— von ihm stammen alle Riesen .

Buri　　Bölthorn

Burr – ⚭ – Bestla　　　　Riese Fjörgynn

Riese Gridr ⚭ Odin ————————— ⚭ ————— Frigg

Vidar　　　　(Nepr, Odinssohn?)

Riesin Rindr ⚭　　　Nanna ⚭ Balder　Bragi ⚭ Idun　Hödr　Hermond　(Tyr)

Vali　　　　Forseti

weitere Söhne Odins:

Thor

Riese Narfi

Dellingr ⚭ Nott ⚭ Annar

Dagr　　Jörd ⚭ Odin (Erde)　　　　Zwerg Ölvaldi

Meili　Riesin Jarnsaxa ⚭ Thor ⚭　Sif (⚭ Odin?) Idi　Thjazi　Gangr

Ullr ⚭　Skadi ⚭ Njörd ⚭ Schwester(Erde?)

Modi　Magni　Lorride　Thrudr

Gerdr ⚭ Freyr　Freya ⚭ Odin

Fjölnir　Hnoss　Gersimi

329

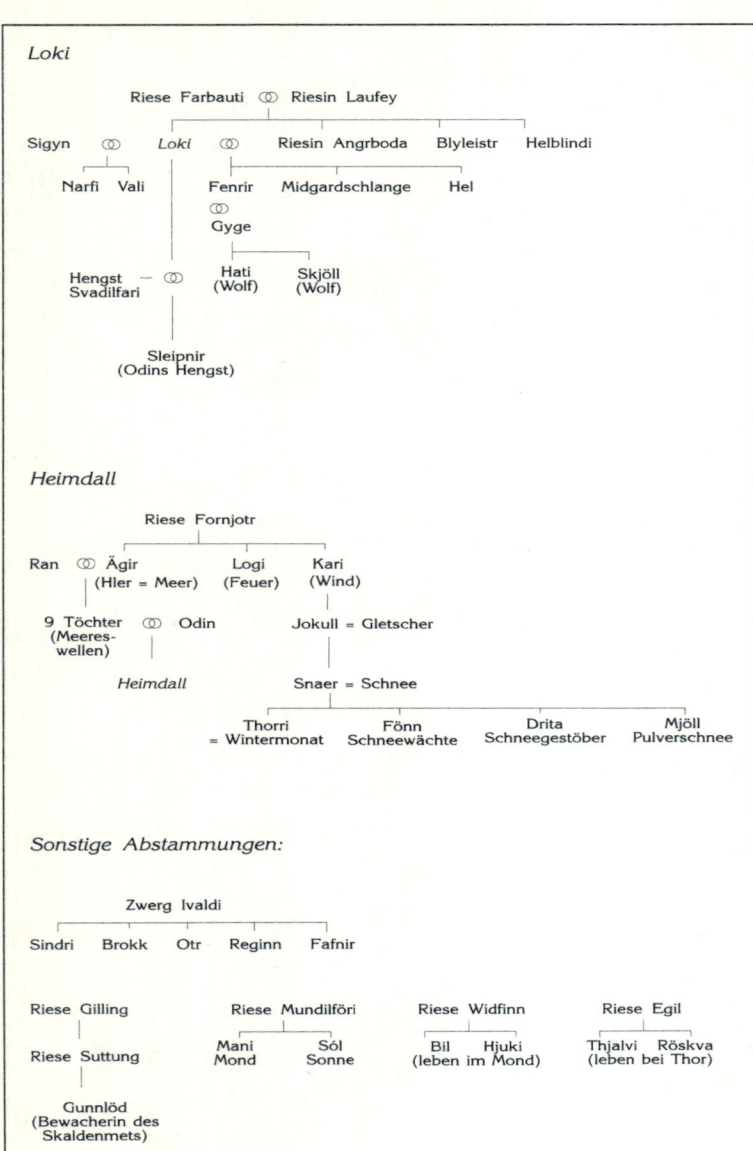

Loki

Riese Farbauti ⚭ Riesin Laufey

Sigyn ⚭ *Loki* ⚭ Riesin Angrboda   Blyleistr   Helblindi

Narfi Vali   Fenrir Midgardschlange   Hel
⚭
Gyge

Hengst — ⚭   Hati   Skjöll
Svadilfari   (Wolf)   (Wolf)

Sleipnir
(Odins Hengst)

Heimdall

Riese Fornjotr

Ran ⚭ Ägir   Logi   Kari
      (Hler = Meer) (Feuer)   (Wind)

9 Töchter ⚭ Odin   Jokull = Gletscher
(Meeres-
wellen)

      Heimdall   Snaer = Schnee

Thorri   Fönn   Drita   Mjöll
= Wintermonat   Schneewächte   Schneegestöber   Pulverschnee

Sonstige Abstammungen:

Zwerg Ivaldi

Sindri Brokk Otr Reginn Fafnir

Riese Gilling   Riese Mundilföri   Riese Widfinn   Riese Egil

Riese Suttung   Mani   Sól   Bil   Hjuki   Thjalvi Röskva
                     Mond   Sonne   (leben im Mond)   (leben bei Thor)

Gunnlöd
(Bewacherin des
Skaldenmets)

Odinsnamen nach der Gylfaginning

Odin besitzt viele Namen, die seine Wirkbereiche mit einem großen Spektrum ausdrükken. (Die Fragezeichen kennzeichnen ungeklärte Bedeutungen. Die Namen wurden zusammengestellt nach Sturluson, Snorri: Gylfaginning, Kap. 20, Lorenz, Gottfried, 1984)

Göttername	Bedeutung
Allfodr	Vater alles Existierenden
Atridr	der, der vorwärts zum Kampf reitet
Boflindi	der, der einen Schild hat, der Schildschwinger
Baleygr	der Flammenäugige, mit flammendem Auge
Bileyr	der eines Auge ermangelnde, der schlecht Sehende
Bolverkr	der Böses Wirkende, Übeltäter, Schadenstifter
Farmagud	Gott der Schiffsladung (-Handelsgott) s. Heitumzk
Farmatyr	s. Farmagud
Fiolnir	der, der viele Gestalten annehmen kann, (der viel weiß)
Fiolsvidr	der sehr Weise
Gangleri	müde von der Reise
Gautr	der Gaute, der Göte
Glaspsvidr	der es versteht zu verwirren,zu verführen,der verrückt macht
Göndlir	der Zauberkundige, der (Zauber-)Stabträger
Grimnir	der Vermummte
Heitumzk Grimr	der Vermummte
Hangagud	Gott der Gehenkten
Haptagud	der Gott, der in Fesseln und Bande schlägt
Harbardr	Graubart
Har	der Hohe, Erhabene, Herrliche
Helblindi	der die Blindheit des Todes herbeiführt
Herian	Fürst der Menschen
Herteir	der Kampffrohe; der in der Kriegerschar sich Wohlfühlende
Hialmberi	Helmträger
Hnikarr	der mit dem Speer stößt, Speerkämpfer
Hnikudr	(Seitenform zu Hnikarr)
Hroptatyr	Rufer, Beschwörer der Mächte
Ialkr	Wallach, auch Hengst (?), Elchhengst (?)
Jafnhar	Ebenhoch, der ebenso Hohe
Kialarr	der Schiffer (?), der Schlittenzieher (?)
Omi	der fern Tönende resp. Schallende
Oski	der Wünsche-Erfüllende
Pekkr	angenehm, behaglich, sympathisch
Pudr	dünn, schwach, (Personifizierung)
Sadr	der Wahrhaftige, der Eigentliche
Sanngetall	der das Wahre Erratende, der richtig Ratende
Sidhottr	der mit dem lang heruntergezogenen Hut
Sidskeggr	der mit herabhängendem Bart
Sigfodr	Kampf-Vater, Schlacht-Vater, (Sieg-Vater)
Skilvingr	der im Hochsitz Thronende
Svidrir	der, der den Sturm stillt oder das Feuer dämpft
Svidurr	Speergott, Speerträger
Svipall	der Veränderliche
Thridi	der Dritte
Thror	der Förderer
Thundr	Gott der schweren See
Udr	Gott für das aufgerührte Meer; Woge, Welle
Vafudr	der Umherstreifende, Umherirrende, Unstete
Vakr	der Wachsame
Valfodr	der wie ein Vater die gefallenen Helden bei sich aufnimmt
Veratyr	Gott der Menschen, Gott der Männer
Vidurr	Gegner (?) der Vernichter (?) der Gott des Stranges (?)
Yggr	der Furchtbare, Sohn der Eibengöttin (?)

Literaturverzeichnis

Bachofen, Johann Jakob: Mutterrecht und Urreligion, Stuttgart 1941
Bächthold-Stäubli, Hanns u. Hoffmann-Krayer, Eduard (Hrsg.): Handbuch des deutschen Aberglaubens, Berlin 1987
Balmer Heinrich H.: Die Archetypentheorie von C.G. Jung, eine Kritik, Berlin 1972
Beckerath, Erich von: Geheimsprache der Bilder, Wien 1984
von Beit, Hedwig: Symbolik des Märchens (Band I), Bern 1971
von Beit, Hedwig: Gegensatz und Erneuerung im Märchen (Band II), Bern 1983
Bellinger, Gerhard J.: Knaurs Lexikon der Mythologie, München 1989
Bemmann, Klaus: Der Glaube der Ahnen, Essen 1990
Bernatzky, Alois, Baum und Mensch, Frankfurt a. M. 1973
Bhagavadgita, übertragen von Leopold von Schroeder, Diederichs 1985
Bibel, Deutsche Einheitsübersetzung, Stuttgart 1980
Burri, Margrit: Germanische Mythologie zwischen Verdrängung und Verfälschung, Zürich 1982
Campbell, Joseph: Der Heros in tausend Gestalten, Frankfurt a.M. 1953
Capelle, Thorsten: Die Wikinger, Kultur und Kunstgeschichte, Darmstadt 1988
Cavendish, Richard und Lind, Trevor O. (Hrsg.): Mythologie der Weltreligionen, München 1985
Coenen, Dorothea u. Holzapfel, Otto: Germanische und keltische Mythologie, Freiburg 1982
Cooper, J.C.: Illustriertes Lexikon der traditionellen Symbole, Wiesbaden 1986
Delolez, R.L.M.: Götter und Mythen der Germanen, Köln 1963
Diederichs, Ulf (Hrsg.): Germanische Götterlehre, München 1989
Döbler, Hannsferdinand: Die Germanen, Bertelsmann 1975
Dumézil, Georges: Loki, Darmstadt 1959
Eberhard, Wolfram: Lexikon chinesischer Symbole, Düsseldorf 1983
Edda, Erster Band/ Heldendichtung, Thule Bd.1, (Hrsg.) Felix Niedner, übertragen von Felix Genzmer, Jena 1912
Edda, Zweiter Band/ Götterdichtung und Spruchdichtung, Thule Bd.2, (Hrsg.) Felix Niedner, übertragen von Felix Genzmer, Jena 1920
Egli, Hans: Das Schlangensymbol, Olten 1982
Egler, Aulo: Germanen, vom ersten Jahrhundert bis zu Karl dem Großen, Augsburg 1989
Eliade, Mircea: Das Mysterium der Wiedergeburt, Zürich 1961
Eliade, Mircea: Die Religionen und das Heilige, Frankfurt a.m. 1986
Eliade, Mircea: Geschichte der religiösen Ideen, Band I-IV, Freiburg i.B. 1978
Eliade, Mircea: Mythen, Träume und Mysterien, Salzburg 1961
Eliade, Mircea: Schamanismus und archaische Ekstasetechnik, Frankfurt a.M. 1982
Eliade, Mircea: Schmiede und Allchemisten, Stuttgart 1956
Eliade, Mircea (Vorw.): Die Schöpfungsmythen, (Quellen des alten Orients; Band I) Darmstadt 1980
Ewig, Ursula: Deutsche Volksmärchen, Frankfurt a.M. 1960
Faulmann, Carl: Das Buch der Schrift, Nördlingen 1985
Fischer, Hans W.: Germanisch-deutscher Sagenschatz, Eltville am Rhein 1985
Fischer-Fabian, S.: Die ersten Deutschen, München 1985
Földes-Papp, : Vom Felsbild zum Alphabet, Belser-Verlag, Stuttgart 1984
von Franz, Marie-Louise: Die Visionen des Nikolaus von Flue, Zürich 1983
von Franz, Marie-Louise: Psychologische Märcheninterpretationen, München 1986
von Franz, Marie-Louise: Schöpfungsmythen, München 1990
Frazer, James Georg: Der Goldene Zweig, Jena 1928

Früh, Sigrid: Märchen von Schwanenfrauen und verzauberten Jünglingen, Frankfurt a.M. 1988
Giebel, Marion: Das Geheimnis der Mysterien, München 1990
Göttner-Abendroth, Heide: Die Göttin und ihr Heros, München 1980
Golther, Wolfgang: Handbuch der germansichen Mythologie, Reprint der Ausgabe von 1908, Stuttgart 1980
Gottschalk, Herbert: Sonnengötter und Vampire, Berlin 1978
Grönbech, Wilhelm: Kultur und Religion der Germanen, Bd. I und II, Darmstadt 1987
Grimal, Pierre: Mythen der Völker, Bd. III, Frankfurt a.M. 1967
Grimm, Gebrüder: Kinder- und Hausmärchen (KHM), München 1984
Grimm, Gebrüder: Deutsche Mythologie, Bdl-III, 1875-78, Reprint Graz 1968
Grimm, Gebrüder: Deutsche Sagen, Stuttgart 1986
Hausig, Hans W. (Hrsg.): Wörterbuch der Mythologie, Band II, Stuttgart 1971
Heine, Alexander (Hrsg.): Germanen und Germanien in römischen Quellen, Kettwig 1991
Herrmann, Paul: Isländische Heldenromane, Thule Bd.21, übertragen von Paul Herrmann, Jena 1923
Herrmann, Paul: Deutsche Mythologie, Berlin 1910, Reprint Stuttgart ca. 1980
Herrmann, Paul: Nordische Nibelungen, Köln 1985
Herzog, Edgar: Psyche und Tod, Zürich 1960
Homer: Odysee, übersetzt von Roland Hampe, Stuttgart 1986
Hutterer, Claus Jürgen: Die germanischen Sprachen, Budapest 1975
Irmscher, Johannes (Hrsg.): Lexikon der Antike, Augsburg 1990
Jacobi, Jolande: Zur Psychologie von C.G.Jung, Zürich 1940
Jens, Hermann: Mythologisches Lexikon, München 1981
Jung, Carl Gustav: Psychologische Typen, GSW Bd.VI, Olten 1980
Jung, Carl Gustav: Aion, GSW. Bd VIII, Zürich 1951
Jung, Carl Gustav: Zur Psychologie westlicher und östlicher Religionen, GSW Band XI, 4. Auflage 1983
Jung, Carl Gustav: Psychologie und Alchemie, GSW Bd. XII, Olten 1987
Jung, Carl Gustav: Symbole der Wandlungen, Olten 1971
Jung, Carl Gustav: Wotan in „Aufsätze zur Zeitgeschichte" Zürich 1946 (erster Druck in der „Neuen Schweizer Rundschau, Neue Folge, III, Jahrg. Heft 11, März 1936)
Jung, Carl Gustav und Kerényi, Karl: Die Psychologie des Kind-Archetyps, in „Einführung in das Wesen der Mythologie", Zürich 1941
Jung, E.F.: Der Weg ins Jenseits, Düsseldorf 1983
Kalckhoff, Andreas: Karl der Grosse, München 1987
König, Werner: dtv-Atlas zur deutschen Sprache, München 1991
Kopp, Sheldon: Kopfunter hängend sehe ich alles anders, Köln 1982
Kopp, Sheldon: Triffst du Buddha unterwegs, Frankfurt a.M. 1987
Kretschmer, Wolfgang: Die psychologische Weisheit der Bibel, München 1955
von der Leyen, Friedrich: Die deutschen Heldensagen, München 1912
Lievegoed, Bernhard C.J.: Mysterienströmungen in Europa und die neuen Mysterien, Stuttgart, 1981
Lissner, Ivar und Rauchwetter, Gerhard: Glaube-Mythos-Religion, Bindlach 1990
von List, Guido: Der Übergang vom Wuotanismus zum Christentum, Wien 1910
Lorenz, Gottfried: Gylfaginning von Snorri Sturluson, Texte, Übersetzung, Kommentar, Darmstadt 1984
Lurker, Manfred: Der Baum in Glaube und Kunst, Baden-Baden 1976
Lurker, Manfred: Lexikon der Götter und Dämonen, Stuttgart 1984
Lurker, Manfred: Wörterbuch der Symbole, Stuttgart 1985
Mann, Ulrich: Schöpfungsmythen, Stuttgart 1985
Meyer, Rudolf: Die Weisheit der deutschen Volksmärchen, Frankfurt a.M. 1981

Meyer, Richard M.: Altgermanische Religionsgeschichte, Berlin 1909, Reprint Stuttgart ca. 1980

Militz, Wolfgang: Mythen der Völker, Heft 6, Stgt 1986

Müller, Max und Halder, Alois: Herders kleines philosophisches Wörterbuch, Freiburg i.B. 1962

Nack, Emil: Germanien, Wien 1977

Neumann, Eduard u. Voigt, Helmut: Germanische Mythologie, in: Hausig, H.W. (Hrsg.), Wörterbuch der Mythologie, Band II, Stuttgart 1971

Neumann, Erich: Die Große Mutter, Olten 1956

Neumann, Erich: Ursprungsgeschichte des Bewußtseins, München 1971

Ninck, Martin: Wodan und germanischer Schicksalsglaube, Jena 1935

Olrik, Axel: Ragnarök, Leipzig 1922

Oswald, A. Erich und Beitl, Richard: Wörterbuch der deutschen Volkskunde, Stuttgart 1974

von Oxenstierna, Eric Graf: Die Nordgermanen, Stuttgart

Radin, Paul; Kerény, Karl; Jung, Carl Gustav: Der göttliche Schelm, Hildesheim 1979

von Ranke-Graves, Robert: Die weiße Göttin, Berlin 1981

von Ranke-Graves, Robert: Griechische Mythologie, Bd. 1 und 2, Reinbek 1965

Rohr von, Wulfing und Weltzen von, Diana (Hrsg.), Das große Lesebuch der Mystiker, München 1993

Rosenberg, Alfons: Vom Wesen des Symbols, Stuttgart 1968

Rosenberg, Alfons: Einführung in das Symbolverständnis, Freiburg i.B. 1984

Scardigli, Piergiuseppe: Die Goten, Sprache und Kultur, München 1973

Schult, Arthur: Weltenwerden und Johannesapokalypse, Bietigheim 1976

Schwarzenau, Paul: Das göttliche Kind, Stuttgart 1984

de Sède, Gerard: Das Geheimnis der Goten, Olten 1980

Sills-Fuchs, Martha: Wiederkehr der Kelten, München 1983

Simek, Rudolf: Lexikon der germanischen Mythologie, Stuttgart 1984

Simek, Rudolf: Lexikon der altnordischen Literatur, Stuttgart 1987

Sturluson, Snorri: Gylfaginning, Texte, Übersetzung, Kommentar von Lorenz, Gottfried, 1984

Stamm, Friedrich Ludwig: Ulfilas oder die uns erhaltenen Denkmäler der gotischen Sprache, Reprint der Ausgabe von 1872, Stuttgart

Steiner, Rudolf: Das Johannes-Evangelium, Dornach 1955

Steiner, Rudolf: Das Markus-Evangelium, Dornach 1988

Stumpfe, Ortud: Absturz in den Selbstverrat – Rhythmik der germanischen Mythologie und der deutsch-europäischen Geschichte, Stuttgart 1993

Szabó, Zoltán. Buch der Runen, München 1985

Tacitus: Sämtliche erhaltene Werke, bearb. von W.Bötticher und Schleiermacher, Stuttgart

Tetzner, Reiner: Germanische Göttersagen, Stuttgart 1992

Tripp, Edward: Reclams Lexikon der antiken Mythologie, Stuttgart 1975

Verhagen, Britta: Götter, Kulte und Bräuche der Nordgermanen, Tübingen 1983

de Vries, Jan: Altgermanische Religionsgeschichte, Bd.I-II, Berlin 1956, Reprint Berlin 1970

Vulpius,C.A.: Handbuch der Mythologie, Leipzig 1926, Reprint Leipzig 1987

Weischedel, Wilhelm: Die philosophische Hintertreppe, München 1975

Wesel, Uwe: Der Mythos vom Matriarchat, Frankfurt a.M. 1988

Wilber, Ken: Das Spektrum des Bewußtsein, München 1987

Wilber, Ken: Halbzeit der Evolution, München 1984

Zimmer, Heinrich: Abenteuer und Fahrten der Seele, Düsseldorf 1977